班组安全100丛书

化工企业班组安全生产事故分析精编

“班组安全100丛书”编委会 组织编写

中国劳动社会保障出版社

图书在版编目(CIP)数据

化工企业班组安全生产事故分析精编/“班组安全100丛书”编委会组织编写. -- 北京：中国劳动社会保障出版社，2019

(班组安全100丛书)

ISBN 978-7-5167-4161-0

Ⅰ.①化… Ⅱ.①班… Ⅲ.①化工企业-生产小组-安全事故-事故分析 Ⅳ.①F407.706.6

中国版本图书馆CIP数据核字(2019)第216707号

中国劳动社会保障出版社出版发行

(北京市惠新东街1号　邮政编码：100029)

*

北京市艺辉印刷有限公司印刷装订　新华书店经销

880毫米×1230毫米　32开本　9.5印张　222千字

2019年12月第1版　2019年12月第1次印刷

定价：28.00元

读者服务部电话：(010) 64929211/84209101/64921644

营销中心电话：(010) 64962347

出版社网址：http://www.class.com.cn

“班组安全100丛书”编委会

内容简介

在我国，化工企业数量众多，所生产的各类产品深入各行各业和人们的生活，在国民经济中占有重要的地位。在社会主义市场经济条件下，需求决定生产，日益增长的需求促进了化工企业的发展，与此同时，与化工生产、储存相关的事故也在增加，这需要引起企业安全管理人员的重视。在化工生产、储存、运输、使用等环节，生产原料、生产过程具有危险性，决定了化工企业的安全管理必须严格细致，容不得丝毫马虎大意，因此，增强企业员工的安全意识，提高人员的安全操作水平，就是十分重要的工作。

本书介绍了化工企业在生产过程、储存过程中容易发生的各类火灾爆炸事故、人员中毒窒息事故，以及其他常见多发事故。本书对事故单位的基本情况、事故发生经过、事故原因、事故教训、整改措施以及相关知识与管理经验，都进行了详细介绍。本书特别适合班组员工阅读，是班组员工增长安全知识，吸取安全教训的有益读本，也是企业进行安全教育的最佳教材。

前言

随着科学技术的进步，工业化大生产应用于各行各业，机械、电子设备的广泛使用极大地提高了劳动生产率，也使工作环境日益得到改善。然而，工业化也带来了由于工作环境越来越复杂所产生的安全问题，要么不发生事故，要么会发生更加严重的事故。因此，生产方式的进步对作业人员安全意识的提高和安全习惯的养成提出了更高的要求。

俗话说“安全不安全，自己管一半”。有些伤害是操作者本人引发的事故造成的，有些伤害是他人引发的事故造成的。因此，管住自己违章的“手”，就能有效地减少事故的发生，在减少由此给自己带来的伤害的同时，也减少对别人的伤害。如果每个人都能做到这一点，事故的发生率就会大大降低。另外，如果掌握了充分的安全知识和避害技能，即使遇到了事故，人们也能有效地采取合理的措施，减少甚至避免伤害的发生。从这个角度讲，“安全不安全，自己管一半”可以改为“安全不安全，自己说了算”。

大量事实表明，许多刚参加工作的人员非常重视工作技能的学习，但却忽视了安全知识的掌握，非得经历一次事故才能真正明白安全生产的重要性。但是，一次安全生产事故有可能导致非常严重的后果，甚至使人遗憾终身。因此，企业一定要贯彻“安全第一、预防为主、综合治理”的方针，督促员工学习安全生产知识和技能，养成遵章守纪、不自作主张的良好习惯，确保安全生产，从而保障企业、员工的切身利益。

“班组安全 100 丛书”以案例的形式，从事故预防的角度教育企业负责人和作业人员从以往发生的事故案例中吸取教训，从而提高安全生产意识，以免重蹈事故伤害的覆辙。

“班组安全 100 丛书”共有十三个分册，分别是：

《班组安全管理经验和方法精编》《违章违纪与操作失误事故分析精编》《危险作业现场隐患事故分析精编》《设备设施潜在隐患事故分析精编》《生产班组亲历事故教训精编》《机械制造企业班组安全生产事故分析精编》《冶金企业班组安全生产事故分析精编》《矿山企业班组安全生产事故分析精编》《道路交通运输企业班组安全生产事故分析精编》《化工企业班组安全生产事故分析精编》《建筑企业班组安全生产事故分析精编》《企业负责人安全生产责任分析与事故预防精编》《企业管理人员安全生产责任分析与事故预防精编》。

丛书案例均选自真实发生的生产事故，有的还来自当事人的自述，按照企业培训和员工自学的使用要求进行分类，精心编排，具有很重要的参考意义，适合企业对员工的安全生产培训，有助于员工安全生产意识的提高。

编者

2019 年 6 月

目录
CONTENTS

一、生产过程火灾爆炸事故 /1

一、生产过程火灾爆炸事故

危险化学品是指具有毒害、腐蚀、爆炸、燃烧、助燃等性质，对人体、设施、环境具有危害性的剧毒化学品和其他化学品。近年来，我国发生了多起危险化学品重特大事故：2013 年 11 月 22 日，山东省青岛市某输油管道发生泄漏爆炸事故，造成 62 人死亡、136 人受伤，直接经济损失 7.5 亿元；2015 年 8 月 12 日，天津市滨海新区天津某危险品仓库发生火灾爆炸事故，造成 165 人遇难、8 人失踪、798 人受伤，直接经济损失 68.66 亿元；2018 年 11 月 28 日，河北省张家口市某化工有限公司发生爆燃事故，造成 24 人死亡、21 人受伤。

《危险化学品安全管理条例》第四条规定："危险化学品安全管理，应当坚持安全第一、预防为主、综合治理的方针，强化和落实企业的主体责任。生产、储存、使用、经营、运输危险化学品的单位（以下统称危险化学品单位）的主要负责人对本单位的危险化学品安全管理工作全面负责。危险化学品单位应当具备法律、行政法规规定和国家标准、行业标准要求的安全条件，建立、健全安全管理规章制度和岗位安全责任制度，对从业人员进行安全教育、法制教育和岗位技术培训。从业人员应当接受教育和培训，考核合格后上岗作业；对有资格要求的岗位，应当配备依法取得相应资格的人员。”

化工企业（特别是危险化学品企业）的生产具有高温高压、易燃易爆、易中毒、易腐蚀等特点，与其他行业企业相比，生产过程中潜在的不安全因素更多，危险性更大，因此对安全生产的要求也更加严格。化工企业事故的危害性大，一旦发生有毒有害物质泄漏及火灾爆炸事故，不但会造成生产人员伤亡事故，导致生产停顿、设备损坏，而且还有可能波及企业外区域，造成其他人身伤亡，以及无法估量的损失和难以挽回的影响。因此，化工企业应当按照《危险化学品安全管理条例》相关规定做好危险化学品安全管理工作。

国家对危险化学品的使用有限制性规定的，任何单位和个人不得违反限制性规定使用危险化学品。化工企业需要加强对生产过程的安全管理，加强对作业人员的安全教育培训，遵章守纪，提高操作水平，保证生产安全。

1. 某化工公司氯乙烯气柜未按规定检修重大爆燃事故

2018 年 11 月 28 日零时 40 分 55 秒，位于河北省张家口市望山循环经济示范园区的某化工公司（以下简称化工公司）氯乙烯泄漏扩散至厂外区域，遇火源发生爆燃，直接造成 23 人死亡、22 人受伤，38 辆大货车和 12 辆小型车被损毁，截至 2018 年 12 月 24 日，直接经济损失 4 148.86 万元。

（1）企业基本情况

1）企业相关情况。化工公司占地面积 210 万平方米，注册资本 4.65 亿元，资产总额 38.5 亿元，员工 1 460 人。公司下设生产运行处、安全处、物资管理处、人力资源处等 11 个处室及聚氯乙烯、电解、机电仪表、热电4个车间。主要产品有聚氯乙烯树脂、片碱、液碱、液氯、盐酸、次氯酸钠等。主导产品聚氯乙烯树脂和烧碱，产能均为20万吨/年，年销售收入20亿元。公司拥有50兆瓦热电联产装置，向园区周边单位和居民区提供集中供热热源，实际供热面积46万平方米。

2）涉事装置情况。化工公司储罐区位于厂区南侧，由西向东分布有3台氯乙烯气柜，容积分别为1号5 300立方米、2号2 500立方米、3号2 500立方米（未投用）；2台氯乙烯球罐（一用一备），容积均为2 000立方米。1号氯乙烯气柜位于储罐区西北侧，2012年建成并投入使用，全容积5 300立方米，设计压力4千帕，工作压力约为4千帕，设计温度50℃，工作温度为常温。气柜为双层钟罩结构，底部水槽内径为24.5米，高7.46米，溢流口距水槽顶部100毫米，气柜环形水封高度设计值为350毫米。气柜中节内径为23.5米，高6.5米，钟罩内径22.5米，高6.5米。主进气口内径为700毫米，回收进气口内径为400毫米，水槽排净口内径为300毫米。

3）氯乙烯生产工艺。化工公司以电石为原料通过发生器制乙炔，以电解食盐水产生的氯气和氢气合成制氯化氢，乙炔与氯化氢通过转化器反应生成粗氯乙烯单体，粗氯乙烯单体经水洗、碱洗后，经过气柜调节气量，被压缩后送入精馏工序。

4）氯乙烯危险特性。氯乙烯是国家列入《危险化学品目录》的一种易燃易爆、有毒有害危险化学品。氯乙烯又名乙烯基氯，是一种应用于高分子化工的重要单体，可由乙烯或乙炔制得，为无色、有醚样气味的气体，遇明火、高温可燃烧、爆炸。吸入高浓度氯乙烯可产生麻醉作用，表现为头晕、头疼、乏力、胸闷、气急、站立不稳等，严重时可导致意识不清。氯乙烯可与空气形成爆炸混合物，爆炸极限为3.6%~33%（体积浓度）。氯乙烯为极易燃气体，在高压和高温条件下，即使没有空气仍可能发生爆炸反应。

（2）事故经过和救援情况

1）事故发生经过。2018 年 11 月 27 日 23 时，化工公司聚氯乙烯车间氯乙烯工段丙班接班。班长李某军，精馏 DCS（自动化控制技术中的集散控制系统）操作员袁某霞，精馏巡检工郭某、张某文，转化岗 DCS 操作员孟某平上岗。当班调度员为侯某平、冯某，车间值班领导为副主任刘某启。接班后，袁某霞在中控室盯岗操作，李某军在中控室查看转化及精馏数据，未见异常。从生产记录、DCS 运行数据记录、监控录像及询问交、接班人员等情况综合分析，接班时生产无异常。

27 日 23 时 20 分左右，郭某和张某文从中控室出来，直接到巡检室。

27 日 23 时 40 分左右，李某军到冷冻机房检查，未见异常，之后在冷冻机房用手机看视频。

28 日零时 36 分 53 秒，DCS 运行数据记录显示，压缩机入口压力降至 0.05 千帕。中控室视频显示，袁某霞在之后 3 分钟内进行了操作；DCS 运行数据记录显示，回流阀开度在约 3 分钟时间内由 30% 调整至 80%。

28 日零时 39 分 19 秒，DCS 运行数据记录显示，储气柜高度快速下降，袁某霞用对讲机呼叫郭某，汇报气柜波动情况，通知其去检查。随后，袁某霞用手机向李某军汇报气柜波动大。

李某军在 28 日零时 41 分左右，听见爆炸声，看见厂区南面起火，立即赶往中控室通知调度员侯某平。侯某平电话请示生产运行总监郭某强后，通知转化岗 DCS 操作员孟某平启动紧急停车程序，孟某平使用固定电话通知乙炔、烧碱和合成工段紧急停车，停止输气。

同时，李某军、郭某、张某文一起打开球罐区喷淋水，随后对氯乙烯打料泵房及周围进行灭火，在灭掉氯乙烯打料泵房及周围残火后，返回中控室。调取气柜东北角的监控视频（视频时间比北京时间慢7分2秒），显示1号氯乙烯气柜发生过大量泄漏；零时40分55秒观察到储气柜南侧厂区外火光映入视频画面。零时42分44秒，储气柜区起火。

2）应急救援情况。事故发生后，化工公司启动紧急停车操作，打开氯乙烯球罐喷淋水，同时对氯乙烯打料泵房及周围着火区域进行扑救灭火。11月28日零时41分38秒，张家口市消防支队指挥中心接到报警后，调动7个执勤中队、21部执勤车、120余名指战员参与处置。消防支队全勤指挥部到达现场后全力扑救火灾、全面搜救伤员。

救援人员在事故现场及方圆1千米、3千米、5千米的范围内同步开展搜救，同时在化工公司氯乙烯储气柜和球罐区附近实行重点处置，防止发生爆炸，对现场展开全面检查，处置火险隐患，持续派出力量对现场实施监护，防止发生次生事故。

28日2时48分，明火基本被扑灭。张家口市急救中心第一时间派出5辆救护车和46名医务人员赶赴现场，全力救治受伤人员，积极对接协作医院，转送危重伤者，将22名受伤人员紧急送往河北北方学院附属第二医院、第81集团军医院、张家口市第一医院救治。

（3）事故原因分析

1）直接原因。聚氯乙烯车间的1号氯乙烯储气柜长期未按规定检修，事发前氯乙烯储气柜卡顿、倾斜，开始泄漏，压缩机入口压力降低，操作人员没有及时发现储气柜卡顿，仍然按照常规操作方式调节压缩机回流，使进入储气柜的气量加大，氯乙烯冲破环形水封后泄漏，并向厂区外扩散，遇火源发生爆燃。

2）间接原因如下：

①化工公司安全管理混乱。违反《中华人民共和国安全生产法》（以下简称《安全生产法》）第二十二条的规定，主要负责人及重要部门负责人长期不在公司，劳动纪律涣散，员工在上班时间玩手机、脱岗、睡岗现象普遍存在，不能对生产装置实施有效监控；工艺管理形同虚设，操作规程过于简单，没有详细的操作步骤和调控要求，不具有操作性；操作记录流于形式，装置参数记录简单；设备设施管理缺失，违反储气柜应每 1~2 年中修 1 次，每 5~6 年大修 1 次的规定，至事故发生时，储气柜投用 6 年未检修；违反相关规定，安全仪表管理不规范，中控室经常关闭可燃、有毒气体报警声音，对各项报警习以为常，无法及时应对。

②化工公司安全投入不足，不能保证安全专项资金专款专用，检修需用的材料不能及时到位，腐蚀、渗漏的装置不能及时维修；安全防护装置、检测仪器、联锁装置等购置和维护资金得不到保障。

③化工公司教育培训不到位、走过场，生产操作技能培训不深入，部分操作人员岗位技能差，不了解工艺指标设定的意义，不清楚岗位安全事故风险，处理异常情况能力差。

④化工公司风险管控能力不足，对高风险装置设施重视不够，风险管控措施不足，多数人员不了解氯乙烯储气柜泄漏的应急救援预案，对环境改变带来的安全风险认识不够，安全意识淡薄，管控能力差。

⑤化工公司应急处置能力差，应急预案形同虚设，应急演练流于形式，操作人员对装置异常工况处置不当，泄漏发生后，企业应对不及时、不科学，没有相应的应急响应能力。

⑥化工公司隐患排查治理不到位，未认真落实隐患排查治理制度，工作开展不到位、不彻底，同类型、重复性隐患长期存在，“大排查、大整治”攻坚行动落实不到位，致使上述问题不能被及时发

现并消除。

（4）事故教训和整改措施

经调查认定，这起重大爆燃事故是一起重大危险化学品爆燃责任事故。

1）化工公司要强化生产过程管理，全面提升危险化学品行业安全生产水平。一是加强设备管理，企业要切实发挥设备管理职能部门作用，完善企业设备管理制度，严格按照设备检修规程做好设备的日常维护保养和计划检修工作。二是加强工艺管理，企业要定期修订岗位操作规程，不断提高员工操作技能，完善工艺参数的过程报警、操作记录管理，加强对异常情况的原因分析，广泛开展 HAZOP（危险与可操作性）分析，对生产装置中潜在的风险进行全面辨识、分析和评价，提高装置的自动化水平。三是加强生产管理，企业要严格执行巡检管理、交接班等制度，加强对关键设备、重点部位的管控，保证生产安全平稳运行。四是加强变更管理，企业要按照化工过程安全管理的要求，规范变更申请、变更风险评估、变更审批、变更验收的程序，严格管控变更风险。

2）化工公司要强化安全教育培训，提升各类人员的安全管理素质。一是加强企业主要负责人和安全管理人员的教育培训工作，加大培训、考核力度，提升安全管理能力和水平。二是企业要加强职工安全教育和培训工作，强化职工安全生产意识，提升职工专业技术水平，杜绝“三违”行为。三是突出抓好培训教材的规范化、培训教师的专业化、培训对象的全员化、培训时间的经常化、培训方式的多样化、培训效果的奖惩化 6 个方面的工作，并加强事故警示教育工作。

3）化工公司要严格落实各项工作措施，切实加强厂外区域车辆停放管理。一是加强外来运输车辆的安全生产风险辨识管控，及时发现和消除外来运输车辆可能存在的事故隐患及问题，避免因外来运输车辆出现问题进而影响企业自身生产安全。二是加强外来运输车辆停放区域安全管理，明确负责协调、指挥、疏导、管理外来运输车辆的停车区域责任人员，指引外来运输车辆停放到指定位置并保持安全距离，对车辆驾驶员和押运员进行安全告知，避免车辆停放距离过近、过于密集的情况，确保安全。

4）化工公司要加强厂内运输车辆安全管理，严格检查进厂运输车辆及驾驶员、押运员资质证件，规范厂区内车辆行驶路线和行驶速度，向进入厂区的车辆发放阻火器等安全设施，严格限制厂区装卸区域车辆数量，设定外来运输车辆安全距离，强化外来运输人员安全管理和入厂安全教育，杜绝外来人员操作厂区装卸设施，严禁超量充装，严禁向不符合安全要求的车辆进行充装。同时要科学合理安排危险物料装卸时间，避免夜间集中装卸，避免运输车辆过于集中而形成安全事故隐患。

（5）相关知识与管理借鉴

这起爆燃事故波及化工公司南侧停车场。停车场紧邻望山循环经济示范园区道路（现310省道），与化工公司正门相对，占地约5.33万平方米，系当地村民修建。当地村民在停车场旁的平房开设饭馆，过往司机在该饭馆吃饭，院内停放车辆，收取停车费。该停车场未经审批，属非法停车场。在爆炸事故中，被爆炸损毁的车辆包括38辆大货车、12辆小型车，此外还有大量人员伤亡。

这起爆燃事故的一个沉痛教训，就是要加强设备完好性的管理，按照规定及时对长期使用的设备设施进行检查检修，消除事故隐患。

在设备完好性管理方面，应注意以下事项：

1）建立并不断完善设备管理制度。企业要建立设备台账管理制度，对所有设备进行编号，建立设备台账、技术档案和备品配件管理制度，编制设备操作和维护规程。设备操作、维修人员要进行专门的培训和资格考核，培训考核情况要记录存档。同时，企业还要建立装置泄漏监（检）测管理制度、电气安全管理制度、仪表自动化控制系统安全管理制度。

2）加强设备安全运行管理。企业要开展设备预防性维修。关键设备要装备在线监测系统。要定期监（检）测关键设备，连续监（检）测检查仪表，及时消除设备密封件、易损件的安全事故隐患。定期检查压力管道阀门、螺栓等附件的安全状态，及早发现和消除设备缺陷。

3）加强动设备管理。企业要编制动设备操作规程，确保动设备始终具备规定的工况条件。自动监测大机组和重点动设备的转速、振动、位移、温度、压力、腐蚀性介质含量等运行参数，及时评估设备运行状况。加强动设备润滑管理，确保动设备运行可靠。

2. 某联合化工公司冷凝系统紧急维修不当爆燃事故

2011 年 11 月 19 日 14 时左右，山东某联合化工股份有限公司（以下简称联合化工公司）发生一起爆燃事故，造成 15 人死亡、4 人受伤。

（1）企业基本情况

1）企业相关情况。联合化工公司原为泰安市某化肥有限公司，始建于 1966 年。企业固定资产 7 000 余万元，员工 600 余人，生产能力为合成氨 8 万吨/年，尿素 10 万吨/年，三聚氰胺（商品名为密胺）3 万吨/年，甲醇 1.5 万吨/年。

2）事故装置情况。发生事故的是 3 万吨/年三聚氰胺装置，由山东省某工业设计院（系化工石化医药行业专业甲级资质）设计，于

2011 年 7 月投料生产，主要生产原料为尿素、二氧化碳，辅助材料为熔盐、道生油（含联苯 26.5%、联苯醚 73.5%，也称导生油）。生产工艺为气相淬冷法，即液体尿素在反应器内遇载气（二氧化碳，0.25 兆帕，400℃）转化为三聚氰胺。该装置不属于危险化学品生产装置，其产品和主要原料均不属于危险化学品。

（2）事故经过

11 月 19 日 7 时左右，操作人员发现作为装置换热载体的道生油储罐内压力偏高，怀疑位于四楼平台的道生油冷凝器泄漏。7 时 30 分左右，三聚氰胺装置停车、道生油降温，在冷凝器气相入口和液相出口加装盲板后，设备制造厂家对漏点进行焊接并经水压试验合格。为了尽快完成维修任务，车间组织 2 个班的保全工和有关人员共 19 人（均为企业内部员工），在现场同时进行拆除冷凝器气相入口盲板和冷凝器封头复位作业。

14 时左右，维修人员在拆除盲板时发生爆燃，造成 4 人当场死亡、15 人受伤，其后受伤人员中又有 11 人因抢救无效死亡。

（3）事故原因分析

1）直接原因。该公司在对三聚氰胺装置冷凝系统的道生油冷凝器进行紧急维修时，因操作不当，导致冷凝器中壳层的打压用水进入热气冷却器内，造成器内道生油（含联苯 26.5%、联苯醚 73.5%，当时器内温度为 246℃）突沸喷出而发生爆燃。

2）间接原因如下：

①装置的主要设备道生油冷凝器设计制造存在固有缺陷，给生产运行留下安全事故隐患（该换热器自 2011 年 7 月开车以来已泄漏 6 次）。

②该公司对检维修环节的安全管理不严格，没有完善的检维修作业安全规章制度和操作规程。事故现场维修人员多，交叉作业，现场

安全管理混乱。

③未针对装置开车后反复出现的设备异常情况，及时采取有效措施进行彻底整治。

（4）事故教训和整改措施

1）严格化工装置建设及运行的安全管理。化工企业要依据国家有关标准和规范进行装置设计和设备选型，加强设备采购管理，保证装置和设备的本质安全，从源头上消除事故隐患。要加强试生产阶段的安全管理，及时认真分析、研究解决试生产过程中出现的异常情况，对于反复出现的问题要先停产查清原因并消除事故隐患后再恢复生产。

2）狠抓化工企业检维修环节安全管理。化工企业要加强危险场所直接作业环节的安全管理，尽量避免交叉作业，建立和完善拆装盲板、动火、进入受限空间等危险作业安全管理制度和操作规程，明确作业流程和审批制度。加强装置局部停工检修安全管理，作业前要明确现场安全负责人，做好安全检修方案及安全技术交底，开展作业危害识别和风险评估，制定切实可行的安全防范措施并认真落实，交付检修前要进行安全条件确认。作业过程中要加强现场的监护和安全检查，严防物料“跑、冒、窜、爆”，尽量减少现场作业人员数量。

3）强化冬季安全生产管理。化工企业要针对冬季化工企业事故高发的特点，进一步加强安全生产工作。要落实领导干部现场带班制度，加强基层领导干部、技术人员和操作人员对生产现场的巡回检查，发现事故隐患和异常现象及时处理，把事故消灭在萌芽状态。要切实加强防冻防凝工作，对防冻防凝的重点部位要落实责任，加大检查频率，确保保温伴热措施发挥应有功效，防止因冻裂、冻凝引发泄漏、火灾事故。

（5）相关知识与管理借鉴

在这起事故中，需要关注的是引发事故的3个间接原因：一是冷凝器设计制造存在固有缺陷，给生产运行留下安全事故隐患；二是对维修环节的安全管理不严格，事故现场维修人员多、交叉作业，现场安全管理混乱；三是未针对装置开车后反复出现的设备异常情况，及时采取有效措施进行彻底整治。3个原因中，2个原因归结于设备，由此看出，对化工企业来讲，在生产过程中必须要保证设备设施的安全可靠。

化工生产对化工设备设施的安全运行提出如下要求：

1）足够的强度。为确保化工设备设施长期、稳定、安全地运行，必须保证所有的零部件有足够的强度。一方面，要求设计和制造单位严把设计、制造质量关，消除事故隐患，特别是压力容器，必须严格按照国家有关标准进行设计、制造和检验，严禁粗制滥造和任意改造结构及选用代替材料。另一方面，要求操作人员严格履行岗位责任制，遵守操作规程，严禁违章指挥、违章操作，严禁超温、超压、超负荷运行。同时还要加强维护管理，定期检查设备与机器的腐蚀、磨损情况，发现问题及时修复或更换。当化工设备达到使用年限后，应及时更新，以防因腐蚀严重或超期使用而发生重大设备事故。

2）密封可靠。化肥、化工、炼油厂处理的物料大都是易燃易爆、有毒和腐蚀性的介质，如果由于设备设施密封不严而造成泄漏，将会引起燃烧、爆炸、灼伤、中毒等事故。因此，不管是高压设备还是低压设备，在设计、制造、安装及使用过程中，都必须特别重视化工设备设施的密封问题。

3）安全保护装置必须配套。随着科学技术的发展，现代化肥、化工、炼油装置大量采用了自动控制、信号报警、安全联锁和工业电视等一系列先进手段。应用自动联锁与安全保护装置，在化工设备设施出现异常时，会自动发出警报或自动采取安全措施，以防事故发生，保证安全生产。

4）适用性强。当运行条件稍有变化，如温度、压力等条件有变化时，化工设备设施应能完全适应这些变化并维持正常运行。而且一旦化工设备设施由于某种原因引发事故时，可立即采取措施，防止事态扩大，并在短时间内予以修复、排除。除了要求安装有相应的安全保护装置外，还要有方便修复的合理结构，备有标准化、通用化、系列化的零部件以及技术熟练、经验丰富的维修队伍。

化工设备设施运行状况的好坏，直接影响化工生产的连续性、稳定性和安全性，因此，强化化工设备设施的维护管理，提高工人尤其是技术工人的安全技术素质，确保化工设备设施的安全运行，在化工生产中越来越重要。

3. 某科技公司误将双氧水抽入备料釜爆燃事故

2016 年 3 月 9 日 15 时 30 分左右，浙江某科技有限公司（以下简称科技公司）六车间四楼发生危险化学品爆燃事故，事故共造成 2 人死亡、1 人受伤，直接经济损失 224.2 万元。

（1）企业基本情况

1）企业相关情况。科技公司主要从事各类新型、高附加值有机中间体的研发、生产和销售，拥有自营进出口权，产品 95%以上出口欧美、日本及东南亚等地。企业经营范围为生产各类聚酰亚胺系列、高档化妆品系列及聚合物材料、聚酰亚胺材料及新型助剂。

2）事故项目情况。科技公司年产 2 160 吨聚酰亚胺系列聚合物单体及材料。项目共分为三期，其中一期工程（500 吨/年）于 2012 年 5 月 10 日投产，并取得危险化学品安全生产许可证。二期工程项目于2014年9月28日完成，2015年12月通过安全设施竣工验收，2016年1月取得安全生产许可证，许可范围为年产4，5-二氨基-N-羟乙基吡唑硫酸盐100吨、2，4-二氨基苯氧乙醇盐酸盐50吨、2-苯氨基-4-（2-氯-1-丙烯基）-6-甲苯嘧啶（甲苯溶液）50吨，年副产质量浓度为30%的盐酸480吨、乙醇20吨，年回收质量浓度为95%的乙醇170吨、甲醇4 500吨、甲苯1 000吨、二氧六环450吨。

事故发生在科技公司二期项目工程六车间生产250吨的5-氯-2-甲基（2，5-二甲基；2，5-二氯）对苯二胺工序。

（2）事故经过和救援情况

1）事故发生经过。2016年3月9日10时左右，根据六车间工艺员陈某荣填写的领料单，仓库人员贺某木将400千克水合肼和600千克双氧水分批次送到六车间一楼货梯旁的临时存放点，由六车间技术员郭某超签收确认。六车间丙班操作人员郑某海将水合肼等桶装物料通过货梯运到车间四楼。15时20分左右，郑某海进行水合肼备料操作，用真空抽吸的方式将桶装原料加入500升规格的搪玻璃备料釜R 6124中。在抽料过程中，郑某海到四楼过道边工作台填写操作记录，同时与王某楠等人聊天。此时备料釜R 6124压力升高并发出“吡吡”的声响，进而发生爆炸，爆炸导致备料釜R 6124内水合肼发生燃烧，并引燃现场塑料材质的管道和设备。

2）应急救援情况。事故发生后，公司立即向大江东产业集聚区消防大队报警，同时立即组织人员疏散并对撤离人员进行清点。六车间当班人员共15人，经清点，发现员工郑某海和杨某旺失联，另有3人受伤，被立即送入萧山区第四人民医院救治。15时55分，大火基本被扑灭。16时10分，现场救援队在四楼中部西南侧发现被困人员郑某海，立即将其送往第四人民医院抢救，郑某海于18时10分经医治无效死亡。17时05分左右，救援队在三楼反应釜东侧砂砾堆中发现了之前失联的杨某旺，立即送往医院救治，杨某旺于 22 时 30 分被确认死亡。

（3）事故原因分析

1）直接原因。六车间还原岗位操作人员郑某海在进行水合肼备料操作过程中，误将双氧水抽入水合肼备料釜 R 6124，强氧化剂双氧水和强还原剂水合肼在备料釜 R 6124 内发生剧烈反应，导致爆炸，进而引燃现场易燃物质和塑料设备管道。

2）间接原因如下：

①擅自变更生产辅助设施。公司在未经过设计单位设计变更的情况下，擅自在六车间改变已有设备用途，增加水处理工艺流程，且未针对性地对改变的工艺危险性开展安全分析。

②缺少相关安全管理措施。公司对包装相似、大小相同的水合肼和双氧水两种禁忌危险化学品区分措施不明确，缺少存放区域安全定置管理措施。

③安全管理制度执行不到位。公司班组在搬运禁忌危险化学品物料时，未按规定分开搬运和存放；未按规定执行禁忌危险化学品岗位由不同人员操作的要求；危险化学品投料操作过程中，未严格执行物料核对制度。

④安全事故隐患排查不彻底。公司在各级事故隐患排查过程中，未发现公司工艺变更存在的安全风险，未采取有效的安全防范措施；未及时发现禁忌危险化学品混放、未经核对即投料等事故隐患。

⑤安全培训教育不到位。公司对工艺变更缺少安全风险教育培训；对生产岗位操作规程安全培训力度不够，员工对危险化学品的安全意识淡薄。

（4）事故教训和整改措施

1）科技公司要进一步落实安全生产主体责任，深刻吸取事故教训，举一反三，加强工艺变更管理，完善工艺变更管理制度；要进一步加强危险化学品现场安全管理，严格执行各项安全操作规程。

2）科技公司要进一步完善危险化学品安全防范措施和安全自动化联锁控制系统，提升企业本质安全水平；要进一步加强企业事故隐患排查机制建设，及时整改事故隐患；要加大职工安全生产教育培训，加强事故应急演练，提高职工的安全意识和应急处置能力。

3）科技公司要进一步强化安全生产基础工作。加强对重大危险源运行情况的监测监控，完善报警联锁和控制设施，按规定对安全设施进行检测检验、维护保养。要严禁违章指挥和强令他人冒险作业，严禁违章作业、脱岗和在岗做与工作无关的事，要进一步强化对“三违”（违章指挥、违规作业、违反劳动纪律）现象的管理措施，将“三违”问题作为安全事件或者事故进行管理，实行动态监控和预警预报，坚决杜绝“三违”行为。

（5）相关知识与管理借鉴

事故之后，调查组从技术方面进行了分析。

1）生产辅助设施变更情况。2015 年 10 月，科技公司发现污水站污水因含有未反应完全的水合肼，对生物菌有抑制作用，影响污水处理效果。11 月，经公司技术部、生产部等会议讨论并经技术总监批准，公司决定对废水处理系统进行变更。因污水站无法找到合适场地，而六车间闲置的反应釜 R 6104 和储罐 V 6110 基本符合废水处理要求，又是该废水产生的车间，科技公司于 2016 年 1 月 2 日办理了变更审批手续，将六车间四楼原有闲置的反应釜 R 6104 作为废水预处理釜，闲置的储罐 V 6110 作为双氧水高位槽，并配置相关管道，采用向还原工序产生的废水中加入双氧水，将其中的残余水合肼去除后再并入污水处理中心的方式改善废水处理效果。2016 年 1 月 5 日，变更后的废水处理系统投入使用。该工艺变更未经过有资质的设计单位进行设计，也未委托具有资质的安全评价机构重新进行安全评价。

2）事故发生部位确定。根据事故调查专家组现场检查及技术分析，确定事故发生部位为四楼还原岗位水合肼备料釜 R 6124，该备料釜只使用一种 80%水合肼原料，每批投料量为 2 桶 200 升规格的水合肼原料，共计 400 千克。水合肼是一种强还原剂，与氧化剂接触，会自燃自爆。

3）爆炸燃烧原因分析。车间四楼平台上与水合肼备料釜 R 6124 相距 3 米的 2 000 升规格的废水预处理釜 R 6104，在水处理过程中需要使用双氧水，每批使用量为 500 千克左右。双氧水是一种爆炸性强氧化剂，事故当天该岗位领有 3 桶 200 升规格的双氧水，共 600 升。根据专家组技术分析，确定事故是强氧化剂双氧水和强还原剂水合肼混合后发生剧烈反应，引起爆燃。

4）水合肼和双氧水发生混合的原因分析。一是两者包装外观极为相似，均为蓝色 200 升规格塑料桶包装，桶上的盖子大小、颜色一致；外表面张贴的科技公司白色物料名称标签纸大小一致，物料名称模糊难辨。二是仓库原料送达车间一楼后，经车间工艺员签收，由岗位人员自行领取。根据现场检查情况，一楼水合肼、双氧水临时存放点紧邻且没有采取有效的物理分隔措施，具备水合肼和双氧水混放的条件。平时也曾有部分操作人员违反规定，将两种物料一次性地从电梯运到四楼，容易造成两者物料混放。三是四楼水合肼和双氧水使用场所紧邻（相距 3 米），且现场未划定专用放置位置，水合肼备料岗位和双氧水加料岗位为同一人操作，与公司该岗位安全操作规程要求不符。从事故爆炸能量计算分析，计算结果与现场情况也基本相符。

客观地讲，操作人员也不希望发生错误，更不希望发生爆炸事故，但是包装外观（包括标识）极为相似的两种物料，在辨识上稍有不慎就会发生混淆，这本身就不符合安全要求，也是安全事故隐患，必须要引起注意并进行整改，而且整改也并不难。这起事故也提醒存在类似情况的企业，如果存在物料容易混淆放置的情况，要尽快改正。

4. 某化工公司加料机螺栓松动引起局部过热爆燃事故

2013年3月26日8时50分，江苏省泰州市某化工科技有限公司（以下简称化工科技公司）H发泡剂车间干燥工段发生一起爆燃事故，造成各部件之间软连接全部被烧毁、干燥装置主机与气流筛相接的弯管被炸飞、对面丙类仓库的窗户玻璃大部分被震坏，直接经济损失约0.93万元。

（1）企业基本情况

1）企业相关情况。化工科技公司一般经营项目为H发泡剂产品研发（不含生产和销售），自营和代理各类商品及技术的进出口业务。

2）企业生产情况。化工科技公司H发泡剂产品（N，N-二亚硝基五亚甲基四胺）属危险化学品，事故发生时处于试生产阶段，试生产期限为2012年12月11日至2013年7月10日。主要工艺是采用乌洛托品、液氨与亚硝酸钠按一定比例溶解混合冷却，分步加入硫酸进行亚硝化反应，经过脱水、干燥、过筛得成品。成品分解温度为190~205℃（在空气中），分解产物主要是一氧化碳、二氧化碳、氮氧化物等气体，当摩擦或敲击成品时可能自燃。

3）干燥工段情况。事故发生在生产车间干燥工段。干燥工段采用XSG型旋转闪蒸干燥机。XSG型旋转闪蒸干燥机由干燥主机、加料机、热源装置、气流筛、鼓风机、引风机等关键部件组成。干燥工段工作步骤是将从卧式自动离心机中分离的湿料（含水量10%左右的成品)，通过双绞龙输送到储料斗，再通过加料机（单绞龙）送至干燥主机，与换热器送来的热风（90℃）进行闪蒸干燥（控制干燥主机温度小于50℃)，得到最终产品（含水量为0.2%)。

据调查，2013年1月，加料机出现异常响声，公司副总经理许某云安排工人对加料机基础进行校平并拆开链条检查，未发现异常，但没有对加料机其他部位做进一步检查。2013年3月22日，干燥工段班长周某听到加料机内有异常声响，联系设备维修人员杨某根一起将加料机的后盖拆开检查，未发现异常，但没有对加料机其他部位做进一步检查。此次维修未记录和上报公司相关负责人。

（2）事故经过和救援情况

2013年3月26日上午，许某云巡查完H发泡剂车间干燥工段后到二楼离心分离工段巡查。8时50分，干燥工段发生爆炸，许某云听到爆炸声，返回干燥工段，看见干燥装置主机送料口、干燥主机、气流筛、引风机及各设备之间的软连接部位冒火，干燥装置主机与气流筛之间的弯管被炸飞。

事发后，总经理盛某峰立即向消防和安监部门报告，同时启动公司应急救援预案。消防车赶到时，明火基本已被扑灭。

（3）事故原因分析

1）直接原因。加料机（单绞龙）定位器的固定螺栓松动，造成主轴前移、偏心，与其前端滑动轴承座摩擦，造成前端螺旋片局部断裂，螺旋片裂片随物料进入干燥主机，与干燥主机搅拌器摩擦引起局部过热，引发H发泡剂分解、爆燃。

2）间接原因。化工科技公司事故隐患排查治理制度不健全，未落实事故隐患排查治理和监控责任制；未能根据设备生产厂家提供的《XSG型旋转闪蒸干燥机使用说明书》“维护和保养”章节中“发现传动部位有振动或异常声响处，应检查其坚固部位是否松动”等要求制定干燥主机维护操作规程，导致加料机两次出现异常声响时，均未能及时正确排除螺栓松动的事故隐患。

（4）事故教训和整改措施

调查组经过对事故原因的调查分析，认定这是一起生产安全责任事故。

1）化工科技公司应从这起事故中吸取深刻的教训，切实提高安全防范意识，加强安全管理。要完善安全生产规章制度和安全操作规程，建立健全事故隐患排查治理和建档监控制度，逐级建立并落实从主要负责人到每个从业人员的隐患排查治理和监控责任制。要定期、不定期地对生产设备、安全设施进行安全事故隐患排查，消除不安全因素。

2）加强对员工的安全教育和技术培训，提高员工的技术水平，特别要提高班组长的安全技术水平，熟练掌握各项操作规程及技术规范。在安全教育中要进行安全生产警示教育，提高员工的安全意识，严格落实各项安全生产规章制度。

（5）相关知识与管理借鉴

这起事故是加料机定位器的固定螺栓松动造成的，原因很简单，但是两次检查却没有发现存在的问题。这说明化工科技公司相关人员对设备设施缺乏了解，同时技术水平也存在着差距。

预防此类事故，班组最为关键。班组是设备设施的操作者，每天接触各类设备设施，能最早感知出现的问题。在这一方面，中国某公司炼油部联合一车间催化裂化操作一班的做法值得借鉴。

催化裂化操作一班有成员 11 人，承担着 130 万吨/年催化裂化装置的生产操作任务，生产清洁汽油、柴油、液化气等石油产品。所负责的装置有分馏塔、油浆线、气压机组等，涉及高温高压、易燃易爆、有毒有害等危险源，是石油化工行业中技术含量高、工艺复杂、操作难度大的高危生产装置之一。

该班组结合岗位实际，制定并实施“三书”管理法，即《班组管理指导书》《班组日常工作指导书》《班组事故处理指导书》，有效保证了装置的安全平稳运行，促进了班组安全管理水平的持续提升。其中，该班组利用《班组日常工作指导书》进行安全管理的做法如下：

《班组日常工作指导书》将班组中的装置班长、烟机岗、反应岗、分离岗、气压机岗、余锅岗 6 个岗位的日常工作内容、标准全部详细列出，一目了然。例如，班长岗位，每天都要对照《班组日常工作指导书》上所列出的内容，进行消防器材检查、安全事故隐患检查、空气呼吸器检查、固定报警仪检查、油浆线检查、岗位巡检、交接班日记填写、施工作业票办理等 14 项常规主要工作，完成后逐一消项。而对于岗位上新出现的一些工作，通常由班组长去完成，或根据实际把这些工作进行再分配。事后，班组会对这些工作进行确认，如果属于日常性工作，要尽快将其列入《班组日常工作指导书》中。

为确保《班组日常工作指导书》的高效执行，操作一班组织学习各种安全文件及宣传资料，开展“自查自纠”等检查工作，不断激发全员的积极性，及时总结推广所取得的成绩，查找存在的不足，使班组安全生产的良好势头得以保持，有效提升了班组的安全管理水平。特别是班组开展的合理化建议活动，效果突出，2 年间共提合理化建议 100 余条，60 多条被炼油部及车间采纳，创造效益 200 多万元。与此同时，班组在设备管理上，加大对设备的日常监测力度，在车间各班组内率先开展了机泵振动趋势监测活动，由专人收集数据并绘制成图，进行趋势分析，确保了机泵的正常运行。几年来，无一起因人为疏忽造成机泵毁损的事故。

为不断提高全员安全事故防范能力，操作一班还坚持以实施职工素质工程为平台，细化并实施班组年度学习计划，制订个人成长规划，认真开展导师带徒、岗位练兵、技术比武、跨装置系统学习等活动。班组根据人员自身素质状况，由班长带领骨干坚持常年制订切实可行的年度个人技能学习计划，并定期进行学习效果检验。班组对获得“知识型职工”、技术比武优胜等荣誉及完成年度学习计划的班员给予奖励，以调动班组会员加强学习的积极性。由于班组内这种互帮、互带、互惠的学习氛围浓厚，方法得当，班组全员的综合素质得到了有效提高。

5. 某芳烃（漳州）公司装置存在焊接质量问题爆炸事故

2015 年 4 月 6 日 18 时 56 分，位于福建省漳州市古雷的某芳烃（漳州）有限公司（以下简称芳烃公司）二甲苯装置发生爆炸着火重大事故，造成 6 人受伤（其中 5 人被冲击波震碎的玻璃刮伤），另有 13 名周边群众陆续到医院检查，直接经济损失 9 457 万元。

（1）企业基本情况

芳烃公司位于福建省漳州市古雷港经济开发区，2006 年 8 月 1 日登记注册，注册资金为 54.31 亿元，主要从事生产销售对二甲苯、邻二甲苯、苯、液化石油气及相关石化产品，共有 16 套装置，核准对二甲苯生产能力为 80 万吨/年。

2013 年 5 月 20 日，芳烃公司按规定向福建省安监部门报送 80 万吨/年对二甲苯工程及整体公用配套工程建设项目（热电厂 2 号、3 号锅炉和 2 号机组除外）试生产方案及《芳烃公司 PX（对二甲苯）项目热电厂 2 号、3 号锅炉及 2 号机组承诺函》等有关材料，省安监部门依据有关规定出具了危险化学品建设项目试生产（使用）方案备案告知书，试生产期限为 2013 年 5 月 22 日至 2014 年 5 月 21 日。

2013 年 7 月 30 日，由于管件材质存在缺陷和违规操作，该公司在发生加氢裂化装置爆燃事故后停产整顿。

2014 年 11 月 7 日，芳烃公司重新按规定向省安监部门报送有关材料，省安监部门依照有关规定，对该公司试生产方案重新予以备案，试生产时间为 2014 年 11 月 10 日至 2015 年 11 月 9 日。但企业实际上按对二甲苯 160 万吨/年的生产能力进行设计、建设和试生产，没有按核准的规模和经安全设施设计审查的方案进行施工，违反规定超核准规模建设、试生产。

（2）事故经过和救援情况

2015 年 4 月 6 日 18 时 56 分，芳烃公司二甲苯装置在停产检修后开车时，二甲苯装置加热炉区域发生爆炸着火事故，导致二甲苯装置西侧约 67.5 米外的 607 号、608 号重石脑油储罐和 609 号、610 号轻重整液储罐爆裂燃烧。4 月 7 日 16 时 40 分，607 号、608 号、610 号储罐明火全部被扑灭。之后，610 号储罐于 4 月 7 日 19 时 45 分和 4 月 8 日 2 时 09 分两次复燃，均被扑灭。607 号储罐于 4 月 8 日 2 时 9 分复燃，4 月 8 日 20 时 45 分被扑灭。609 号储罐于 4 月 8 日 11 时 05 分起火燃烧，4 月 9 日 2 时 57 分被扑灭。

事故发生后，公安消防部门共调动消防车辆 269 部、消防官兵 1 169 名，在专家指导下，采取扑灭石化火灾常用的成熟方法，加强对着火罐的火情控制，并实施喷水冷却、水幕隔离等措施，冷却保护周边储罐和装置。福建省政府多方调集救援物资，共调运 1 467 吨灭火泡沫和 5 万个沙包袋，为救援工作提供充足的物资保障。

这起爆炸着火事故共造成 6 人受伤，另有 13 名周边群众陆续到医院检查，直接经济损失 9 457 万元。

（3）事故原因分析

1）直接原因。二甲苯装置在开工引料操作过程中出现压力和流量波动，引发液击，存在焊接质量问题的管道焊口作为最薄弱处断裂。管线开裂泄漏出的物料扩散后被鼓风机吸入风道，经空气预热器后进入炉膛，被炉膛内的高温引爆。此爆炸力量以及空间中泄漏物料形成的爆炸性混合物的爆炸力量撞裂储罐，爆炸火焰引燃罐内物料，造成爆炸着火事故。即有焊接缺陷的管线受开工引料操作波动引起的液击冲击，21 号焊口断裂，是本次事故的直接原因。

2）间接原因如下：

①芳烃公司安全观念淡薄，安全生产主体责任不落实。一是重效益、轻安全。事故前，违规试生产；超批准范围建设与试生产。二是工程建设质量管理不到位。未落实施工过程安全管理责任，未发现施工过程中的分包、无证监理、无证检测等现象；工艺管道存在焊接缺陷，留下重大事故隐患。

②芳烃公司工艺安全管理不到位。一是二甲苯单元工艺操作规程不完善，未根据实际情况及时修订，操作人员工艺操作不当产生液击。二是工艺联锁、报警管理制度不落实，解除工艺联锁未办理报批手续。三是试生产期间，事故装置长时间处于高负荷甚至超负荷状态运行。

③施工单位违反合同规定，未经业主同意，将项目分包给扬州市某工业设备安装有限公司，质量保证体系没有有效运行，质检员对管道焊接质量把关不严，存在管道未焊透等问题。

④分包商扬州市某工业设备安装有限公司施工管理不到位，施工现场专业工程师无证上岗，对焊接质量把关不严；焊工班班长对焊工管理不严；焊工未严格按要求施焊，未进行氩弧焊打底，焊口未焊透、未熔合，焊接质量差，埋下事故隐患。

⑤监理公司未认真履行监理职责，内部管理混乱，招收的监理工程师不具备从业资格，对施工单位分包、管道焊接质量和无损检测等

把关不严。

⑥岳阳某检测有限公司未认真履行检测机构的职责，管理混乱，招收12名无证检测人员从事芳烃装置检测工作，事故管道检测人员无证上岗，检测结果与此次事故调查中复测数据不符，涉嫌造假。

（4）事故教训和整改措施

1）事故单位要切实落实企业主体责任，全面开展事故隐患排查治理。各生产经营单位必须切实坚持安全第一，牢固树立安全发展理念，认真履行安全生产主体责任，加大安全投入，确保设备设施完好有效、稳定地运行。要建立健全事故隐患排查治理制度，落实企业主要负责人的事故隐患排查治理第一责任，实行“谁检查、谁签字、谁负责”，做到不打折扣、不留死角、不走过场。

2）事故单位要深刻吸取事故教训，正视企业自身存在的问题，正确处理好经济效益与生产安全的关系，严格遵守国家法律法规，从项目报批、工程设计、建设施工、员工培训、作业现场管理、事故隐患排查等各个环节，狠抓管理，确保安全。

3）必须着重做好以下工作：一是过火及受冲击波影响的装置区、罐区的处理和重建，应制定详细的实施方案并请专家评审合格后实施；需继续使用的设备、管道等应委托专业机构评估，确认合格后才能继续使用。二是全面校核排查所有材料材质，重点是采购与设计是否相符，特别是低价中标的材料，需由供应商确认，彻底排除材质问题。复核所有管线的设计和交工资料，对资料与现场不符的要全面审核、检测、整改，确认合格后更新交工资料，做到资料与现场相符；资料与现场相符的也应与施工单位一起制定合理的检查确认方案，彻底排除施工质量隐患，确保风险可控。三是全面疏理震动管道，严重震动的管道应立即整改。开车过程经常发生震动的管道，应从工艺操作、加固减震上采取措施，优化配管。

(5) 相关知识与管理借鉴

这起事故是装置在开工引料操作过程中出现压力和流量波动，引发液击，由此造成焊口断裂，接着引发爆炸火灾事故。

化工企业生产具有高温高压、易燃易爆、易腐蚀的特点，与其他行业相比，生产过程中潜在的不安全因素更多，危险性和危害性更大，因此对安全生产的要求也更加严格，特别是对设备设施的质量要求也更为严格。在这起事故中，承包商无视严格的质量要求；建设单位违反合同规定，未经业主同意，将项目分包给扬州市某工业设备安装有限公司；分包商对焊接质量把关不严，焊口未焊透、未熔合，焊接质量差，埋下事故隐患；质量检测公司未认真履行检测机构的职责，管理混乱，招收12名无证检测人员从事芳烃装置检测工作，事故管道检测人员无证上岗，检测结果与此次事故调查中复测数据不符，涉嫌造假。

在对承包商的安全管理方面，应注意管理制度和管理责任的落实。

1）严格承包商管理制度。企业要建立承包商安全管理制度，将承包商在本企业发生的事故纳入企业事故管理。企业选择承包商时，要严格审查承包商有关资质，定期评估承包商安全生产业绩，及时淘汰业绩差的承包商。企业要对承包商作业人员进行严格的入厂安全培训教育，经考核合格的方可凭证入厂，禁止未经安全培训教育的承包商作业人员入厂。企业要妥善保存承包商作业人员安全培训教育记录。

2）落实安全管理责任。承包商进入作业现场前，企业要与承包商作业人员进行现场安全交底，审查承包商编制的施工方案和作业安全措施，与承包商签订安全管理协议，明确双方安全管理范围与责任。现场安全交底的内容包括作业过程中可能出现的泄漏、火灾、爆炸、中毒、窒息、触电、坠落、物体打击和机械伤害等方面的危害信息。承包商要确保作业人员接受相关的安全培训，掌握与作业相关的所有危害信息和应急预案。企业要对承包商作业进行全程安全监督。

6. 某化工公司操作工未关严外送阀门混合气体爆炸事故

2014 年 1 月 18 日 14 时 18 分，位于吉林省通化县二密镇的某化工股份有限公司（以下简称化工公司）甲醇合成系统甲醇工段水洗岗位供水泵房发生爆炸，造成 3 人死亡、5 人受伤，直接经济损失 255 万元。

（1）企业基本情况

1）企业相关情况。化工公司为股份制民营企业，是以生产化肥为主的中型化工企业，年可生产甲醇 5 000 吨、尿素 13 万吨、合成氨 10 万吨。公司有职工 870 人，下设 13 个科室和 10 个车间。

2）企业生产装置及工艺情况。企业有 3 套生产装置，分别为合成氨生产装置、甲醇生产装置、尿素生产装置。合成氨生产装置于 1975 年建成，经过 1995 年、1998 年等多次改造，生产能力达到 10 万吨/年。甲醇生产装置属于联醇工艺，于 1995 年建成，生产能力为 5 000 吨/年。尿素生产装置于 1992 年建成，生产能力为 13 万吨/年。

2010 年 9 月，企业为合成氨、尿素生产装置安装了 DCS 集散控制系统，于 2011 年 8 月投入使用。

3）生产系统情况。企业生产的产品主要是合成氨和尿素，副产品为甲醇，主要生产原料均是阳泉块煤（造气原料）。企业化工生产过程依照工艺流程由造气、压缩、净化、甲醇合成、氨合成、尿素合成 6 个子系统组成。此次事故发生的具体地点是甲醇合成系统甲醇工段水洗岗位的供水泵房。

（2）事故经过和救援情况

1）事故发生经过。化工公司在正常生产期间，生产车间作业班组按甲乙丙丁排序，采用“四班三倒”作业工作制。甲醇合成车间（系统）每班10人，共包括4个工段，每个工段设置1名主操作工、1名副操作工，车间设置冰机操作员1名、分析工1名。事故发生时，属于甲醇合成车间丁班（当日作业区间为8时至16时）在岗操作期间。

当日丁班甲醇岗位鲁某仁和杨某婷8时接班后，经车间化验员刘某玲化验分析稀醇质量浓度为43.8%，鲁某仁进行了放醇作业。大约20分钟，稀醇罐液位达到规定位置，鲁某仁关闭去精醇阀门，对稀醇罐进行补液，操作完成后，物料进入正常循环。10时，化验分析稀醇质量浓度为21.7%，不用放醇。12时，稀醇质量浓度经化验达到了40.5%，鲁某仁按操作程序进行了20分钟左右的放醇和补液工作。14时，化验分析稀醇质量浓度为20.3%，不用放醇。下午，甲醇岗位主操作工鲁某仁临时有事请假，经车间主任批准后，由姜某有（甲班主操作工）替班。13时41分，在车间段长李某和的安排下，鲁某仁和铜洗岗位的张某才离岗去公司仓库领料，13时58分返回车间。姜某有13时49进入公司大门，13时53分到达车间门口。

大约14时05分，接替鲁某仁的姜某有来到甲醇操作室，此时副操作工杨某婷在操作室监视电脑数据。过了十多分钟，两人听见甲醇水洗供水泵房有漏气声音，主操作工姜某有立即向供水泵房跑去。副操作工杨某婷以为冒气声音是闪蒸槽上方放空阀的响声，通过查看电脑数据，确认闪蒸槽压力正常后，也向供水泵房方向跑去，在跑到车间门口时，想到“副线”（输送冷空气的调节阀）没关，就返回操作室，在刚要关“副线”的一瞬间，供水泵房内发生爆炸（爆炸后，经专家现场勘查，稀醇罐顶盖崩开的同时，稀醇回流管在罐顶焊口处发生断裂，在排除了电气引爆的情况下，对爆点进行分析，确定是高压气体与钢件触碰产生静电引起爆炸）。铜洗岗位主操作工张某才（距甲醇岗位约 50 米）听到有漏气声音后，立即往供水泵房方向跑去。同时，在电气维修车间进行安全检查的孙某宝、滕某飞，在调度室开会的王某春、林某伟、王某贵、杨某、陈某茂、徐某宝等人都听到了甲醇水洗泵房有漏气声音，分别跑向甲醇水洗供水泵房查看，刚到泵房外面就发生了爆炸。

2）应急救援情况。事故发生后，企业紧急启动一级应急预案，全厂各车间紧急停车，立即疏散人员，将受伤的王某春、孙某宝、徐某宝、杨某、林某伟、王某贵 6 名职工送至市人民医院进行抢救。14 时 40 分，公司核对出勤情况，发现有 2 人失踪。接到事故报告后，通化县领导和县相关部门负责人到达事故现场，立即启动通化县生产安全事故应急救援预案，县消防大队和公安干警参与救援工作，先后调用 3 台吊车参与倒塌供水泵房的清理工作。省、市领导和相关专家先后到达事故现场指挥抢险救援。1 月 19 日 2 时 50 分、9 时 55 分，分别搜寻出张某才、姜某有 2 名失踪人员的遗体。1 月 22 日 2 时 41 分，重伤人员王某春经全力抢救医治无效死亡。

这起爆炸事故造成 3 人死亡、5 人受伤，直接经济损失 255 万元。

（3）事故原因分析

1）直接原因。当班岗位操作工鲁某仁在 12 时排液结束后，未能关严精醇外送阀门，且回流管阀门开度过大，在进入净醇塔的稀醇液流量不变，排出稀醇液流量加大的情况下，进、出净醇塔的工作介质液位下降至控制线以下，导致净醇塔内稀醇液低位运行。替班操作工姜某有接班后没有对现场进行巡视，未发现净醇塔底部稀醇液位低于 300 毫米控制线的情况，净醇塔内液体排空，导致高压工艺气体回流到稀醇罐，造成常压设备稀醇罐罐顶破裂，并造成回流管线断裂，致使大量可燃混合气体（以氢气为主，氢气的爆炸极限为 4.0%～75.6%）迅速充满供水泵房，并达到爆炸极限，由于高压工艺气体释放时与回流管管口摩擦产生静电，引燃混合气体发生爆炸。

2）间接原因如下：

①化工公司对长期存在的安全事故隐患未进行彻底整改。1995 年企业改造时将净醇塔液位计安装在塔底部出液管线上，造成去精醇阀门打开时，液位计无法正确显示净醇塔液位，导致补液、排液时液位都不准确。自动控制阀自设备运行使用后一直未投入使用，无法实现液位与阀门的联锁控制和液位报警。企业虽然制定了相应的操作规程，但未从根本上消除安全事故隐患。

②化工公司对交接班和巡视制度落实不到位。在实际执行中，岗位操作人员未认真执行公司制定的交接班和巡视制度，未执行接班后必须进行现场巡视的规定。岗位操作人员对公司制定的水洗岗位操作规程落实不到位。

③化工公司企业相关人员安全意识淡薄，装置曾出现过窜气现象，只是未引发事故，未引起企业重视，导致企业未采取有效措施对存在的事故隐患进行整改。

（4）事故教训和整改措施

针对这起事故暴露出的突出问题，为了深刻吸取事故教训，进一步强化化工行业安全生产工作，有效防范类似事故重复发生，提出如下整改措施：

1）要深刻吸取沉痛的事故教训，公司要聘请有资质的中介机构或专家对所有在用设备、安全附件进行一次全面彻底的安全大检查，认真细致地排查，全面彻底整改安全事故隐患，对不符合安全生产条件的，不准投入生产和运行；要对不符合化工安全标准的工艺和在用设备予以淘汰；要在规定时限内达到安全生产标准化标准。

2）认真开展生产储存装置自动化改造和设计诊断工作，请具备相应资质的单位正确安装仪表、紧急停车控制装置和泄漏监测报警装置，达到自动化控制要求。公司对在用防爆设施进行全面检查，确保在用设备达到防爆标准要求。要依法和自觉接受质监部门对公司在用特种设备的安全监督检查，确保符合特种设备规范标准要求。

3）切实落实安全生产主体责任，进一步强化企业内部的安全管控。公司要进一步完善各项安全生产规章制度、岗位操作规程和相关部位的应急救援预案，加强对岗位操作人员的安全培训和教育，让每位操作人员都能熟练掌握本岗位的操作技能，具备事故应急处置能力。

4）大力推动化工行业科技进步，提高企业本质安全水平。公司要加大安全投入，推进安全技术进步，积极采用自动化、信息化技术，改造传统的生产方式和管理模式，加快现有化工生产工艺、装置的升级换代，减少在线人员，提升化工行业危险生产工艺安全技术水平，逐步实现远程遥控、人机隔离操作，提高生产线安全监控自动化、信息化水平，用好视频监控系统，真正做到在线监控，发挥安全管控作用，真正实现安全生产自动化管理。

（5）相关知识与管理借鉴

事故发生后，调查组对事发时稀醇回收作业单元状态进行了分析。稀醇回收作业单元正常运行时，供、回水管路处于闭环运行状态，工作介质循环使用，精醇外送阀门处于关闭状态，只有质量浓度达到或超过30%时，才同时打开精醇外送阀门和补水阀门，关闭回流阀门。

事故发生后现场勘验检查时发现，稀醇回收作业单元所有输液管线和在用设备（除回流管在稀醇罐上盖处断裂外）均未有泄漏痕迹；

经专家组现场试验，回流阀门、精醇外送阀门开关灵活、密封性能良好。经调查核实，事故发生后，合成车间主任陈某茂紧急关闭回流管总阀、支阀时，发现去精醇工段的精醇外送阀门处于微开状态，回流阀门处于开启状态。

通过调查，最后确认，当班岗位操作工鲁某仁在操作中发生错误，替班操作工姜某有在接班后没有发现和纠正错误，结果导致高压气体回流造成常压设备稀醇罐罐顶破裂，并造成回流管线断裂，最后引燃混合气体而发生爆炸。

与其他行业相比，化工企业对员工的操作要求更高，因此，化工企业更需要做好员工的培训工作，优秀员工是企业的财富。某石化公司是比较注重员工培养的企业，在该公司三车间蒸馏装置一班有这样一名优秀班长，他爱岗敬业，在班长岗位干了 30 多年，做出了突出成绩，他就是刘某。

刘某 1971 年从农村青年点招工回城，被分到三车间蒸馏装置一班，他在这个岗位上工作了 30 多个春秋，有一半时间是在装置旁度过的。他干活不但有“冲劲”，而且也有“心计”。每一次检修和装置改造，刘某都把它作为一次“实战课”，认真记录每一次开停工过程。有一次装置停检，他为了弄清炼塔结构，主动加班加点，连续几天几夜没有回家。他就是靠这种敬业精神和一股子韧劲，在生产一线积累了宝贵的经验，练就了一身过硬本领。一到停工检修的时候，“动火”前将装置处理干净这份工作，车间一定要交给刘某干，因为这项工作关系到装置安全，一点也马虎不得。

刘某所带的一班也是一支技术过硬的团队，车间但凡有节能降耗、提高产量等优化操作的工作，都尽可能地安排到一班来干。一是一班技术水平高，能够充分理解车间方案的内容，达到最佳的实施效果。二是刘某凭经验能给出很多好的建议，使方案更加完善。2003

年装置首次加工进口原油，刘某率领一班克服了回流罐液面高、电脱盐脱水等诸多困难，圆满完成了试练任务，为装置加工进口原油积累了宝贵经验。在2005年的停工检修中，车间根据他的提议，对常压一线工艺流程进行了改造，大大降低了白土的消耗量，一年节约原辅料500多吨，降低成本150多万元。多年来，刘某所在班组荣获了很多荣誉，连续多年被评为公司“红旗班组”，刘某个人也多次被评为公司优秀班组长，连续5年被公司评为模范共产党员。

7. 某化工厂浓缩釜中浓缩加温操作发生化学爆炸事故

2012年1月4日21时53分，位于浙江省嘉兴市南湖区大桥镇的嘉兴市某化工厂（以下简称化工厂）二氯乙烷车间反应釜发生爆炸事故，并引发火灾，造成3人死亡、4人受伤，直接经济损失约120万元。

（1）企业基本情况

1）企业相关情况。化工厂成立于1979年，前身为步云乡小学校办企业，1998年12月改制为股份合作制企业，法定代表人陈某，注册资金228万元。该厂生产销售的产品主要有N，N-乙基羟胺、对甲苯磺酰胺和异丙基羟胺3个品种。

2）事故车间情况。事故发生点是该厂的4号车间。该车间的土建竣工时间为2001年年底，因原计划的一生化项目未实施一直闲置。2006年，该厂研发成功新产品N-异丙基羟胺后，该车间就作为异丙基羟胺的生产车间。

3）工艺流程情况。该车间的生产工艺流程如下：三楼操作平台为氧化反应工序，二楼为浓缩精馏成品工序。操作人员在一楼将每桶140千克的二异丙胺分别抽送至三楼的6个氧化反应釜中（每个氧化反应釜放入二异丙胺 140 千克），再从双氧水储罐区通过流量器分别给每个氧化反应釜的双氧水高位槽中注入 280 千克双氧水，并在每个加入二异丙胺的氧化反应釜中加入 15 千克催化剂，然后通过向氧化反应釜中滴加双氧水（8~9 小时）进行氧化反应，生成异丙基羟胺和丙酮。中间产物转入二楼的浓缩釜，并在加热和真空条件下脱去过量的二异丙胺和水，再用盐酸处理生成异丙基羟胺盐酸盐，经浓缩带水蒸出丙酮，N-异丙基羟胺盐酸盐用碱中和得 N-异丙基羟胺，再经调整浓度得成品。在该生产工艺流程中，双氧水是爆炸性强氧化剂，二异丙胺与双氧水的氧化反应为强放热反应，需在二异丙胺过量且冷却条件下滴加双氧水进行，正常反应温度为 25~30℃，超过 40℃反应过激。

（2）事故经过和救援情况

1）事故发生经过。1 月 4 日 16 时 30 分，该厂职工张某、王某、沈某、葛某、蔡某、董某 6 人到异丙基羟胺车间上班，按照分工，张某、王某、沈某 3 人在该车间的二楼操作平台工作，葛某、蔡某和董某 3 人在该车间的三楼操作平台工作。接班后，上一班操作的氧化反应还未结束，张某等人上班后接着上一班的工序继续作业。

18 时 30 分，6 个氧化反应釜滴加双氧水全部结束，进入保温工序。

21 时，操作人员将三楼的 6 个氧化反应釜（每个容积为 500 升）中的中间产物通过管道放入位于二楼操作平台的一个浓缩釜（容积为 3 000 升）中，放料时间约 30 分钟。

21 时 30 分放料结束后，三楼操作平台操作人员将原料二异丙胺抽入 6 个氧化反应釜，并将双氧水抽至每个氧化反应釜上面的高位槽内，准备于 22 时开始滴加双氧水，进行下一批料的氧化反应。

21 时 30 分，班组长张某在二楼开始对放入中间产物的浓缩釜进行蒸汽加热，并进行抽真空，以脱去多余的二异丙胺和水。

21 时 53 分，浓缩釜突然发生爆炸，并引发火灾。

2）应急救援情况。1 月 4 日 21 时 55 分，市消防支队指挥中心接到报警，指挥中心迅速调派了特勤一中队 6 辆消防车、30 名官兵赶赴现场处置，同时又调派了秀洲、荷花堤、经济开发区、嘉善 4 个中队 6 辆消防车、27 名官兵，还调动周边的专职消防队赶赴现场灭火救援。22 时 10 分左右，救援力量先后赶到现场，立即组织力量灭火，同时解救被困工人。经过 10 多分钟的紧急搜救，消防人员先后在车间一楼楼梯口、底层倒塌装置边、二楼机械装置边、西侧辅助用房内及车间西北角处搜救出 5 名被困工人，连同自行逃离的 2 名工人，先后被送往医院进行抢救。22 时 45 分，大火成功被扑灭。

这起爆炸火灾事故共造成 3 人死亡、4 人受伤，直接经济损失约 120 万元。

（3）事故原因分析

1）直接原因。滴加的过量双氧水和未反应的二异丙胺等有机物，在二楼浓缩釜中浓缩加温操作条件下发生化学爆炸。

2）间接原因如下：

①事故车间不具备安全生产条件。该企业虽然在 2007 年 11 月、2009 年 11 月对全厂进行安全评价时，对该事故车间也进行了安全评价，2010 年 11 月、2011 年 11 月先后请某化工设计院补做了车间设备安装设计图和总平面设计图，但作为一家老企业，满足安全生产新标准、新要求的基础条件先天不足，且安全生产投入不足，未持续进行整改。老厂区布局不合理，车间自动化程度低，未单独设置自动化操作控制室，致使事故发生时，车间现场操作人员过多，造成伤亡扩大。

②企业安全生产管理不到位。企业未制定有针对性的技术控制规

程和安全操作规程，对氧化反应终点没有设置科学的判定方法，凭经验操作；企业没有制定极端环境条件下的安全保障措施。1 月 4 日天气寒冷，据气象资料显示，地面最低温度为-4.31℃，导致反应温度偏低，致使含双氧水在内的反应物氧化反应不完全。企业在做该项目的安全预评价、安全现状评价时，提供的工艺信息不完整，也没有进一步掌握生产该产品的安全技术特征。

③企业未按规定设置专门的安全生产管理机构或配备专职安全管理人员，专职安全员系由生产副厂长朱某兼任；企业日常安全检查缺乏针对性，未按规定对所有员工进行“三级”安全教育，日常安全教育过于简单，操作人员对生产工艺的安全性了解甚少，对岗位危险性认识不足。

（4）事故教训与防范措施

本次事故暴露出企业在安全设施、安全教育等方面存在严重缺陷，工业园区管委员监管不到位等问题。

1）企业应深刻吸取本次事故的教训，在企业内开展一次全面的安全事故隐患排查，对存在的事故隐患和问题要认真制定整改方案，进行全面彻底整治。

2）企业要认真落实安全生产主体责任，依法组织生产经营活动。要建立健全安全生产责任制、安全管理制度和操作规程，建立和完善有效的事故隐患排查治理机制，加强员工的安全教育和培训，依法设置安全生产管理机构或配备与企业规模相适应的专职安全管理人员。

3）企业要请具有甲级资质的单位对厂内安全状况进行全面评估，对评估中发现的安全事故隐患要认真整改。

4）工业园区管委会要认真吸取本次事故的教训，进一步落实企业的安全生产责任，全面掌握所辖企业的生产经营状况，按要求对工业园区内所有企业认真、细致地开展安全检查，做到不留死角，不留盲区。工业园区安全生产管理部门要加大监察执法的力度，严厉打击违法违规行为。充分利用专家队伍力量，加强对企业的检查和服务，提高企业的本质安全水平。

(5) 相关知识与管理借鉴

事故之后，调查组要求相关部门组织开展安全生产大检查，重点是检查辖区内的小型老旧的危险化学品生产、使用企业，对发现工艺水平、控制水平、安全保障条件低的企业，该停的则停，该关的则关。对检查中发现的其他问题要提出整改意见，并督促落实。加快对辖区内安全条件差、规模小的化工企业的关闭和搬迁力度。这样的措施无疑是正确的。

化工企业在生产以及储存、运输、使用等环节，由于自身的特性，具有与其他行业企业所不同的危险性。化工企业，特别是危险化学品生产企业，其危险性主要体现在以下几个方面：

1）生产原料具有特殊性。化工企业生产使用的原材料以及半成品和成品，种类繁多，并且绝大部分是易燃易爆、有毒有害、有腐蚀性的危险化学品，这不仅在生产过程中对这些原材料、燃料的使用、储存和运输提出较高的安全要求，而且对中间产品和成品的使用、储存和运输都提出了较高的安全要求。

2）生产过程具有危险性。在化工企业的生产过程中，所要求的工艺条件严格，有些化学反应在高温、高压下进行，有的要在低温、高真空度下进行。在生产过程中稍有不慎，就容易发生有毒有害气体泄漏、爆炸、火灾等事故，酿成巨大的灾难。

3）生产设备、设施具有复杂性。化工企业的一个显著特点，就是各种各样的管道纵横交错，大大小小的压力容器遍布全厂，生产过程中涉及各种装置、设备内的化合、聚合反应，以及高温、高压等工艺条件，生产过程复杂，生产设备、设施也复杂。大量设备设施的应用，减轻了操作人员劳动强度，提高了生产效率，但是设备设施一旦失控，就会引发各种事故。

4）生产方式具有严密性。目前的化工生产方式，已经从过去落后的坛坛罐罐的手工操作、间断生产，转变为高度自动化、连续化生产；生产设备由敞开式变为密闭式；生产装置从室内走向露天；生产操作由分散控制变为集中控制，同时也由人工手动操作变为仪表自动操作，进而发展为计算机控制，从而进一步要求操作要严格周密，不能有丝毫的马虎大意，否则就容易导致事故的发生。

8. 某化工公司压力容器质量缺陷气体泄漏爆炸事故

2015 年 6 月 28 日 10 时 04 分，内蒙古鄂尔多斯市准格尔旗内蒙古某化工有限责任公司（以下简称化工公司）发生一起压力容器爆炸较大生产安全事故，造成 3 人死亡、6 人受伤，直接经济损失 812.4 万元。

（1）企业基本情况

化工公司位于准格尔经济开发区内，于 2008 年 6 月 10 日成立，注册资本为 3 亿元，有员工 500 余名，经营范围包括硝酸铵、多孔硝酸铵、合成氨、液氨、氧气、硫黄、硝酸的生产、销售及产品的对外贸易经营等。

（2）事故经过

2015 年 6 月 28 日 7 时 45 分许，早上交接班时，净化班班长杨某义向一分厂净化工段段长刘某磊报告脱硫脱碳工序三气换热器发生泄漏，刘某磊将上述情况报告给一分厂副厂长郝某成后到现场查看。其间，一分厂厂长助理李某在控制室听操作工报告三气换热器有泄漏，也到现场查看泄漏情况。8 时 30 分，李某遇到刘某磊，2 人爬上换热器平台查看，发现三气换热器脱硫器进口右侧同一条焊缝上有 2 个漏点，相隔 4~5 厘米。刘某磊用手感觉漏点泄漏情况，发现有气体吹动并感觉发凉，随后对漏点进行标记并用手机进行拍照，拉起警戒线后离开。

查看后，8 时 56 分，李某也向一分厂副厂长郝某成报告了泄漏情况，并嘱咐巡检工远离泄漏现场。郝某成接到报告后，到分管生产安全的副总经理翟某龙办公室进行了报告，同时翟某龙通知生产管理中心主任白某强，3 人在翟某龙办公室商议后，翟某龙决定停车，但未明确采取紧急停车措施。郝某成按正常停车程序分别电话通知净化工段段长刘某磊对净化系统进行降压、气化工段段长薛某旺做好停车准备。9 时左右，郝某成离开翟某龙办公室，在路上碰见合成工段段长王某文，告诉他准备停车；之后又去泄漏现场和刘某磊查看泄漏情况；随后与刘某磊一起到变换工段安排变换工段停车，同时提醒该工段做气气换热器保温的外来施工人员苏某飞、黄某娜、田某保、马某伟等人注意安全；最后去气化工段和氨库进行巡检。此时，净化工段北面的空分工段也有外来施工人员郭某春正在进行施工作业。

在此之前，生产管理中心主任白某强于 8 点 50 分签发检维修作业票证，同意在三气换热器南侧约 7 米处高压脱硫泵房对高压脱硫贫液泵 A 泵进行检修作业。9 时左右，张某刚、胡某 2 名检维修作业人员在办理了检维修作业票证后，进入高压脱硫泵房进行维修作业。随后，检修班副班长周某旗电话通知常某鹏、王某天、梁某明、赵某伟、贺某春 5 人去高压脱硫泵房帮忙。

10 时 4 分 56 秒，三气换热器发生第一次爆炸燃烧。听到爆炸声响后，张某刚、王某天、梁某明、贺某春 4 名检修作业人员立即从高压脱硫泵房跑出。由于三气换热器炸口朝向脱硫泵房，泄出的脱硫气在泵房内聚集，在第一次爆炸明火的作用下，约 7 秒后高压脱硫泵房发生第二次爆炸，造成脱硫高压泵房内常某鹏、胡某、赵某伟 3 名检维修作业人员死亡，张某刚、王某天、梁某明、贺某春 4 名检维修作业人员在逃出时受伤。由于第一次爆炸产生碎片的撞击，以及富含氢气明火的灼烤，三气换热器南侧上方的一段脱硫富液压力管道发生塑性爆裂，引发第三次爆炸。爆炸冲击波震碎空分工段外墙玻璃，造成外来施工人员郭某春受伤。爆炸发生后，变换工段外来施工人员苏某飞慌忙逃生，从施工高处跳落受伤。

这起爆炸事故共造成 3 人死亡、6 人受伤，直接经济损失 812.4 万元。

（3）事故原因分析

1）直接原因。发生爆炸的三气换热器设备存在明显的质量问题。该三气换热器从投入运行到爆炸前，脱硫气进口联箱两侧人字焊缝处曾 4 次出现裂纹导致泄漏。此次爆炸是在前 4 次未修焊过的脱硫气进口封头角接焊缝处存在贯通的陈旧型裂纹，引发低应力脆断导致脱硫气瞬间爆出。因脱硫气中氢气含量较高，爆出瞬间引起氢气爆炸着火。由于炸口朝向脱硫泵房，泄出的脱硫气流量很大，在泵房内瞬时聚集达到爆炸极限，引起连环爆炸，致使伤亡事故发生。

2）间接原因如下：

①化工公司安全管理混乱，安全生产主体责任不落实，未按国家相关要求对事故压力容器进行维护管理。三气换热器泄漏隐患长期存在，造成企业各级员工麻痹大意，违章指挥、冒险作业。在公司生产管理部门开出检修作业票，安排员工在邻近泄漏源的泵房内进行检修作业时，未认真排查作业场所安全事故隐患。在得知三气换热器发生泄漏的情况下，公司有关部门仍未按规定停止作业，及时将泄漏现场周边员工撤离，处置措施不当，导致众多人员伤亡事故发生。

②化工公司生产区域安全管理混乱，各项安全管理规章制度严重

不落实，企业主要负责人及相关人员履职不到位。按照有关规定，发生爆炸的三气换热器属于一类压力容器，但公司设备管理部门及有关人员未按照相关法律法规规定对该特种设备进行管理维护，未进行全面检查，未彻底消除安全事故隐患，日常管理维护工作流于形式。

③企业主要负责人、安全管理人员安全意识淡薄，对泄漏危险认识不足，在设备多次泄漏的情况下，没有实施泄漏检测及维修全过程管理。在生产系统设计不能将该三气换热器单独切除出系统的情况下，发现泄漏未果断紧急停车，而采取了常规停车，错过了避免事故发生的最佳时机。

④具体负责该设备的相关检验人员未严格按照特种设备安全技术规范进行检验，审核签发把关不严，致使存在制造缺陷的产品进入使用环节。

（4）事故教训和整改措施

经调查认定，这起事故是一起由于压力容器质量缺陷泄漏爆炸，以及使用单位未按特种设备管理导致的较大生产安全责任事故。

1）生产经营单位须全面落实企业安全生产主体责任，认真持久彻底地开展安全事故隐患排查和治理，切实加强生产装置设备的防泄漏安全管理。企业须从根本上强化安全生产责任意识，坚决贯彻执行相关法律法规，建立健全并严格执行各项规章制度和安全操作规程。要切实加强安全管理机构和安全责任体系建设，明确每个岗位和每名员工的安全生产职责，并严格落实。应依法保证安全生产投入，杜绝生产设备带病运行，建立特种设备安全技术档案，按规定进行管理维护，提升本质安全水平。

2）要加强安全教育培训，加强安全生产标准化建设，加强现场安全管理，特种作业人员均要持证上岗，坚决杜绝违章指挥、违章作业、违反劳动纪律的现象，全面提高企业的安全保障能力。

3）企业要建立事故隐患排查治理工作责任制，完善事故隐患排查治理制度，要依法落实企业主要负责人是事故隐患排查治理第一责任人的责任，保证事故隐患整改措施、责任、资金、时限和预案的落实。实行“谁检查、谁签字、谁负责”，做到不打折扣、不留死角、不走过场。单位要对所有生产、销售、使用的设备进行全面的检查，确保各类生产设施设备性能完好。要规范事故隐患排查工作程序，实时监控重大隐患，形成事故隐患排查治理常态化机制。

4）企业要按照有关要求，建立和完善泄漏检测、报告、处理、消除等闭环管理制度，提升泄漏防护等级，发现泄漏要立即处置、及时登记、尽快消除，不能立即处置的要采取相应的防范措施并建立设备泄漏台账，限期整改。要全面开展泄漏危险源辨识与风险评估，完善应急预案，并组织演练，完善事故处置物资储备。对于高风险、不能及时消除的泄漏，要果断停车处置，严防生产安全事故的发生。

（5）相关知识与管理借鉴

这起事故主要是设备存在问题导致的，而且问题就呈现在人们的面前，因麻痹大意而没有及时修复。

事故之后，经调查组调查，设备生产企业未严格按照国家相关要求对事故设备的生产制造、出厂检验、售后维修等各环节进行严格把控。该三气换热器的设计文件只规定了对接焊接接头的探伤检验要求，未规定角接焊接接头的质量控制和检验要求。制造出厂技术文件也无角接焊接接头的质量检验资料。经调查组检测发现，焊材成分镁含量只有标准规定的1/5，由于焊接材料镁含量过低，制造过程中极易产生裂纹，同时设计图纸未规定检验要求，致使存在致命缺陷的三气换热器产品投入使用，并在之后3年多的时间里，屡次出现焊缝开裂泄漏情况，最终导致断裂爆炸。

这起事故的发生也有必然性，主要是事故设备长期存在隐患，但是却未按规定要求进行处理。2013 年 7 月三气换热器第一次出现裂纹泄漏后，相关人员未引起足够重视，未对该设备的质量安全进行整体检查，未查明原因进行修复，丧失了消除事故隐患的第一次时机。2014 年 12 月及 2015 年 2 月和 3 月连续 3 次开裂泄漏后，设备生产企业和设备使用企业都没有依照《中华人民共和国特种设备安全法》有关要求彻底检查消除隐患。特别是同一性缺陷反复出现，没有引起警觉，又丧失了消除事故隐患的最佳时机。

9. 某化学公司游离羟胺达到分解爆炸温度引发爆炸事故

2017 年 10 月 13 日 5 时 32 分左右，位于安徽省定远县炉桥镇定远县盐化工业园的安徽某化学科技有限公司（以下简称化学公司）生产车间发生爆炸，引发火灾。事故造成 1 人死亡、3 人受伤。

（1）企业基本情况

1）企业相关情况。化学公司始建于 2013 年 6 月，注册资金 1 000 万元，法定代表人陶某。公司占地面积 5.25 万平方米，其中建筑物占地面积 1.1 万平方米，企业定员 42 人。生产装置包括 1 号主生产车间、罐区、计量槽和配电室、控制室、化验室、冷却装置、消防水池及事故水池等公用辅助设施。

2016 年 12 月 25 日，因陶某与魏某存在债务纠纷，陶某将自己所持化学公司 98%的股份质押给魏某。2017 年 2 月，经公司股东会议决定，企业法人代表变更为魏某。

2）项目试生产情况。2017 年 2 月，企业法人代表由陶某变更为魏某后，由于吡蚜酮杀虫剂项目还需要再投入资金才能满足安全设施设计要求，为尽快投入生产产生效益，2017 年 5 月，魏某联系购买了江苏新沂市技术人员宋某某开发的氰霜唑生产技术，并支付 30 万元技术费用，商议若 3 批次氰霜唑产品质量达不到要求就退还技术费用。

化学公司根据已安装到位的生产车间设备、工艺现状，由宋某某提出了改造方案，进行氰霜唑生产。在未经发改委备案、未进行安全可靠性论证的情况下，企业擅自进行项目改造。在改造结束后，企业又蓄意欺骗，以《年产 1 000 吨吡蚜酮（一期）生产线建设项目试生产方案》代替氰霜唑试生产方案。试生产前，化学公司总工程师穆某某根据宋某某提供的氰霜唑操作手册在公司实验室内合成，已生产出产品。

（2）事故经过和救援情况

1）事故发生经过。该公司仅有一个操作车间，10 月 10 日 9 时 18 分开始试生产，10 月 12 日 20 时，丙班工人接班操作。

丙班工人将二楼 6 号反应釜内反应产物向一楼离心机内放料，然后进行离心分离，将离心后的母液抽到 4 号反应釜中进行蒸馏。晚 23 时左右，技术转让方指导人员于某某到生产车间现场，看到仪表、管道及生产情况一切正常就回宿舍休息了。晚 24 时左右，因为车间主任俞某某从 12 日早 7 时一直跟班到晚上，公司总经理魏某就让他先回去休息，要求穆某某、李某 2 人协商，安排留一人在车间负责生产。13 日凌晨 1 时左右，魏某离开车间回宿舍休息。随后，穆某某、李某 2 人协商后，留下穆某某在车间负责生产，李某也离开车间回宿舍休息。13 日凌晨 3 时左右，工人将 8 号釜（接受槽）内溶剂甲醇放入容积为 200 升的铁桶中，共放 4 桶（现场核查发现其中 1 桶物料只有半桶）。这时穆某某在 4 号反应釜通过视镜观察釜内物料较少，改减压蒸馏（用水冲泵拉真空）。至 4 时左右，4 号反应釜的温度约为 60℃，压力为-0. 09 兆帕。

4 时左右，穆某某离开车间回员工生活区内的办公室休息，由当班化验员张某负责车间现场技术指导。5 时 10 分，负责电气设备巡查工作的李某某巡查到二楼 4 号反应釜时，发现 4 号反应釜数显表温度不显示，水银温度计已超出最高刻度线（水银温度计刻度范围为 0~100℃），对张某和刘某某说要检查一下温度是否超标，张某和刘某某没有回答李某某。之后，张某关闭了二楼 4 号反应釜蒸汽阀，并让刘某某到一楼把 4 号反应釜的蒸汽回流管道疏水阀打开。刘某某打开疏水阀后，走到一楼钢操作平台，观察接收罐上的视镜，此时约 5 时 20 分。此后，张某也从二楼下到一楼钢操作平台，与刘某某一起观察回流情况，观察一两分钟后，发现视镜内基本没有液体流出，张某就让刘某某下到一楼关闭真空水泵。在刘某某从一楼钢操作平台下到铁梯一半位置时，4 号反应釜发生爆炸（时间约为 5 时 32 分）。

2）应急救援情况。事故发生后，企业领导立即赶到现场，组织抢救，3 名烧伤人员被公司安排车辆紧急送往就近的淮南市第一人民医院救治。随后，抢救人员迅速切断电力、供气管线，利用车间及公司内的消防器材开展先期灭火救援工作，并组织疏散无关人员，很快一楼的火势被控制住。

定远县“119”指挥中心接到化学公司火灾报警后，立即调派车辆和消防员紧急赶赴现场。附近企业消防队也先后赶到现场，参与灭火工作。在危险化学品应急处置专家的协助下，针对现场灾情及化工事故处置规律，救援人员科学合理运用灭火战术，奋力扑救，6 时 30 分，明火被扑灭，死亡的 1 名工人张某也被找到。

这起爆炸事故造成 1 人当场遇难，3 人受伤住院治疗，直接经济损失 140 万元。

（3）事故原因分析

1）直接原因。10 月 13 日 5 时 32 分，在 1-羟基-4-（4-甲基苯基）-2-甲肟咪唑-3-氧化物的制备阶段，4 号反应釜内温度超温，甲醇蒸馏过度，导致釜内具有分解爆炸危险性的游离羟胺达到分解爆炸温度而发生分解爆炸，进而引发火灾。

2）间接原因如下：

①企业违法擅自更改生产工艺和产品。化学公司原申报项目为新建年产 2 000 吨吡蚜酮建设项目，在未经安全监管部门同意、未履行安全设施“三同时”的情况下，违反相关规定，擅自变更生产工艺和产品，试生产氰霜唑，而该项目未经安全可靠性论证，在小试后直接进行工业化生产。

②化学公司安全、技术管理混乱。安全生产责任体系不落实，规章制度形同虚设，未有效开展事故隐患排查治理工作，未及时发现并消除事故隐患。现场管理混乱，试生产期间没有明确各班带班领导干部和技术人员，也未严格执行领导干部与技术人员现场带班制度，现场带班领导干部与技术人员全部脱岗。

③安全、技术管理严重缺位，主要负责人和安全管理人员未经安全生产监督管理部门教育和培训，不具备与本单位所从事的生产经营活动相适应的安全生产知识和管理能力；生产车间未按规定安排专职安全管理人员进行现场管理。企业还以保密为借口，安全技术规程和原辅材料全以代号表示，操作工进厂时间短，对每一种物料的成分、特性不熟悉，无详细的工艺指标、正常安全操作要点、异常情况应急处理等内容。

④生产设备存在安全事故隐患。化学公司安全生产投入不足，生产车间内生产设备未安装高低液位报警装置，未安装温度、压力超限报警和安全联锁等装置，安全仪表自动化程度低。发生爆炸的 4 号反应釜上安装的温度计，量程较小，无法观测釜内实际温度。

⑤未按规定建立应急救援组织，未开展重大危险源登记备案。化学公司未按规定建立应急救援组织，也未指定兼职的应急救援人员；

未根据企业实际生产状况，针对理化性质各异、处置方法不同的危险化学品制定针对性的生产安全事故应急处置预案；未按照规定，对本单位的甲苯、甲醇等危险化学品生产设施、存储场所开展重大危险源辨识，未开展重大危险源登记建档，未定期检测、评估、监控，未告知从业人员和相关人员在紧急情况下应当采取的应急措施，也未将重大危险源向安监部门进行登记备案。

（4）事故教训和整改措施

经事故调查组调查认定，该起事故是一起企业主体责任不落实，不具备安全生产条件，蓄意非法组织试生产，有关部门监管不到位而造成的生产安全责任事故。

1）进一步加强危险化学品建设项目的安全管理。强化建设项目试生产环节的安全管理，督促企业严格落实“三查四定”、吹扫、气密、单机试车、联动试车、专家论证等试生产管理规定。采用新工艺、新配方的企业必须开展反应风险安全评估，国内首次使用的化工工艺必须经过安全可靠性论证。要将试生产环节作为化工企业安全监管重点，建立和落实跟踪督查制度。

2）进一步落实变更管理制度。企业必须建立和完善变更管理制度，要将工艺、设备、仪表、电气、公用工程、备件、材料、化学品、生产组织方式和人员等方面发生的所有变化纳入变更管理，严格申请、审批、实施和验收等变更管理程序，落实变更前、变更过程和变更后的各项安全措施，确保变更具备安全条件。

3）进一步强化安全培训教育。督促企业要认真落实安全培训管理规定，结合企业生产实际，加强员工操作规程、管理制度的教育培训，使其真正掌握作业场所和工作岗位存在的危险因素及防范措施、应急预案，提高事故防范能力和自我保护意识，切实增强安全操作技能。加强异常工况监测预警，对重要工艺参数进行实时监控预警并制定安全处置方案，避免因处置不当造成事故。

（5）相关知识与管理借鉴

事故之后，事故调查组对爆炸现场进行了勘查。

事故现场为生产车间二楼平台，以 4 号反应釜（距离最近的西侧楼道口 6.9 米）为爆炸中心，波及车间一、二层楼，爆炸使 4 号反应釜釜盖被炸飞，向上撞击二层屋顶楼板，撞毁楼板混凝土，使钢筋外露，形成一个 0.8 米×0.6 米左右的空洞；4 号反应釜釜体被爆炸反向冲击力撞向一楼，在地面砸出一个直径 0.6 米、深 0.3 米左右的圆形坑。位于 4 号反应釜周边一、二层楼及一、二层楼中间钢操作平台上部分设备如计量槽、管道、桥架等严重受损、倾倒；爆炸冲击波波及离生产车间 100 米范围的其他建筑物，厂区部分建筑如动力车间、总变配电室、车间配电室、综合仓库、危险化学品仓库等的门、窗玻璃被震碎，门框、窗框变形、破裂。

化学公司原来想通过引进新产品，改变负债过重的局面，于是无视国家法律法规，只顾经济利益、不顾生命安全，违法试生产，没有想到会造成如此惨痛的后果。还没有想到的是，经过实验室试验成功的产品，会在工业化生产过程中失败。除了技术方面的原因以外，与化学公司安全管理混乱也有关系。该公司安全生产主体责任不落实，安全教育培训不到位，企业负责人、管理人员未经安全教育培训，不具备相应的安全知识及管理能力，操作工不知道生产使用的危险化学品种类、数量及理化性质，违法违规操作问题十分突出。

事故调查组技术组通过调取试生产 4 天的所有投料记录资料，经过反复询问、推算，并最终查明：该企业擅自试生产氰霜唑，涉及原料有甲苯 760 千克、二氯乙酰氯 304 千克、三氯化铝 300 千克、甲醇 865 千克、醋酸钠 590 千克、硫酸羟胺 350 千克及水。事故发生在 1-羟基-4-（4-甲基苯基）-2-甲肟基咪唑-3-氧化物的制备阶段，在

4号反应釜内蒸馏甲醇。事发当日，4号反应釜内甲醇及溶剂的量较少，已基本被蒸出。从现场爆炸情况判定釜内有分解爆炸性物质，4号反应釜内涉及物料中间体（主要是单肟）和游离羟胺，中间体（主要是单肟）的爆炸危险性较稳定，而游离羟胺具有爆炸危险性。因此，认定最初爆炸物质为游离羟胺。

这起事故提示人们，化工生产危险性较大，不仅生产中易发生燃爆和中毒事故，就是在生产要素变更过程，如果采取的预防和应急措施不当，也会造成安全生产事故。

10. 某石化公司气体分馏装置硫化氢应力腐蚀爆炸事故

2011年11月6日23时55分许，某石油化工公司（以下简称石化公司）位于气体分馏装置冷换框架一层平台最北侧的脱乙烷塔顶回流罐，突然发生爆炸，造成4人死亡、1人重伤、6人轻伤，直接经济损失869万元。

（1）企业基本情况

石化公司始建于1970年，经过40多年的发展，几经扩能和技术改造，将原来2万吨/年简单再生产的燃料型企业建成原油加工能力50万吨/年的化工燃料型企业。公司设置多个职能部门，包括经理室、财务室、行政办、技术部等。

（2）事故经过

2011年11月6日23时55分许，石化公司位于气体分馏装置冷换框架一层平台最北侧的脱乙烷塔顶回流罐，突然发生爆炸，罐体西侧封头母材在焊缝附近不规则断裂，导致封头85%的部分从安装地点沿西北方向飞出190米，落至成品油泵房砖砌围墙处，围墙被砸倒约4平方米，碰撞产生的冲击波将泵房所有玻璃击碎。其余罐体连同鞍座支架在巨大的反作用力作用下，与平台分离，向东飞行 80 米，从 2 套催化裂化装置操作室及循环水泵房房顶掠过，将操作室顶棚和部分墙体刮塌，将循环水泵房东侧管带处房顶砸塌 5 平方米左右。罐体爆炸后，罐内介质（乙烷与丙烷的液态混合物）四处喷溅、气化，并在空气当中扩散、弥漫，与空气当中的氧气充分混合达到爆炸极限，间隔 12 秒后，遇明火发生闪爆。

这起爆炸事故造成 4 人死亡、1 人重伤、6 人轻伤，直接经济损失 869 万元。

（3）事故原因分析

1）直接原因。分馏装置因回流罐罐体封头破裂引起。具体来讲，由于硫化氢应力腐蚀造成回流罐罐体封头产生微裂纹，微裂纹不断扩展，致使罐体封头在焊缝附近热影响区发生微小破裂，导致介质小量泄漏，10 分钟内罐内压力下降了 0.037 兆帕。随着微小裂口逐渐增大，罐体封头强度急剧减弱，23 时 55 分，罐体封头突然整体断裂，首先发生物理爆炸，罐内 3 吨介质全部外泄，迅速挥发，与空气混合达到爆炸极限，12 秒后遇明火发生闪爆。

2）间接原因如下：

①该公司 2004 年建成投产的 4 万吨/年气体分馏装置，属抄袭沈阳某蜡化厂同类装置设计文件；该装置在 2007 年 12 万吨/年扩容设计过程中，抄袭某炼油厂 12 万吨/年气体分馏装置设计文件，部分主要设备委托北京某化学工程有限公司进行核算。由于是非正规、非整体设计，两次设计均未考虑硫化氢腐蚀因素，没有设计配套的脱硫设施，致使 2009 年年末之前所生产的液态烃长期无有效可控的脱硫手段，导致催化液态烃时硫化氢含量时有超标现象。

②分馏装置在 2004 年建设过程中，所有压力容器均属利用抄袭图样私自委托制造，产品出厂后无合格证、质量证明书和铭牌等技术

文件及资料，严重违反国家有关规定。在焊接压力容器中可能隐藏有缺陷，这些缺陷在适当的条件下，如硫化氢应力腐蚀情况下，会使容器加剧破坏。

③该装置的建设过程属企业自行施工安装，该企业无安装资质，发生爆炸的回流罐鞍座下钢结构支架与平台焊接不牢固，致使支架挣脱与平台的焊接随同罐体飞出，刮塌操作室屋顶，砸塌循环水泵房屋顶。

（4）事故教训和整改措施

这起爆炸事故突出暴露了企业安全生产主体责任落实不够，安全基础建设薄弱，安全生产法规、规程在企业中没有得到很好落实等问题。企业自 1970 年建厂以来，基本保持了生产安全运行，但是在 2007 年 11 月 8 日和 2008 年 11 月 17 日相继发生生产安全事故，平稳运行 3 年后又发生伤亡事故，说明企业存在着“重发展、轻安全”的麻痹思想，急需提高安全管理水平，要认真从这起事故中吸取教训，排查各方面、各环节安全事故隐患，防止类似事故的发生。

1）企业应修订、完善安全生产责任制，明确职责，落实责任，真正建立起企业安全管理的有效机制，严格安全管理，规范安全操作规程，提高人员的安全技能。应严格按照操作规程及停工方案安全平稳停车、退料、扫线，达到检维修条件。

2）企业应加强安全管理人员、特种作业人员和从业人员的安全教育和培训工作，特别是加强对要害岗位操作人员的安全培训，提高员工的风险辨识和应急处置能力，提升全员安全生产意识。加强工艺纪律，完善设备管理制度，界定管理界面，理顺工作程序，按规定严格进行各种物料质量标准检测检验。重新修订、完善事故应急救援预案，并定期开展演练活动，提高预案的科学性和可操作性。

（5）相关知识与管理借鉴

事故之后，调查组对该公司气体分馏装置进行了硫化氢应力腐蚀理论分析。

石化公司气体分馏装置在2004年11月建成投产后，没有有效的脱硫手段，1套催化裂化装置与2套催化裂化装置所产生的液态烃只配套有碱洗系统，脱硫效果一直不佳，直至2009年年末，20万吨/年脱硫醇装置才建成投入使用。从化验分析报告单看出，2009年年末之前，硫化氢含量时有超标现象。

从理论上分析，在液态烃含有微量水的情况下，硫化氢溶解于水，形成湿环境。硫化氢会发生电离，使水呈弱酸性，同时在水中离解出氢离子，在0~65℃温度范围内，发生电离反应，生成氢气。原子半径极小的氢原子在压力作用下渗入钢的晶格内部，并融入晶界间，融入晶格中的氢有很强的游离性，在一定条件下将导致材料的脆化（氢脆）和氢致开裂，在晶格等处形成很大的应力集中，超过晶界处强度后生成微裂纹，并随运行时间的延长，逐步扩展。

2011年11月9日，事故调查组在事故之后对事故罐封头进行了超声波测厚检测，检测发现大量分层现象，并且测出分层倾角最大为10.2°，初步判定封头测点处存在分层。同时，事故调查组从封头上取样0.04平方米进行微观金相试验，进一步证实存有大量分层现象，从金相分析看，不排除母材有原始分层现象。金属分层现象是硫化氢应力腐蚀的重要影响因素。

氢原子在应力梯度的驱使下，向微裂纹尖端的三向拉应力区集中，使晶体点阵中的位错被氢原子“钉扎”，钢的塑性降低，当内压所致的拉应力和裂纹尖端的氢浓度达到某一临界值时，微裂纹扩展，在扩展后的裂纹尖端某处，氢再次聚集，裂纹再扩展，这样最终导致破裂，这种现象就是硫化氢应力腐蚀开裂。硫化氢应力腐蚀属于延迟破坏，可在几小时、几天、几周、数月或几年后发生，但无论破坏发生迟早，压力容器表面无任何破损痕迹，往往事先均无明显预兆。对此，企业应按照《危险化学品企业事故隐患排查治理实施导则》（安监总管三〔2012〕103 号）的要求，进行细致的设备设施隐患排查，消除隐患，保证安全。

11. 某化工公司作业人员未按规程操作爆炸事故

2012 年 3 月 26 日 16 时 20 分左右，位于广东省清远英德市白沙镇石园村委境内的英德市某化工有限公司（以下简称化工公司）生产过氧化甲乙酮的车间在试生产过程中发生爆炸火灾事故，造成 2 人死亡、1 人轻伤。

（1）企业基本情况

化工公司成立于 2006 年 11 月，是广州市某化工实业有限公司投资兴建的全资公司。该公司投资 1 500 万元建设生产 5 000 吨/年邻苯二甲酸二甲酯及 5 800 吨/年过氧化甲乙酮。工程项目主要包括过氧化甲乙酮车间、邻苯二甲酸二甲酯车间、冷冻机房、包装车间、甲类车间 A5、甲类仓库 B1、甲类仓库 B2、甲类仓库 B3、丙类仓库 B4、丙类仓库 B5、硫酸仓库 B6、溶剂罐区、泵房以及相应配套的公用工程及辅助工程。

2010 年 10 月，该项目主体工程和安全设施完工，并通过了消防合格验收，2011 年 8 月取得清远市安全监管部门出具的《试生产方案备案告知书》，从 2011 年 11 月起开始试生产。

（2）事故经过

化工公司过氧化甲乙酮车间有反应釜（6 个）、调配釜（2 个）、分水槽（2 个）、泵（6 台）等设备。设计用甲乙酮、过氧化氢和邻苯二甲酸二甲酯等为原料，生产工艺是将定量的甲乙酮和催化剂置于反应釜中，然后向反应釜中滴加过氧化氢，维持体系温度为 20～30℃，过氧化氢滴加完毕并继续搅拌 1.5 小时后，将反应物料放至分水槽静置分层，反应物料分除水层后泵回反应釜，加入烧碱（或纯碱）中和催化剂后，放至分水槽分除中和水层，将有机层泵至调配釜，再加入乙醇和二甘醇稀释调配，即得到成品过氧化甲乙酮，最后将其泵送至包装车间包装。反应釜、调配釜均设温度检测报警，并设超温时加水降温遥控设施；过氧化氢滴加设流量控制。

2 月 26 日下午，2 名工人在过氧化甲乙酮车间进行操作，反应釜中过氧化氢滴加完毕且搅拌反应结束，正在分水槽分除中和水层，进行废液处理过程中。16 时 20 分左右，过氧化甲乙酮车间发生爆炸并着火，造成车间内 2 名工人当场死亡，车间外的 1 名工人受轻伤，车间设备、管道严重损坏，周边厂房玻璃被震碎，厂区遭到严重破坏。

（3）事故原因分析

1）直接原因。操作工人没有严格按照操作规程操作，导致废水处理系统出现故障，引发爆炸。

2）间接原因如下：

①企业对生产过程的工艺危险性认识不到位。该企业虽然生产该类产品多年，但企业负责人和操作人员对过氧化甲乙酮生产过程的工艺危险性认识严重不足，仅凭经验进行操作，没有落实严格科学的安全技术防范措施。

②企业安全操作规程等制度不完善、安全管理不严格，从业人员素质不高，在试生产过程中存在违章操作行为，直接导致事故发生。

（4）事故教训和整改措施

1）企业要认真吸取事故教训，举一反三，立即组织开展事故隐患排查，制定并严格执行工艺操作规程，强化工艺、设备的安全管理，实现工艺过程的自动化控制，实现温度、压力、流量等关键参数的自动报警和联锁停车等，将事故隐患排查和治理工作落实到位，切实采取有力措施防范类似事故再次发生。

2）严格教育培训，切实提高从业人员操作技能。要强化对全体从业人员的安全培训教育，使其真正掌握作业场所和工作岗位存在的危险因素及防范措施，提升安全操作技能和应急处置能力；要切实加强企业现场安全管理，切实纠正违章指挥、违章操作、违反劳动纪律的行为。

3）严格把好危险化学品建设项目安全许可审查和审批工作关，特别是要加强建设项目试生产（使用）的监督管理，严格工艺、设备管理，从源头上把好工艺装置本质安全关。安全设施竣工后，要严格落实各项安全防范措施，方可进行试生产（使用）。

(5) 相关知识与管理借鉴

在这起事故中，操作工人没有严格按照操作规程操作导致事故发生，同时企业安全操作规程等制度不完善、安全管理不严格，也是导致事故发生的原因。

化工企业运用化学方法从事产品的生产，生产过程中的原材料、中间产品和产品大多数都具有易燃易爆的特性，有些化学物质对人体存在着不同程度的危害。化工企业生产与其他行业企业生产有所不同，具有高温高压、毒害性、腐蚀性、生产连续性等特点，比较容易发生泄漏、火灾、爆炸等事故，而且事故一旦发生，危险性更大，常常造成群死群伤的严重事故。

过氧化甲乙酮生产过程的工艺危险性包括易燃性、爆炸性、毒害性，遇氧化物、有机物、易燃物、促进剂会剧烈反应、着火或爆炸，遇热源或阳光可引起分解。

在过氧化甲乙酮的生产过程中，导致爆炸的主要原因如下：

1）操作失误：原料配比不当、投料顺序错误、冷却开关未开、投料速度过快、温度指示误读、计量仪故障等。

2）反应物不能均匀分散：停电、桨叶损坏、搅拌速度不够、搅拌系统故障。

3）反应热不能及时移出：冷却剂选择不当、换热设备传热效果差、换热系统堵塞、冷却设备故障。

4）反应过程中遇摩擦或撞击、电火花、明火等。

5）原料中混入杂质参加反应。

6）车间内可燃气体泄漏，产品处理不合格继续分解遇点火源。

7）废水处理不当（如直接排入下水道或用塑料桶盛装等）。

8）成品及半成品接触还原剂及可燃物。

安全措施主要有以下 7 点：

1）杜绝双氧水与甲乙酮大量混合后反应，反应要严格控制双氧水的加入速度（发现异常立即停止加入），防止反应失控而引起爆炸。

2）装置越小越安全，装置内应采用惰性气体保护。

3）正确操作，严格控制工艺指标。

4）车间内排风良好，并备有可燃气体报警器，采用联锁保护装置，提高系统安全性。

5）加强设备管理，设置超温仪表、报警和安全联锁装置，提高自动化程度，自动控制系统应同时并行设置手动控制系统。定期检验防爆电器、防雷防静电设施，确保完好。

6）加强安全管理，严格遵守规章制度。

7）制定事故应急救援预案。

12. 某化学科技公司反应器底部垫片超压泄漏爆炸事故

2017 年 3 月 26 日 8 时 30 分左右，江苏省某化学科技有限公司

（以下简称化学公司）碳酸乙烯酯生产车间发生一起爆炸事故，直接经济损失378万元。

（1）企业基本情况

1）企业相关情况。化学公司于2002年9月26日成立，占地面积5万平方米，建筑设施占地2.5万平方米，主要产品有碳酸乙烯酯（简称乙碳）、碳酸丙烯酯（简称丙碳）、碳酸甲乙酯、碳酸二甲酯、碳酸二乙酯、丙二醇、二氧化碳。

2）事故车间情况。公司所属碳酸乙烯酯车间的主要生产工艺为二氧化碳与环氧乙烷通过2台反应器（第一反应器、第二反应器）串联反应生成碳酸乙烯酯。反应使用的原料环氧乙烷，火灾危险类别为甲A类，爆炸极限为3%~100%（体积分数），泄漏后与空气混合会形成爆炸性混合气体。

车间主体建筑是五跨二层混凝土框架结构。西起第一、二跨为甲类装置设备区，第一跨内主要有环氧乙烷计量罐；第二跨内为第一反应器（主反应器）和第二反应器，第二反应器位于第一反应器南侧；第三、四、五跨为丙类装置设备区，主要是碳酸乙烯酯蒸馏设备；在第二跨与第三跨之间设有隔墙，隔墙南侧设有一樘双扇防火门。

（2）事故经过和救援情况

2017年3月26日7时50分左右，仪表操作工赵某琴与吕某、计量工杨某英与黄某珠在控制室交接班，双方确认碳酸乙烯酯装置运行正常。8时前，生产厂长殷某荣来到控制室，发现第一反应器的第一温度控制点温度显示缓慢下降（正常反应温度为180℃，当时小于160℃）、液位较低（当时为50%，正常时为反应器容积的60%~80%）。殷某荣认为第一反应器物料偏少，关闭了第二反应器的出料阀门。约20分钟后，第一反应器温度和液位上升，殷某荣准备重新打开第二反应器的出料阀门时，发现第二反应器底部法兰面东南方向发生泄漏，泄漏物中的环氧乙烷迅速挥发、扩散，从未关闭的第二、第三跨隔墙上的防火门冲入，弥漫至蒸馏装置区域空间。吕某立即停计量槽并打开第一反应器排空阀进行降压，同时开启第一反应器冷却水进行降温。此时，泄漏点的泄漏量变大，殷某荣通知吕某和黄某珠撤离，2 分钟后，碳酸乙烯酯车间发生爆炸。

事故发生后，殷某荣立即拨打“119”报警。20 分钟后，消防队员赶到并扑灭现场火势。事故未造成人员伤亡，造成直接经济损失 378 万元。

（3）事故原因分析

1）直接原因。碳酸乙烯酯车间第二反应器底部法兰垫片因超压破裂泄漏，泄漏物料中的环氧乙烷与空气混合形成爆炸性混合气体，从未关闭的第二、三跨隔墙上的防火门冲入车间第三跨，遇点火源发生爆炸。

2）间接原因如下：

①现场操作人员处置不当。殷某荣发现碳酸乙烯酯装置运行不正常时，未对现场生产设备进行检查，未对原因进行分析，主观判断第一反应器料少，关闭了第二反应器出料阀门，造成反应系统超压，法兰垫片破裂。

②化学公司现场安全管理不到位。化学公司在生产过程中未按要求关闭在第二跨与第三跨之间的双扇防火门，导致泄漏物中的环氧乙烷从未关闭的第二、三跨隔墙上的防火门冲入，弥漫至丙类蒸馏装置区域空间。

③化学公司操作人员安全教育培训不到位。化学公司未对生产工艺和安全风险进行认真辨识和分析，未完善现场处置方案，未对员工进行异常情况应急处置培训和应急演练。

（4）事故教训和整改措施

1）化学公司要切实落实企业安全生产主体责任，逐级明确并严格执行岗位责任，制定切实可行的岗位操作规程和应急处置措施，明确异常状况下的处置措施，加强对职工的安全教育和操作技能培训，确保生产安全。

2）化学公司要依据国家有关标准和规范进行装置设计和设备选型，加强设备采购管理，保证装置和设备的本质安全，从源头上消除事故隐患；要加强生产阶段的现场安全管理，及时认真分析、研究解决生产过程中出现的异常情况。

（5）相关知识与管理借鉴

这起事故的发生，涉及设备设施管理、现场管理、人员操作 3 个方面。客观地讲，哪一个方面出现差错，都容易导致事故的发生。在保证安全生产上，可以借鉴东北某制药公司提升安全水平的技术改进做法。

东北某制药公司（以下简称制药公司）属于化学制药行业领域，主要经营范围是化学制药、制剂、医药中间体、危险化学品（许可范围内）、医药销售及医药装备制造等，年产各类化学药品万吨以上，年营业额超过 80 亿元。为实现企业可持续发展，制药公司投入 2 500 万元，对药厂有毒有害、易燃易爆、危险工艺、危险化学品、重大危险源等重点部位和关键环节进行自动化改造，采用管道化运输、规模化生产、连续化作业、自动化控制、远距离监控等方式，实现了生产自动化水平的提升，降低了安全管理成本。

例如，磷霉素生产线采取的安全技术措施如下：

磷霉素生产线氢化岗位，原采用集装瓶供氢，员工扳阀门操作，无法实现自动化控制。因氢气与氧气混合后，接触火源易发生爆炸，自动化改善后，改为自动输送氢气的方式，将10台1立方米的反应罐改为6套3立方米的反应罐，并配套远程控制自动加氢系统，降低人员接触的可能性和生产安全事故发生概率。

钠盐岗位需在不同的设备内进行过滤、洗涤、干燥，不能进行连续生产，经改造建设了集产品洗涤、过滤、干燥程序为一体的“三合一”系统，实现连续化生产。

环氧岗位用加压转鼓压滤器代替原有的板框压滤装置，生产能力由6.6吨/天提高到9吨/天，操作人员由45人减少到34人，相对降低率为24.4%。

合成回收岗位原采用外循环蒸发装置的结晶罐，需要人工观察系统运行情况，人工操作、间歇操作。改善后使用可实现自动操作的3台转鼓蒸发器和6套20立方米的反应罐。

再如脑复康生产线，采取的安全技术措施如下：

脑复康生产线干燥岗位通过应用1套真空密闭输送系统，取消了原来的袋料装袋、小车运输、人工搬运。

酯化成盐岗位采用管道输送物料，应用3套自动称量装置，取代3种原料的人工分料台秤检斤、装桶搬运、吊车输送等人工操作。

甲苯回收岗位的3套分层罐原需要人工进行分层操作，无自动化控制措施，因甲苯具有毒性，人工分层操作容易对员工的身体健康产生危害。改造后加装了3套静态混合反应器，实现了自动化操作，避免人员接触甲苯。

成品包装岗位更换了一套自动包装线，取代人工分装、称量、支箱、包装，降低了人工分装时出现工伤事故的可能性。

在改造过程中，制药公司积极应用自动化减人、机械化换人的方式，全面提升企业的安全管控水平，降低现场风险，提高生产效率。在安全管理上，技术改造降低了操作人员的劳动强度，减少了接触危险物料的人员，同时因设备的密闭化，控制了危险物料对现场环境的影响，降低了事故发生的概率。

13. 某化工公司工人加入过量盐酸爆炸事故

2015 年 8 月 27 日 22 时 49 分，江苏省泰兴市某化工制剂有限公司（以下简称化工制剂公司）发生一起爆炸事故，造成 1 人死亡，直接经济损失约 108 万元。

（1）企业基本情况

1）企业相关情况。泰兴市化工制剂公司成立于 2009 年 1 月 12 日，公司负责人唐某，注册资本 1 000 万元，经营范围包括电子助剂（化学铜水、整孔剂、预浸剂、活化剂、加速剂、化学金水、电镀铜光泽剂、酸性清洗剂、化学镍水）的生产及销售等。

2）项目及工艺情况。2011 年 5 月，化工制剂公司收购泰兴市某链条有限公司，并拟整体搬迁至该公司厂区内生产。2013 年 6 月 3 日，化工制剂公司搬迁改造取得泰州市经信委《企业投资项目备案通知书》，项目名称为 6 000 吨/年电子助剂生产线搬迁改造及 10 万吨/年含铁废盐酸处置中心项目。该项目于 2014 年 2 月 18 日开工，2014 年 5 月 18 日竣工。

化工制剂公司搬迁改造后的主要产品为三氯化铁，属于危险化学品，依据相关规定公司需领取危险化学品安全生产许可证。其生产工艺为将收购的含铁废盐酸（含氯化亚铁）浓缩、蒸发，再与氯气反应生成三氯化铁。2014 年 7 月 1 日，泰兴市安监部门对化工制剂公司三氯化铁试生产方案予以备案，试生产期限为 2014 年 7 月 2 日至 2015 年 7 月 1 日。

2015 年 4 月，化工制剂公司改变三氯化铁生产工艺路线，新增一套装置生产氯化亚铁，其生产工艺为在反应池中加入废铁和盐酸，反应生成氯化亚铁和氢气，氯化亚铁用于制取三氯化铁，氢气直接排空。改变工艺路线后，化工制剂公司未向安全生产监督管理部门申请安全审查，也未组织安全设施竣工验收，直接投入使用。

3）氯化亚铁生产装置情况。事故后经现场勘验，新增的氯化亚铁生产装置有呈南北向排列的 3 座反应池及 1 台压滤机。每座反应池为长方形砖砌结构，长、宽约 3 米，高约 2.4 米，上部为“人”字形塑料顶，顶部安装吸气罩。反应池顶内安装了防爆灯，电线穿管使用 PVC（聚氯乙烯）管，并有多处电线接头。反应池外酸泵、电动机、电气控制柜、落地电风扇不防爆。现场未设置气体自动监测装置。事故之后北侧 2 座反应池顶部及吸气罩被炸毁，相邻车间的部分窗户被损毁。

（2）事故经过和救援情况

2015 年 8 月 27 日 19 时 40 分，公司员工韩某印到氯化亚铁生产现场上班。19 时 52 分，韩某印到盐酸储罐区开启盐酸输送泵，从 5 号储罐抽取质量浓度为 25%左右的盐酸输送至反应池。22 时 30 分，车间主任孙某东在巡查时发现氯化亚铁生产现场冒出白烟。22 时 46 分，孙某东到操作平台查看，见北侧反应池反应剧烈，有大量白烟冒出，便安排韩某印向反应池中注水以降低反应剧烈程度。随后孙某东离开反应池，韩某印留在操作平台向反应池中注水。22 时 49 分，北侧 2 座反应池发生爆炸，将韩某印炸落至操作平台西侧地面。

事故发生后，现场人员将韩某印抬至厂区主干道，同时拨打了“120”电话。急救车将韩某印送到泰兴市人民医院，28 日凌晨，韩某印经抢救无效死亡。

（3）事故原因分析

1）直接原因。操作人员在氯化亚铁生产过程中，向反应池中加入了过量的盐酸，致反应剧烈，产生大量氢气；氢气未能及时通过吸气罩排出，致反应池内氢气积聚，并与空气混合形成爆炸性混合气体，遇生产现场电气设备产生的电火花（静电）发生爆炸。

2）间接原因如下：

①化工制剂公司擅自改变生产工艺路线，新增一套装置生产氯化亚铁，既未按照相关规定组织设计，也未向安全生产监督管理部门申请安全审查，未组织安全设施竣工验收，直接投入使用，导致未能及时纠正、消除生产现场存在不防爆电气设备、未设置气体自动监测装置等生产安全事故隐患。

②化工制剂公司制定的氯化亚铁生产操作规程缺乏可操作性，生产过程中工人无法准确控制盐酸使用量。

③化工制剂公司主要负责人和安全管理人员未切实履行安全管理职责，安全事故隐患排查治理工作不到位，未及时排查并消除氯化亚铁生产现场使用不防爆电气设备等生产安全事故隐患。

（4）事故教训和整改措施

1）化工制剂公司应从这次事故中深刻吸取教训，严格遵守国家法律法规，危险化学品建设项目未经安全审查、未组织安全设施竣工验收不得投入生产和使用。

2）化工制剂公司应严格制定各项安全生产规章制度和操作规程，加强职工的操作技能培训，确保规章制度和操作规程的有效执行。应建立健全安全生产责任制，加强责任制落实情况的考核，确保各级责任人员切实履行安全生产管理职责。应组织开展厂、车间、班组安全检查，尤其应激励职工排查身边事故隐患，及时发现、消除生产安全事故隐患，防止生产安全事故的发生。

3）泰兴市政府应组织有关部门对化工制剂公司安全生产条件进行评估、论证，如不具备安全生产有关法律法规和国家标准或者行业标准规定的安全生产条件，责令其不得生产，并依法予以关闭。

（5）相关知识与管理借鉴

这起事故发生后，事故责任人被追究责任并进行了处理。

唐某作为化工制剂公司总经理，督促、检查安全工作不力，未及时消除氯化亚铁生产现场使用不防爆电气设备等生产安全事故隐患；法制意识淡薄，擅自组织生产，对事故的发生负有领导责任，涉嫌犯罪，移送司法机关处理。

戴某林作为化工制剂公司安环办主管，检查安全生产状况工作不到位，未及时排查氯化亚铁车间使用不防爆电气设备等生产安全事故隐患；未向安全生产监督管理部门报告化工制剂公司违规建设和非法组织生产的行为，对事故的发生负有责任，由泰兴市安监部门撤销其安全资格证书。

孙某东作为化工制剂公司氯化亚铁车间主任，在巡查时发现氯化亚铁生产现场冒出白烟，未能采取有效的应急措施，对事故的发生负有一定的责任，由化工制剂公司按照公司内部规定处理。

化工制剂公司擅自改变三氯化铁生产工艺路线后，未向安全生产监督管理部门申请安全条件和安全设施设计审查，也未组织安全设施竣工验收即投入使用；氯化亚铁生产过程中持续释放出氢气，形成爆炸性气体环境，现场使用了不防爆的电气设备，未设置气体自动监测装置；制定的氯化亚铁生产操作规程缺乏可操作性，对事故的发生负有责任，按照相关规定，由泰州市安监部门对化工制剂公司处以罚款。

在几个事故原因中，最应该引起关注的，是公司所制定的氯化亚铁生产操作规程缺乏可操作性问题。由于缺乏可操作性，生产过程中作业人员无法准确控制盐酸使用量，仅凭经验进行操作，而对经验的理解，不同的人会有不同的认识，这样就容易导致盐酸使用量过度，这起事故也正是因为过度添加盐酸而引起的。所以，在化工生产过程中，一定要保证操作规程科学合理，同时还要具有可操作性，这样才能避免过度添加导致的事故。

14. 某化工公司脱硫泵出口管线腐蚀撕裂爆炸事故

2016 年 3 月 26 日 03 时 10 分，吉林省某化工有限公司（以下简称化工公司）发生一起生产安全事故，造成 1 人轻伤，直接经济损失 76 万元。

（1）企业基本情况

1）企业相关情况。化工公司始建于 1969 年，于 1976 年正式投产，于 2008 年 12 月 30 日完成改制重组，公司注册资本为 10 亿元，有职工 1 521 名。公司经营尿素、复合肥、掺混肥、吗啉等产品，同时经营副产品液氧、液氮、液氩、液体二氧化碳、氢气等。

2）发生事故的装置情况。公司主要装置有 30 万吨尿素装置 2 套、10 万吨复合肥装置 1 套、10 万吨掺混肥装置、3 000 吨精吗啉装置和空分装置 2 套。

事故发生在 644A 装置的脱硫溶液泵房 3 台脱硫泵出口管线汇管处，泄漏点为 23 厘米×6 厘米的长方形裂口，属化工公司净化车间。脱硫溶液泵房共有 3 台脱硫泵，2 台运行，1 台备用。

（2）事故经过和救援情况

2016 年 3 月 26 日凌晨 3 时左右，净化车间总控 2 号系统主操作人员刘某志操作 DCS（分布式控制系统）界面时，发现 1 号脱硫泵出口流量归零，立即报告在总控室的班长李某成。班长李某成赶到泵房，看到地面上有溶液，还有气体泄漏声，但看不清具体泄漏点，马上从泵房出来，通过对讲机要求刘某志立即联系调度，马上进行切气处理，并要求1号、2号、3号系统主操作人员立即进行切气处理，同时，打开现场3套系统二低变放空阀门。5分钟左右后，发生爆炸事故。

事故发生后，净化车间总控人员立刻撤离到安全区，班长李某成立即组织将644岗位被玻璃扎伤人员许某军送至医院救治，同时让当班主操作工马某峰立刻通知主任王某兴和副主任胡某。王某兴接到报告后，要求清点人数，将现场情况报告给调度室。调度室主任胡某林接到报告后，立即报告公司领导，通知职能部门领导。3时15分，公司领导陈某学、徐某淦、谢某全及HSE部（健康安全环境部门）、生产调度部、机械动力部和消防部等部门的领导赶到事故现场，立即启动现场应急事故处置预案和公司安全生产事故应急救援预案，紧急将伤员送往医院治疗，装置紧急停工，查找事故根源，制定防范措施。这起爆炸事故造成1人受伤，直接经济损失76万元。

（3）事故原因分析

1）直接原因。644A脱硫泵出口管线汇管因长期积硫腐蚀减薄，强度下降，在2.3兆帕至2.5兆帕的压力作用下，瞬间撕裂为23厘米×6厘米的长方形裂口，脱硫液从撕裂处大量喷出，脱硫泵出口管道压力突然急剧下降，导致脱硫塔内的变换气体以2.2兆帕的压力倒串入脱硫液管线汇管，从撕裂处喷出，并向空间释放、积聚，与空气形成爆炸性混合气体。变换气体在裂口处喷出时，产生大量静电并积累放电，发生闪爆事故。

2）间接原因如下：

①2014年7月，净化车间在巡检时发现该管道焊口处渗漏，并于7月设备大检修时更换。更换时，净化车间未向机械动力部提出更换申请，未按公司制度报批审核；机械动力部、净化车间未组织相关部门认真对644A脱硫管线腐蚀泄漏进行泄漏原因技术分析、未采取

有效措施，选用的管材型号不符合技术要求，在未履行更换管道设计、检修计划及管道更换程序的情况下，管道更换留下了较大的事故隐患。

②压力管道测厚管理制度不完善、基础管理不到位，管道测厚测点不具有代表性，不能及时掌握管道腐蚀减薄情况。一是机械动力部对车间测厚工作针对性不强，要求不明确，现场实际测量核实不到位，未对测厚测点布置的代表性做明确要求。二是净化车间未按照相关要求制定本车间压力管道管理的实施细则，对设备管理部门管理要求执行不到位，对压力管道的测厚工作未建立起有效的管控手段，监测数据不能准确反映压力管道腐蚀的实际情况。

③装置自动化程度不高、本质安全性低。脱硫系统于 1992 年投入使用，至事故发生时已 24 年。装置自动化程度仍较低，脱硫液流量只能靠操作人员在现场操作和调节，644A 泵房虽然设置了 2 台硫化氢有毒气体监测器，但现场未设置氢气可燃气体监测器，泵房内没有安装监控摄像设备，可燃气泄漏时不能及时预警和预防，本质安全性低、风险高。

④管线检测检验不到位，设备使用不规范。一是原设计管道由油浆进行造气，后采用煤制气，脱硫溶液的悬浮硫浓度增加，管线变径及盲头处硫膏沉积量大，所以加剧了管线腐蚀。二是生产操作存在问题。脱硫塔有 3 条管线可以进行脱硫作业，净化车间长期使用 2 条管线和 2 台脱硫泵进行工艺操作，没有定期更换备用管线及备用泵，导致硫膏沉积在管线死区，造成管线硫腐蚀泄漏。

⑤风险辨识与隐患排查不到位。在脱硫正常生产过程中，富液再生形成贫液时，悬浮硫会随贫液在管道死区积淀，容易形成腐蚀区域。车间对产生积硫腐蚀的风险辨识不到位，在历次隐患排查中未发现此处管道减薄的安全事故隐患，隐患排查不到位，留有死角。

（4）事故教训和整改措施

1）化工公司要加强工艺纪律，完善设备管理，对系统容易存在腐蚀部位、危险部位的压力管道、压力容器进行风险辨识和定期隐患排查，根据工艺情况，加强压力容器、压力管道的日常测厚工作，对具有腐蚀性的压力管道、压力容器科学布点检测，发现管线、容器减薄等问题及时维修更换，保证设备、设施的本质安全。对该脱硫管道进行材质升级，由 20 号钢升级为 304 不锈钢。

2）化工公司要提高自动化程度，提升本质安全水平。结合公司“机械化换人、自动化减人”项目，净化车间 644A、644 工段增设氢气可燃气体监测器，增设现场视频监控，取消现场操作室，改为操作人员定期巡检。同时对全公司现场操作室设置情况进行全面梳理，逐步减少现场操作岗位。

3）化工公司要进一步健全完善压力管道测厚管理制度，加强对压力管道的设计、采购、安装、使用、检验、修理、改造、停用、报废和更新等实行全寿命周期的管理，及时督促施工单位依法依规办理安装告知、维修改造告知与监督检验申请，办理使用登记，完善建档及技术资料的管理。明确车间压力管道测厚测点布置、测量频次等管理要求，现场实际测量核实；车间严格按管理要求执行，建立压力管道测厚的管控手段，由依靠工作经验做腐蚀检测向科学、有序、全覆盖检测转变，确保检测数据的准确性。

（5）相关知识与管理借鉴

事故统计分析结果表明，设备维护保养和检修不当也是引发事故发生的主要原因，主要表现在没有维护或检修计划、不按计划时间进行保养和检修、不按供应商提供的内容或方式进行维护。

生产设施在正常生产运行中都有磨损，为防止磨损带来的小缺陷或小故障演变成大的泄漏，进而引发灾难性事故，企业应建立并落实预防性维修制度，确保设备的完整性。预防性维修制度中应包括关键设备清单、维护和检测频率、维修的程序、记录文件。

企业的人力、物力、时间有限，不可能做到面面俱到，需要重点确保关键设备的完整性。因此要对设备进行分类，列出需要进行预防性维修的关键设备清单，根据设备的不同情况，将清单中的设备分成优先等级。等级对应于相关设备的重要性，不同等级设备的维护和维修要求也各不相同，如一类压力容器和三类压力容器的检测年限和内容都有区别。

维护和检测就是确保对工艺安全有较大影响的设备、管线、仪电控制系统处于安全状态。在确定这些设备设施维护检测频率时，应考虑工艺介质和工艺条件。例如，可能含有催化剂高温物料的管线受催化剂磨损影响，管壁减薄得快，检测频率就应比法规要求的检测频率高；可能存在腐蚀，如含有强酸强碱的工艺设备管线，其检测频率应比法规要求的检测频率高。

维修人员需要按照书面的维修程序来完成各项维修工作。有效的维修程序有助于保障生产安全、提高维修效率、积累维修经验、明确维修人员的职责。编写维修程序时应使用维修人员熟悉的语言，准确反映如何完成维修过程，同时要充分考虑工艺人员、设备人员、操作人员的建议。关键设备如机组、控制系统的维修程序一定要同供应商的要求一致。尤其是维护过程中使用的备件和材料要纳入质量保证系统，防止使用错误材质。

为了有助于开展工艺危害分析，要编制检测报告并存档。检维修记录或报告中应说明检测日期、检测负责人的姓名、设备编号或其他可以识别设备的描述、检测过程以及检测结果等。

15. 某石化公司换热器丝堵泄漏高温渣油喷出着火事故

2015 年 7 月 26 日，某石化公司（以下简称石化公司）第一联合运行部 300 万吨/年常压蒸馏装置发生泄漏着火事故，造成 3 人死亡、4 人受伤。

（1）企业基本情况

石化公司创建于 1971 年 9 月，有常压蒸馏、催化裂化等 15 套生产装置，主要以石油炼制、石油助剂和石油化工为主，主要产品有 90 号汽油、93 号汽油、煤油、0 号柴油、-10 号柴油、-20 号柴油、石油液化气、聚丙烯、MTBE（一种高辛烷值汽油添加剂）、活性炭以及甘草甜素系列产品等。

发生事故的 300 万吨/年常压装置于 2015 年 6 月 27 日开始检修，7 月 23 日 11 时投料开车，7 月 25 日 8 时正常运行。事故发生前，现场有徐州市某防腐工程公司等 8 人正在进行施工作业。

（2）事故经过和救援情况

2015 年 7 月 26 日 6 时 38 分，石化公司常压装置操作工巡检时发现渣油/原油换热器 E-117/D 浮头丝堵渗漏并伴有冒烟现象。石化公司检维修公司得知情况后，派当班 3 名保运人员赶赴现场查看并处理漏点。7 时 01 分，在处理过程中，丝堵突然脱落，热油喷出着火，造成正在换热器上方平台现场进行保温作业的承包商 3 名员工死亡、2 人受伤，另有石化公司 2 名保运人员受伤。

事故发生后，常压装置操作人员立即实施紧急停车，报警并启动应急预案，石化公司消防大队、市消防支队陆续赶赴现场灭火，8 时 50 分，火势得到控制；11 时 55 分，明火被彻底扑灭。

这起事故造成 3 人死亡、4 人烫伤（其中 1 人重伤、1 人微重、2 人轻伤）。

（3）事故原因分析

换热器 E-117/D 浮头丝堵泄漏，高温渣油（340～360℃）喷出，遇空气自燃着火。

（4）事故教训和整改措施

这起事故比较典型，在全国范围内石化企业曾发生多起类似事故。各企业要认真吸取事故教训，采取必要的防范措施，切实做好安全事故隐患自查自纠工作，防止类似事故再次发生。

1）加强化学品泄漏检测。对企业内涉及易燃、易爆、有毒、有害化学品的设备进行全面检测，重点检测阀门、法兰、丝堵、弯头焊接处等易泄漏部位，及早发现、及时修复。

2）加强设备完整性管理。对企业内高温设备的垫片进行全面检查，确定垫片的使用温度，及时更换不耐高温的垫片，防止因垫片受热变形或氧化而导致介质泄漏。

3）加强开停车安全管理。严格控制装置开停车过程中的升温、降温速度，禁止温度骤升骤降，防止因温差应力过大导致阀门、法兰、螺栓连接处的密封失效。

（5）相关知识与管理借鉴

化工企业要加强化学品泄漏检测，建立并不断完善设备管理制度，用制度规范管理、完善管理。

1）建立设备台账管理制度。企业要对所有设备进行编号，建立设备台账、技术档案和备品配件管理制度，编制设备操作和维护规程。设备操作、维修人员要进行专门的培训和资格考核，培训考核情况要记录存档。

2）建立装置泄漏监（检）测管理制度。企业要统计和分析可能出现泄漏的部位、物料种类和最大量。定期监（检）测生产装置动静密封点，发现问题及时处理。定期标定各类泄漏检测报警仪器，确保准确有效。要加强防腐蚀管理，确定检查部位，定期检测，建立检测数据库。对重点部位要加大检测检查频次，及时发现和处理管道、设备壁厚减薄情况；定期评估防腐效果和核算设备剩余使用寿命，及时发现并更新更换存在安全事故隐患的设备。

3）建立电气安全管理制度。企业要编制电气设备设施操作、维护、检修等管理制度。定期开展企业电源系统安全可靠性分析和风险评估。要制定防爆电气设备、线路检查和维护管理制度。

4）建立仪表自动化控制系统安全管理制度。新（改、扩）建装置和大修装置的仪表自动化控制系统投用前、长期停用的仪表自动化控制系统再次启用前，必须进行检查确认。要建立健全仪表自动化控制系统日常维护保养制度，建立安全联锁保护系统停运、变更专业会签和技术负责人审批制度。

16. 某化工公司试生产过程电解系统滗析器爆燃事故

2015 年 8 月 22 日 20 时 48 分，山东某化工科技有限公司（以下简称化工公司）电解车间在生产中，电解系统滗析器突然爆炸并引燃物料，事故造成 1 人死亡、9 人受伤。

（1）企业基本情况

1）企业相关情况。化工公司成立于 2007 年 11 月，法定代表人吕某，董事长何某，有员工 286 人，注册资本 1.8 亿元。公司设有安全管理科，配有 4 名安全管理人员，主要从事化工产品研发、化工产品销售和化工科技服务。该公司为山东某投资集团有限公司子公司。

2）项目基本情况。化工公司 10 万吨/年己二腈项目化工工艺为国内首次使用。2008 年，某大学教授冯某成提出电解合成己二腈技术，邀请同校教授王某信对己二腈电解合成技术进行指导，2 人联合研发电解合成己二腈技术。2009 年，在 2 位教授的带领下，电解合成己二腈技术在青岛某光电材料有限公司进行实验容器内小试，小试实验获得成功。2010 年，电解合成己二腈技术在山东某化工有限公司进行中试，中试实验获得成功。2011 年 12 月 24 日，省科学技术厅组织 5 名工程院院士和 4 名教授对该项目进行了技术鉴定，并出具了《科学技术成果鉴定书》。该项目获得 3 项发明专利证书和 1 项实用新型专利证书。

2015 年 8 月 3 日，化工公司邀请 3 名安全专家组成专家组，对该项目试生产条件进行检查。8 月 10 日，化工公司制定试生产方案。8 月 14 日，专家组出具试生产条件符合要求意见书。

化工公司总投资 6.75 亿元，共有 3 个生产车间，分别为原料、电解和精馏车间。发生事故的为电解车间，电解车间共设有 8 套电解系统，安装了 DCS 控制系统。电解车间主要工艺为将纯净水、磷酸盐及辅料按比例混合制成准电解液，将准电解液注入电合成系统，并使其在整个系统中循环流动，将丙烯腈注入电解池中进行电解，经油水分离后再精馏得到已二腈和副产物丙腈。

3）项目工程建设情况。2013 年 7 月 17 日，山东某建工股份有限公司中标 10 万吨/年已二腈项目电解车间、配料车间、滗析器等安装工程。2013 年 7 月 20 日正式开工，2014 年 4 月 30 日竣工。2015 年 2 月，相关人员对所安装设施设备进行气密性试验和打压试验。

2013 年 7 月 20 日，山东某建筑集团有限公司中标 10 万吨/年已二腈项目滗析器、原料和产品罐区、精馏装置制作等工程。2013 年 11 月 19 日正式开工，2015 年 3 月 24 日滗析器、原料和产品罐区竣工，精馏装置制作工程处于施工状态。2015 年 2 月，相关人员对已竣工施设备进行气密性试验和打压试验。

2013 年 8 月 28 日，某二建集团公司中标 10 万吨/年已二腈项目工艺设备安装工程。2014 年 4 月 15 日正式开工，2015 年 5 月 15 日竣工。2015 年 6 月 30 日管道安装工程竣工，压力管道向淄博市特检院报检。

（2）事故经过和救援情况

1）事故发生经过。2015年7月22日16时，化工公司开始单开1套电解系统断续试生产。8月19日，试生产连续进行并每天增开1套电解系统，至8月21日，共有3套电解系统投入试生产。

8月21日，经公司领导集体决定，调度室主任张某伟令早班人员将800立方米准电解液加入到第4套电解系统滗析器内，20时，中班人员加入22吨丙烯腈。

8月22日9时，调度室主任张某伟在中控室发现试生产的3套电解系统压力为28千帕，向分管生产的副总经理苗某清反映压力偏高。14时，张某伟又向苗某清反映，如果开通第4套电解系统，系统压力可能会使防爆膜爆破，2人商议决定开通第4套电解系统降低配风。16时，张某伟将决定降低配风的情况报告总经理吕某和技术总工王某智，2人同意降低配风。

8月22日16时，电解车间中班人员接班。班长张某荣、李某、徐某禄负责巡查已进行试生产的3套电解系统，王某、王某涛在中控室监控。

8月22日19时50分，张某伟计算出在保持总风量一致的条件下，配风量应由200立方米/小时降为120立方米/小时，19时55分，配风量被调至120立方米/小时。20时20分，张某伟将电解电流提升到位，第4套电解系统开始运行，随着电解出的氧气增多，4台滗析器压力均开始上升。

20时48分，滗析器压力升至29千帕，滗析器突然爆炸并引燃物料。爆炸导致正在电解车间附近巡检的维修工张某涛当场死亡，爆炸冲击波使4个滗析器、中控室、化验室和办公楼门窗玻璃受到不同程度的损坏，并导致正在原料车间、化验室等工作的9名作业人员受伤。

2）应急救援情况。爆炸发生后，调度室主任张某伟拨打“119”急救电话，并向总经理吕某报告，化工公司立即展开救援。接到事故报告后，省市领导赶赴现场组织指挥救援。省消防总队总队长马某宏现场指导救援，紧急调集淄博、济南、潍坊、东营、泰安等地 385 名消防官兵、73 辆消防车、3 套远程供水系统参加救援，至 8 月 23 日凌晨 1 时 50 分大火被扑灭。

（3）事故原因分析

1）直接原因。该装置自试生产以来，淹析器气相空间中丙烯腈、氢气等混合气体含量始终处于爆炸极限范围。

淹析器进气管管径小于尾气出口管管径，造成气相出口气体流速过快，摩擦产生静电，同时淹析器内衬 PP（聚丙烯）材料，导致静电积聚。淹析器上部气相空间中达到爆炸极限浓度的丙烯腈、氢气等混合气体，遇静电放电发生爆炸。

2）间接原因如下：

①化工公司安全意识淡薄，安全生产主体责任不落实，安全管理混乱，项目建设和试生产中存在着严重的违法违规行为。该项目未进行环境影响评价和消防设计审核，违法组织试生产。化工公司于 2015 年 8 月 10 日制定试生产方案，8 月 14 日聘请的专家组出具试生产条件符合要求意见书，但企业于 7 月 22 日便开始组织试生产。

②化工公司安全生产管理制度不完善不落实。企业试生产前未编制完整的总体试车方案、操作规程，未制定试生产应急处置方案；安全培训不到位，未全面落实“三级”安全培训，未进行试生产岗位操作培训。公司工艺变更管理不到位。淹析器顶部气体出口无设计变更申请，淹析器顶部气体出口及管道走向与设计图纸不符。企业在实际操作中随意降低配风量，没有按照工艺变更管理要求落实变更管理的安全措施。

③化工公司对外来施工队伍管理混乱。事故发生前，企业厂区内先后有 3 支外来施工队伍进行施工，边生产、边施工；对外来施工队伍的安全管理制度不健全，施工作业安全控制措施缺失。

④设计单位对危险因素考虑不足。初步设计和施工图纸上未对丙烯腈气体含量进行检测和报警设计，未经安全设施设计专篇审查就出具了施工图。同时，评价单位安全分析内容缺失，安全评价报告中未体现富氧状态、压力、温度对气相中丙烯腈的影响。

（4）事故教训和整改措施

为了认真吸取事故教训，落实“四不放过”原则，切实做好今后的安全生产工作，提出如下整改措施：

1）企业要深刻吸取事故教训，强化红线意识和底线思维，严格落实“党政同责、一岗双责、齐抓共管”和“管行业必须管安全、管业务必须管安全、管生产经营必须管安全”的要求，加强各行业领域的安全监管，坚决打击非法违法生产经营行为，严防各类事故发生。

2）各生产经营单位新建、改建、扩建项目建设，要严格依法依规进行审查审批，杜绝未批建未经审批就组织建设；设备设施投入使用、试生产等环节，必须严格按照规范要求组织实施，杜绝未经检查验收擅自投入生产使用。

3）为安全生产服务的设计、评价、检测、论证和施工单位等，要认真贯彻法律法规和行业标准规范，依法履行职责。各有关部门要加强对安全生产中介机构和建设施工单位的监督管理，严厉查处各类违法违规行为。

（5）相关知识与管理借鉴

这起事故发生在试生产过程中，由于企业试生产前未编制完整的总体试车方案、操作规程，未制定试生产应急处置方案；安全培训不到位，未全面落实“三级”安全培训，未进行试生产岗位操作培训，公司工艺变更管理不到位，为事故的发生埋下隐患。

在试生产的安全管理上，需要注意以下事项：

1）明确试生产安全管理职责。企业要明确试生产安全管理范围，合理界定项目建设单位、总承包商、设计单位、监理单位、施工单位等相关方的安全管理范围与职责。

项目建设单位或总承包商负责编制总体试生产方案、明确试生产条件，设计、施工、监理单位要对试生产方案及试生产条件提出审查意见。对采用专利技术的装置，试生产方案经设计、施工、监理单位审查同意后，还要经专利供应商现场人员书面确认。

项目建设单位或总承包商负责编制联动试车方案、投料试车方案、异常工况处置方案等。试生产前，项目建设单位或总承包商要完成工艺流程图、操作规程、工艺卡片、工艺和安全技术规程、事故处理预案、化验分析规程、主要设备运行规程、电气运行规程、仪表及计算机运行规程、联锁整定值等生产技术资料、岗位记录表和技术台账的编制工作。

2）试生产前各环节的安全管理。建设项目试生产前，建设单位或总承包商要及时组织设计、施工、监理、生产等单位的工程技术人员开展“三查四定”（三查：查设计漏项、查工程质量、查工程隐患；四定：整改工作定任务、定人员、定时间、定措施），确保施工质量符合有关标准和设计要求，确认工艺危害分析报告中的改进措施和安全保障措施已经落实。

系统吹扫冲洗安全管理。在系统吹扫冲洗前，要在排放口设置警戒区，拆除易被吹扫冲洗损坏的所有部件，确认吹扫冲洗流程、介质及压力。蒸汽吹扫时，要落实防止人员烫伤的防护措施。

气密试验安全管理。要确保气密试验方案全覆盖、无遗漏，明确各系统气密试验的最高压力等级。高压系统气密试验前，要分成若干等级压力，逐级进行气密试验。真空系统进行真空试验前，要先完成气密试验。要用盲板将气密试验系统与其他系统隔离，严禁超压。气密试验时，要安排专人监控，发现问题，及时处理。做好气密检查记录，签字备查。

单机试车安全管理。企业要建立单机试车安全管理程序。单机试车前，要编制试车方案、操作规程，并经各专业人员确认。单机试车过程中，应安排专人操作、监护、记录，发现异常立即处理。单机试车结束后，建设单位要组织设计、施工、监理及制造商等方面人员签字确认并填写试车记录。

联动试车安全管理。联动试车应具备下列条件：所有操作人员考核合格并已取得上岗资格；公用工程系统已稳定运行；试车方案和相关操作规程、经审查批准的仪表报警和联锁值已整定完毕；各类生产记录、报表已印发到各岗位；负责统一指挥的协调人员已经确定。引入燃料或窒息性气体后，企业必须建立并执行每日安全调度例会制度，统筹协调全部试车的安全管理工作。

投料安全管理。投料前，要全面检查工艺、设备、电气、仪表、公用工程和应急准备等情况，具备条件后方可进行投料。投料及试生产过程中，管理人员要现场指挥，操作人员要持续进行现场巡查，设备、电气、仪表等专业人员要加强现场巡检，发现问题及时报告和处理。投料试生产过程中，要严格控制现场人数，严禁无关人员进入现场。

17. 某科技（德州）公司含盐废水处理装置爆炸事故

2016 年 4 月 3 日 20 时 27 分，山东省平原县辖区内的某科技

(德州) 有限公司 (以下简称科技公司) 含盐废水处理装置发生爆炸，造成2人死亡、5人受伤，直接经济损失346万元。

(1) 企业基本情况

1) 企业相关情况。这起爆炸事故涉及2家公司，分别是科技公司和营口某药机制造有限公司 (以下简称药机公司)。

科技公司注册资本2.29亿元，法定代表人郎某成，有职工590名，经营范围：盐酸生产、销售，农药、医药化工产品中间体、农药原料药、酰氯系列、AKD (烷基烯酮二聚体) 原粉、工业用氮气和氧气的生产、销售等业务。

药机公司成立于2010年11月，法定代表人张某兴，注册资本600万元，经营范围：制药化工设备和管路的制作安装、设备维修及自动化网络工程安装与维护等。该公司是事故设备的提供方，负责指导设备的安装、调试和技术培训。

2) 发生事故的污水处理装置情况。科技公司于2012年11月建成投产，产品为硬脂酰氯、PTSI (对甲基苯磺酰异氰酸酯)、OHBN (邻羟基苯腈)、3，5-DCPI (二氯苯基异氰酸酯) 等化工中间体及AKD蜡粉造纸施胶剂等，年总产量约为6万吨。AKD和OHBN生产过程中产生的含盐废水需要进行进一步的析盐处理，故于2016年3月建成环保车间废水除盐装置。

该公司环保车间有2套除盐装置，原有的一套采用三效蒸发工艺，新建的一套采用转膜蒸发工艺。事故装置系新建的转膜蒸发废水处理系统 (尚处于投料试运行阶段)。该系统主要设备包括一级转膜蒸发器、二级蒸发干燥器、沉降收集器、二次蒸汽预热器、冷凝器、化工泵、真空泵、冷凝水罐、缓冲罐等。该废水处理装置由药机公司负责设计、制造、安装、配套等整体性建设。

进入环保车间除盐装置的含盐废水，经混合后送入中和釜中和，溢流至中间罐，用泵打入一级转膜蒸发器 V303 进行蒸发，料液自动进入下部蒸发干燥器 V305 进一步蒸发与干燥。蒸发干燥器 V305 是间歇性操作，直接用蒸汽作为热源对物料进行加热。发生事故的单元是蒸发干燥器 V305，发生事故前共运行 7 天。

（2）事故经过和救援情况

1）事故发生经过。2016 年 3 月 31 日，药机公司技术员许某斌和科技公司环保副经理、转膜蒸发装置试车总指挥周某华组织用废水调试装置。

4 月 1 日 13 时 49 分，DCS 控制室操作工王某琳发现蒸发干燥器 V305 的温度计损坏，向周某华报告，周某华向许某斌提出维修要求。许某斌认为可以通过真空度及视镜观察干燥器内有无水分以确认干燥过程是否结束，调试工作继续进行。

4 月 2 日 17 时左右，周某华发现转膜蒸发器 V303 蒸汽出口旋转接头出现故障，向科技公司总经理陈某生报告。许某斌决定拆开旋转接头进行检查，经检查确认接头已坏（轴承卡死）。由于该接头作为蒸汽冷凝水排放连接使用，陈某生安排接临时排水管确保低负荷运转。

4 月 3 日 3 时，夜班现场操作工张某彬发现中和釜 V101B 减速机损坏，向周某华汇报。周某华决定停止中和釜搅拌，等待维修。

4 月 3 日 4 时左右，周某华发现蒸发干燥器 V305 的蒸汽调节阀开度在 DCS 中显示全开，但现场只能开一半。周某华临时停车关闭了调节阀前后手动蒸汽阀门，联系仪表人员维修。

4 月 3 日 8 时 30 分，仪表工沙某将蒸汽调节阀修好。许某斌说将蒸汽压力调高一点，周某华说可能会超过工艺指标 0.4 兆帕，许某斌说控制在 0.6 兆帕以内都没有问题，周某华告知 DCS 操作工王某东将蒸发干燥器 V305 加热蒸汽压力一直维持在 0.5 兆帕。

4月3日12时20分，蒸发干燥器V305出盐后，操作人员将盐装入编织袋内。盐中含有的丙类易燃物质邻氯苯腈（闪点108℃）、邻甲氧基苯腈（闪点85℃）等有机物发生着火，引燃塑料编织袋和塑料托盘。火情持续10分钟左右，操作人员采用了紧急停车措施，使用灭火器、消防水灭火。

4月3日13时，科技公司在中控楼206会议室召开着火事故分析会，参加人员有总经理陈某生、安全环保副总经理徐某喜、生产副总经理陈某、生产副总助理田某明、安全副经理王某龙、环保副经理周某华、环保工段段长王某东。陈某生做出停车、氮气置换、工艺水清洗、设备检查决定后，因要赶往火车站离开会场。会上进一步分析认为调节阀有内漏现象，应该更换调节阀。

4月3日14时左右，周某华联络仪表工杨某清安排更换了蒸汽调节阀。起火事件几项措施决定落实后，药机公司技术员许某斌检查蒸发干燥器V305，发现出料口有点儿变黑，随后许某斌现场制作并更换了出盐阀“O”形密封圈。15时整（DCS时间），许某斌开始抽真空检查蒸发干燥器V305真空度。经过抽真空，许某斌确认设备没有问题。大班长谢某菲询问许某斌是否可以继续进行调试，许某斌认为可以继续，谢某菲请示周某华，周某华指示按照许某斌的要求调试，随后大班长谢某菲安排开始进废水继续调试。

4月3日15时28分，蒸发干燥器V305开始进料。DCS操作工王某东发现蒸发干燥器V305加热蒸汽压力为0.04兆帕，阀门开度显示为100%，联系周某华，周某华说待他回来处理。18时左右，周某华回到现场证实蒸发干燥器V305蒸汽调节阀故障，许某斌现场确认状况后，决定打开蒸汽手动旁通阀。周某华打开旁通阀向蒸发干燥器V305通蒸汽加热，王某东汇报压力已到0.4兆帕。18时32分，出盐阀开始漏真空，真空度出现异常波动，DCS操作工王某东没有及时发现。20 时 27 分，蒸发干燥器 V305 突然发生爆炸。

2）应急救援情况。4 月 3 日 20 时 32 分左右，科技公司值班领导和安环部安全员听到异响后，在赶往现场的同时使用防爆对讲机呼叫门卫通知公司各应急小组成员到位。公司值班领导和环保含盐废水处理装置负责人到达事故现场，发现有人员受伤后，立即拨打“120”急救电话，并依次上报公司总经理、总工程师、董事长等领导。

4 月 3 日 20 时 33 分，生产副总经理电话下达停车指令，主生产装置按应急预案有序停车，各车间进行全面检查。救护车到达事故现场，将 7 名受伤人员紧急转运平原县人民医院急救治疗。

这起爆炸事故导致在邻近三效蒸发析盐装置作业的 2 名工人死亡，5 名工人受伤，直接经济损失 346 万元。

（3）事故原因分析

1）直接原因。含有三乙胺、甲苯、甲醇的废水经一级转膜蒸发器 V303 进行蒸发后，甲苯被蒸出，三乙胺（微溶于水，具有易燃、易爆性，闪点为-7℃，沸点为 89.5℃，以体积分数表示的爆炸极限为 1.2%~8%，燃烧热为 4 333.8 千焦/摩尔）、甲醇被浓缩随废液进入沉降收集器 V304（只缓存不蒸发），然后进入蒸发干燥器 V305，通过蒸汽加热进行蒸发干燥，进一步浓缩后的三乙胺和甲醇气化进入气相空间。在蒸发过程中，蒸发干燥器 V305 在爆炸发生前约 1 小时 40 分钟的时间内，出现漏入空气现象。据分析，漏空气部位是出盐阀的自制硅胶密封圈处，空气在蒸发干燥器 V305 气相空间与易燃气体充分混合，形成爆炸性混合气体并达到爆炸极限。同时，漏入的空气在高压差、小孔径下高速流动，与硅胶密封圈摩擦产生静电，静电聚积在硅胶密封圈（硅胶材料电阻率为 10^{13}~10^{14} 欧·米）上产生静电火花引爆爆炸性混合气体，导致蒸发干燥器 V305 内部发生化学爆炸（事故发生时，一楼监控视频中见火光）。

三乙胺、甲醇等有机物进入蒸发干燥器 V305 并进入气相空间，系统漏真空造成空气进入蒸发干燥器 V305，形成爆炸性混合气体，由于漏真空形成的高速气流产生静电放电导致爆炸，是这次事故发生的直接原因。蒸发干燥器 V305 出盐阀法兰和封头连接法兰相对位置设计不合理及出盐阀密封圈的制作方式不当，造成空气进入蒸发干燥器 V305 是事故发生的重要原因。

2）间接原因如下：

①违章指挥作业。科技公司环保技术副经理周某华，作为环保装置试车总指挥，试车前对试车人员培训不到位；在设备已经出现故障，存在严重隐患的情况下，没有采取相应处理措施，违章指挥，致使设备继续带病运行。

②违反操作规程。公司未按照转膜蒸发工序作业指导书的规定进行试车。按照该指导书的规定，转膜蒸发工序最少人数为 9 人（内操 3 人、外操 6 人)，实际只有 5 人在操作，岗位人数不符合要求。

③事故隐患排查整改不及时、不到位。针对转膜蒸发干燥器试车时暴露出来的事故隐患（干燥器远传温度计损坏，转膜蒸发器 V303 出口连接器损坏，V305 蒸汽阀失灵，转膜蒸发器中和罐的搅拌减速机损坏等)，公司未按照转膜蒸发工序作业指导书的规定，立即停止生产并消除事故隐患，致使设备长时间带病运行。

④安全培训不到位。公司未按照规定要求对蒸发析盐岗位操作工进行安全培训，安全培训内容不全面，安全培训学时不足，操作人员操作水平不高。

⑤药机公司未按照设备采购合同的要求，严格履行对科技公司转膜蒸发干燥器操作工进行技术培训的职责。试车期间，对发现的事故隐患，药机公司未按照转膜蒸发工序作业指导书的规定，要求科技公司相关人员立即停止生产，查找分析事故隐患产生的原因并消除事故

隐患，致使设备长时间带病运行，也是导致事故发生的重要原因。

（4）事故教训和整改措施

经调查认定，这起爆炸事故是一起生产安全责任事故。针对事故暴露出的突出问题，为了深刻吸取事故教训，进一步加强企业安全生产工作，有效防范类似事故重复发生，提出如下整改措施：

1）认真排查，集中整改各层面存在的问题。企业在停产整顿期间，要针对转膜蒸发干燥器试车期间暴露出的问题，从设备设计、采购、接收、检验、安装、试车等各个环节以及员工安全意识、试车组织体系、安全管理、培训教育、隐患排查治理等各个方面全面查找深层次问题。尤其要针对试车过程中出现的违章指挥、违规作业等现象产生的原因进行专题分析，全面总结吸取事故教训，有针对性地采取措施，夯实安全生产监管基础，坚决避免类似事故发生。

2）进一步强化化工企业装置试车安全管理。各化工企业要高度重视生产装置试车安全管理工作，要将为化工装置配套建设的附属装置一并纳入化工装置试车管理范围。全面加强装置试车安全管理。废水、废气、废物处理和消防、环保等附属设施在试车前，必须制定符合要求的试车方案，明确试车组织机构和各自职责；必须组织所有参加试车的作业人员进行安全培训，并经考试合格；必须落实各项应急防范措施并经确认。试车期间，所有人员精力集中、高度负责、各尽其责。严密监控各项控制参数，严格按照操作规程操作，细致排查事故隐患，并及时整改消除。试车指挥人员要严格按照试车方案、操作规程等要求指挥试车，一旦出现险情和试车方案、操作规程等规定必须停车的情形，要果断采取措施立即停止试车，待险情和试车方案、操作规程等规定的必须停车的情形消除后方可继续试车。

3）切实落实危险化学品生产企业安全生产主体责任。要真正树立“以人为本、安全发展”的理念，自觉遵守安全生产法律法规、标准规范和操作规程，全面加强安全管理。按照“五落实五到位”要求，建立健全“横向到边、纵向到底”的安全生产责任体系，切实把安全生产责任落实到生产经营的每个环节、每个岗位和每名员工，做到人人心中有安全、人人讲安全、人人管安全，杜绝违章指挥、违规操作、违反劳动纪律的“三违”现象。

4）要抓好项目建设、项目试生产、装置开停车、设备检维修等关键环节的安全管理工作。各项作业活动必须按照国家法律法规、标准规范、安全管理制度、操作规程的规定严格执行，做到一环扣一环，环环相扣。深入开展安全生产标准化创建活动，达标后自觉主动地按照标准长期有效运行，进一步完善风险管控、事故隐患自查自纠机制，确保各类风险处于监控、可控、在控状态，确保事故隐患及时发现、及时消除。

（5）相关知识与管理借鉴

在这起事故中，引发事故的原因之一，就是事故隐患排查整改不及时、不到位。公司对转膜蒸发干燥器试车时暴露出来的事故隐患，未按照转膜蒸发工序作业指导书的规定，立即停止生产并消除事故隐患，致使设备长时间带病运行。

企业在生产过程中，要持续改进化工过程安全管理工作，要按照原国家安全监管总局《关于印发企业安全生产责任体系五落实五到位规定的通知》（安监总办〔2015〕27号）“五落实五到位”的要求，必须落实“党政同责”要求，董事长、党组织书记、总经理对本企业安全生产工作共同承担领导责任；必须落实安全生产“一岗双责”，所有领导班子成员对分管范围内安全生产工作承担相应职责；必须落实安全生产组织领导机构，成立安全生产委员会，由董事长或总经理担任主任；必须落实安全管理力量，依法设置安全生产管理机构，配齐配强注册安全工程师等专业安全管理人员；必须落实安全生产报告制度，定期向董事会、业绩考核部门报告安全生产情况，并向社会公示。必须做到安全责任到位、安全投入到位、安全培训到位、安全管理到位、应急救援到位。

化工过程安全管理工作要做好以下事项：

1）企业要成立化工过程安全管理工作领导机构，由主要负责人负责，组织开展本企业化工过程安全管理工作。

2）企业要把化工过程安全管理纳入绩效考核。要组成由生产负责人或技术负责人负责，工艺、设备、电气、仪表、公用工程、安全、人力资源和绩效考核等方面的人员参加的考核小组，定期评估本企业化工过程安全管理的效果，分析查找薄弱环节，及时采取措施，限期整改，并核查整改情况，持续改进。要编制效果评估和整改结果评估报告，并建立评估工作记录。

3）化工企业要结合本企业实际，认真学习贯彻落实相关法律法规、规章规范和标准，完善安全生产责任制和安全生产规章制度，开展全员、全过程、全方位、全天候化工过程安全管理。

18. 某焦化公司煤气管道眼镜阀未及时维修爆炸事故

2015 年 1 月 31 日 7 时 55 分，山东省临沂市某焦化有限公司（以下简称焦化公司）焦化装置化产车间发生爆炸事故，导致 4 人死亡、4 人受伤，直接经济损失 426 万元。

（1）企业基本情况

焦化公司系某集团有限公司下属全资子公司，成立于 2004 年 12 月，事故发生时有员工 1 600 余人，主要产品为焦炭，副产煤焦油、粗苯、硫酸铵和高热值煤气。事发装置为一期建设的 90 万吨焦炭生产装置中的 2 号终冷塔（管式换热器）。

（2）事故经过

焦化公司计划于2015年1月31日上午对化产系统2号终冷器进出口煤气管道阀组进行更换检修。从1月29日晚上到1月31日早上，公司对2号终冷器进行蒸汽持续吹扫置换，蒸汽吹扫前，关闭了进出口阀组的蝶阀（眼镜阀因损坏未关闭）。31日7时30分，检修人员登上2号终冷器顶部对进口阀组采用倒链等工具进行拆卸，作业前关闭了蒸汽阀门。7时55分，2号终冷器发生爆炸。

（3）事故原因分析

1）直接原因。企业严重违反作业规程，没有采取有效的隔绝、置换措施，致使煤气进入终冷器而形成爆炸性气体，遇点火源引发化学爆炸。

调查发现：终冷器进出口煤气管道眼镜阀损坏，一直无法关闭，起不到隔离作用，企业对此隐患不重视，没有及时进行维修。

2）间接原因如下：

①检维修安全管理存在缺陷，管理制度针对性不强，作业方案不具体，未包括煤气吹扫、煤气含量检测分析、作业安全监护等内容，对检维修人员未进行安全教育培训，没有进行安全交底等。

②作业前未对终冷器内煤气吹扫置换情况进行气体成分检测化验分析，未按规定程序进行作业许可证的会签、审批和管理。

③作业人员对焦炉煤气的危害性认识不足，违规采用非防爆工（器）具进行检维修作业。

另外，焦化公司尽管是独立法人单位，但对人、财、物没有支配权，重要安全生产决策由集团公司决定，集团公司与子公司的安全生产职责权限不明确。

（4）事故教训和整改措施

这起事故发生的原因，主要为企业严重违反作业规程，没有采取有效的隔绝、置换措施，违章指挥、违章操作、违反劳动纪律，风险管理不落实、事故隐患排查治理工作不深入等。事故暴露出以下突出问题和薄弱环节：

1）安全责任制不落实，安全管理不到位。据调查，发生事故的企业为集团公司的全资子公司或同一法人控制的关联公司，相当于集团公司的一家分公司或“大车间”，安全生产责任制与岗位职务不相匹配，不能履行安全生产主体责任，安全管理职责权限不明确，造成安全管理错位或不到位，安全风险加大。

2）检维修作业环节安全管理存在严重漏洞。检维修作业安全管理规章制度不健全，检维修方案未明确各项安全技术措施，作业前的风险分析不全面，未对容器内易燃气体吹扫置换情况进行气体成分检测化验分析，没有严格落实安全隔绝、置换等措施，作业许可证管理流于形式。

3）设备设施安全隐患没有及时排查整治。关键装置和主要设备设施及其安全附件的维护、保养和定期检测检验不按规定执行和落实；对装置设施及其安全附件存在的安全事故隐患，没有进行工艺危害分析，没有识别因设备设施不完好可能导致事故发生的危险，也没有采取有效措施对存在的问题进行彻底整治。

4）违章指挥、违章操作、违反劳动纪律的“三违”现象严重。企业没有将相应的安全措施要求落实到检维修作业的每一个岗位、环节和相关人员，检维修作业管理人员在未办理相关作业许可证、未严格检查确认检维修作业安全条件的情况下，强令作业人员冒险作业。教育培训不到位，作业人员安全意识淡薄，安全素质较低，对相关作业的危害性认识不足，用于检维修的设备、工（器）具不符合国家相关安全规范的要求。

（5）相关知识与管理借鉴

在这起事故中，终冷器进出口煤气管道眼镜阀损坏一直无法关闭，起不到隔离作用，企业对此隐患不重视，没有及时进行维修，结果致使终冷器内进入煤气而形成爆炸性气体，遇点火源引发化学爆炸。

煤气管道上的阀门损坏，就是重大安全事故隐患。面对这样的重大安全事故隐患，车间和企业领导却无动于衷，并没有重视，最终导致事故发生。

在事故隐患排查治理方面，某煤焦化公司事故隐患排查治理的做法值得借鉴。

某煤焦化公司将“三盯三对照”考核模式应用到事故隐患排查治理过程当中。“三盯”指的是公司领导盯部室、部室盯车间、车间盯班组。“三对照”指的是公司查出事故隐患与部室查出事故隐患对照、部室查出事故隐患与车间查出事故隐患对照、车间查出事故隐患与班组查出事故隐患对照。以“三盯”监督安全管理的执行过程，以“三对照”对事故隐患排查结果进行考核验证，保障公司事故隐患排查治理体系的运行效果。

1）在事故隐患排查治理中落实“三盯”。在事故隐患排查治理工作中，根据公司《安全生产“三盯三对照”实施办法》，明确监督人、被监督人的职责、权利、义务，确定“三盯”的内容。公司领导盯专业部室的事故隐患排查治理情况，包括制度建设与落实、事故隐患整改和跟踪、特殊作业审批与管控、部室安全管理重点工作落实、分管系统内安全工作开展情况等内容。部室盯车间的事故隐患排查治理情况，包括车间事故隐患排查、事故隐患整改与落实、设备操作、安全培训、工艺安全指标管控等内容。车间盯班组的事故隐患排查治理情况，包括班组员工“三违”行为、班组重要岗位人员配置、“三不少”（班前检查事故隐患不少、班中排查事故隐患不少、班后复查事故隐患不少）开展情况、班组安全文明生产情况、岗位定置管理情况、重要技术措施传达落实情况等内容。通过“三盯”机制在事故隐患排查治理过程中的实施，及时监控各类安全风险（包含人、机、环、管 4 个方面），极大地提高了各车间、部室事故隐患排查治理工作的完成效率，杜绝推脱、扯皮、怠工、无故延期等现象，从根本上转变了工作作风。

2）在事故隐患排查中落实“三对照”。公司按照《安全生产“三盯三对照”实施办法》要求，将公司领导查出事故隐患与部室查出事故隐患对照、部室查出事故隐患与车间查出事故隐患对照、车间查出事故隐患与班组查出事故隐患对照。按照对照结果对相关责任人进行考核，强化了事故隐患排查责任的落实，提升了事故隐患治理效果。

2018 年 9 月，公司化产车间共计查出事故隐患 61 条，3 个生产班组共计查出事故隐患 124 条。经过对事故隐患逐条对照，丙班有 2 条事故隐患班组未查出（车间查出此 2 条隐患），按照规定，对生产丙班扣除效益工资分数 20 分（折合 200 元左右）。公司领导、部室、车间、班组 4 级查出事故隐患对照分析，对相关责任人进行考核追究，极大地提高了事故隐患排查的效果，提高了设备检修的质量，减少了重复检修的频次，提升了事故隐患排查的效率。

3）“三盯三对照”实施效果。“三盯三对照”考核体系，通过每日、每周、每月分类统计录入现场事故隐患，将现场事故隐患分为安全隐患、电气隐患、设备隐患、仪表隐患、生产隐患、消防隐患、其他隐患。建立事故隐患图表分析模块，包含各单位事故隐患走势分析图、各单位事故隐患比例分析图，并以饼状图、柱状图、曲线图 3 种形式给予表达，对事故隐患产生区域、事故隐患类型、事故隐患增减幅度等因素进行分析，及时发现事故隐患排查过程中的薄弱环节、薄弱区域，制定切实可行的防范措施，确保化产氨苯硫区域、油库区域、焦炉地下室等重点部位的安全生产情况时刻处于可防、可控的状态，杜绝重大隐患，提高公司事故隐患排查治理的效率和质量。

19. 某化学公司违章绕过自动联锁手动点火引发火灾事故

2017 年 12 月 19 日 9 时 14 分许，山东某化学股份有限公司干燥一车间低温等离子环保除味设备发生一起火灾事故，造成 7 人死亡、4 人受伤，直接经济损失约 1 479 万元。

（1）企业基本情况

1）企业相关情况。山东某化学股份有限公司（以下简称山东化学公司）成立于 2003 年 12 月 26 日，是国内塑料助剂行业上市公司，有职工 500 名左右，主要生产装置包括 1.5 万吨/年 AMB（甲基丙烯酸甲酯/丁二烯/丙烯酸丁酯）塑料改性剂生产装置、1 万吨/年 ACM（丙烯酸酯橡胶）塑料改性剂生产装置、2.5 万吨/年 ACR（丙烯酸酯类）塑料改性剂生产装置，使用的原料包括丁二烯、苯乙烯、丙烯酸甲酯、丙烯酸丁酯等危险化学品。该公司是使用危险化学品的化工企业，2015 年 9 月 25 日取得危险化学品安全使用许可证，许可范围：1，3-丁二烯 7 050 吨/年，有效期至 2018 年 9 月 24 日。该公司实行事业部授权管理模式，ACR 事业部全权负责生产、销售、设备、安全等工作。

2）有关生产设备、工艺情况。公司 AMB 生产装置分为反应一车间和干燥一车间，反应一车间共有反应釜 22 台（套），使用苯乙烯、丙烯酸甲酯、丙烯酸丁酯作为原料常压条件下生产 ACR（原设计该车间使用苯乙烯和丁二烯作为原料生产 AMB，2016 年后改变了工艺，未对工艺进行安全可靠性论证）。该生产装置热风炉按照原设计一直使用煤作为加热原料。

干燥一车间主要有喷雾干燥塔 2 台（套），干燥过程中产品水乳液经喷雾装置在干燥塔内与热风炉出来的热风顺向直接接触，热风经旋风分离器、布袋除尘器进入低温等离子环保除味设备后直接排空。为满足环保排放要求，2017 年 7 月开始，公司在进入干燥塔的热风管道上增加了一套燃气热风炉，将燃烧后的天然气尾气及空气混合物作为干燥介质。车间内共安装 2 套燃气热风炉，设备制造厂家均为青岛某环保科技有限公司，2017 年 9 月完成设备安装调试，但未通过企业组织的验收。

低温等离子环保除味设备属于生产装置的环保配套设施，主要承担车间干燥系统废气和反应系统的有机废气净化任务。干燥一车间共设置 2 套。

3）“煤改气”工作情况。2017 年 6 月 30 日，山东省昌乐县政府办公室下发《关于扩大高污染燃料禁燃区范围的通知》，要求 2017 年 6 月底前，高污染燃料禁燃区范围内 20 吨以下工业燃煤锅炉全部拆除或改用天然气、电等清洁能源。至事故发生时，昌乐经济开发区除山东化学公司外，其他企业相关燃煤锅炉已全部被拆除。

（2）事故经过和救援情况

1）事故发生经过。2017 年 12 月 19 日 7 时 30 分左右，公司安环部部长黄某接到昌乐经济开发区环保办公室电话通知，省秋冬季大气污染督查组即将到昌乐县，对重污染天气错峰生产、挥发性有机物等进行现场督查。接到通知后，黄某立即告知了生产部部长张某伟。张某伟随即安排干燥一、二、三车间全部停止使用燃煤热风炉，改用燃气热风炉，8 时和 8 时 30 分左右，干燥三、二车间相继点炉成功，顺利开启燃气热风炉。

按照原定计划，环保督查组停车地点位于干燥二车间锅炉房南侧，干燥一车间人员在停用燃煤热风炉后，班长毛某荣安排人员到干燥系统三楼以及十楼打扫卫生迎接检查。8 时 20 分左右，黄某通知张某伟环保督查路线改在干燥一车间等离子塔南侧，需要干燥一车间开启一套燃气热风炉。张某伟在同黄某确认环保督查组到达时间后，当即安排毛某荣 10 时左右开启未通过验收的干燥一车间 2 号燃气热风炉。

接到通知后，毛某荣安排人员开启 2 号燃气热风炉，因前期 2 号燃气热风炉在调试过程中多次出现点火不成功及熄火现象，而且一旦出现点火不成功或者熄火现象，燃气热风炉会自动进入自检循环模式(5 分钟/次，时间为 25 分钟左右)。鉴于环保督查组到达时间，操作人员为节省点炉时间，绕过自动联锁对燃气热风炉进行手动点火，未成功，导致天然气串入干燥系统，天然气与空气的混合气体顺气流经过旋风除尘器和布袋除尘器到达低温等离子环保除味设备。

9 时 14 分，天然气与空气的混合气体遇到等离子设备电火花发生爆燃，引燃干燥系统内及干燥装置周边可燃物料，引发火灾事故。现场 6 名人员撤离不及当场遇难，5 名人员受伤，其中 1 名伤员在医院抢救无效死亡。

2）应急救援情况。事故发生后，公司立即启动应急救援预案，对正在生产的生产装置采取了紧急停车措施，切断丁二烯等物料管道，采取泄压降温等安全措施确保生产设备不受事故波及。潍坊市消防支队接警后，调集了 22 辆消防、救护车辆及 1 架救援物资运输无人机，在扑救火灾的同时，疏散职工撤离厂区。10 时 40 分，成功扑灭明火。

这起事故共造成 7 人死亡、4 人受伤（其中 1 人重伤），直接经济损失合计 1 479 万元。

（3）事故原因分析

1）直接原因。该公司干燥一车间在由燃煤热风炉紧急停车切换燃气热风炉期间，违章操作，绕过自动联锁对未通过验收的燃气热风炉进行手动点火，导致天然气通过 2 号燃气热风炉串入 2 号干燥系统内，与系统内空气形成爆炸性混合气体，在 2 号低温等离子环保除味设备处遇到电火花发生爆燃，引燃 1 号、2 号干燥系统内及干燥装置周边可燃物料，并引起部分粉尘参与爆炸，发生火灾事故。

2）间接原因如下：

①公司燃气热风炉工艺未经安全可靠性论证，未经正规设计，未经验收，违规投入使用。该热风炉只有生产单位提供的说明书，整个热风工艺无正规技术来源，未经安全可靠性论证。热风炉中的天然气如果发生泄漏，易串入干燥系统和与其联通的低温等离子废气处理装置，存在较大的安全风险，公司对此风险认识不足。公司没有委托具备相应资质的设计单位对整体设备和工艺管道进行设计，仅由热风炉设备提供方青岛某环保科技有限公司进行设备安装和调试。该系统仅由设备提供单位进行了几次试运转，并未进行验收和交付使用，尚不具备启用条件。企业在存在问题尚未解决、设备技术单位不在场的情况下，为应付环保检查匆忙开启燃气热风炉。

②公司联锁报警系统的设计、安装和维护达不到标准规范要求。该公司等离子废气处理和燃气热风炉均设有自控联锁系统。其中，等离子废气处理系统，按照与上海某环保科技有限公司签订的等离子除味系统补充协议，除原干燥系统出布袋除尘器的气体进入等离子除味器外，反应一车间、反应二车间放散气体（主要是未反应完全的丁二烯、苯乙烯等可燃气体）经脱气装置也并入到等离子除味器，但现场并未增加废气浓度实时监测装置，也未将声光报警和联锁与等离子处理器主机进行联锁，设备长期带病运转。

③公司从业人员法制观念淡薄，违章指挥、违章作业。该公司“煤改气”项目没有按照有关法律法规要求，履行安全设施“三同

时”手续；企业在“煤改气”项目实施过程中，继续使用燃煤热风炉生产，为规避环保检查，严重违反工艺规程，强令职工冒险开启未经调试验收的燃气热风炉。

④公司工艺设备变更管理缺失，风险得不到有效控制。该公司“煤改气”从装置策划、施工安装到投入运行，企业没有按照相关规定要求严格履行申请、安全论证审批、实施和验收等变更管理程序，没有全面评估分析“煤改气”变更过程产生的安全风险。操作人员在准备投用燃气热风炉前，没有对投用条件进行安全确认，未检查系统管道、阀门、安全设施、电气仪表系统是否处于安全备用状态，没有落实变更全过程的各项安全控制措施，没有制定完善变更后的工艺设备安全操作规程，企业对变更全过程风险完全处于失控状态。

（4）事故教训和整改措施

经调查认定，这起较大火灾事故是一起生产安全责任事故。针对这起事故暴露出的突出问题，为深刻吸取事故教训，进一步加强安全生产工作，有效防范类似事故重复发生，提出如下措施建议：

1）山东化学公司要以此次事故为教训，举一反三，对发生事故的深层次原因进行分析研究，认真开展自查自纠活动，全面停产停业整顿。要深入查找安全管理上的漏洞和生产设备、设施存在的事故隐患，立即对生产场所进行一次全面拉网式大检查，对检查出的隐患要抓好整改落实。特别对此次事故中暴露出的开停车安全管理、燃气加热系统、联锁报警系统、低温等离子环保除味设备、工艺设备变更管理、从业人员素质、安全教育培训、设备日常维护管理等问题要彻底整改到位后，方可恢复生产。

2）山东化学公司要切实加强“煤改气”监管，确保安全风险得到有效管控。要高度关注“煤改气”过程中出现的新情况、新问题，强化安全风险预判，有针对性地采取应对措施，及时削减和管控安全风险。

3）山东化学公司要多措并举，强化企业主体责任落实。公司应加强变更过程安全管理，健全完善相关规程要求。企业在工艺、设备、仪表、电气、公用工程、备件、材料、化学品、生产组织方式和人员等方面发生的所有变化，都要纳入变更管理，建立完善变更管理制度。

（5）相关知识与管理借鉴

这起事故涉及工艺设备变更管理缺失，风险得不到有效控制。由于事故企业没有落实变更全过程的各项安全控制措施，没有制定完善变更后的工艺设备安全操作规程，企业对变更全过程风险完全处于失控状态，由此导致事故发生。

变更管理制度是化工企业的一项重要管理制度，也是预防事故、消除事故隐患的重要措施。变更管理过程中，需要注意以下事项：

1）建立变更管理制度。企业在工艺、设备、仪表、电气、公用工程、备件、材料、化学品、生产组织方式和人员等方面发生的所有变化，都要纳入变更管理。变更管理制度至少包含以下内容：变更的事项、起始时间，变更的技术基础、可能带来的安全风险，消除和控制安全风险的措施，是否修改操作规程，变更审批权限，变更实施后的安全验收等。实施变更前，企业要组织专业人员进行检查，确保变更具备安全条件；明确受变更影响的本企业人员和承包商作业人员，并对其进行相应的培训。变更完成后，企业要及时更新相应的安全生产信息，建立变更管理档案。

2）严格变更管理，主要包括以下 3 点：

①工艺技术变更。工艺技术变更主要包括生产能力，原辅材料（包括助剂、添加剂、催化剂等）和介质（包括成分比例的变化），工艺路线、流程及操作条件，工艺操作规程或操作方法，工艺控制参

数，仪表控制系统（包括安全报警和联锁整定值的改变），水、电、气、风等公用工程方面的改变等。

②设备设施变更。设备设施变更主要包括设备设施的更新改造、非同类型替换（包括型号、材质、安全设施的变更）、布局改变，备件、材料的改变，监控、测量仪表的变更，计算机硬件及软件的变更，电气设备的变更，增加临时的电气设备等。

③管理变更。管理变更主要包括人员、供应商和承包商、管理机构、管理职责、管理制度和标准发生变化等。

3）执行变更管理程序。变更管理程序如下：

①申请。按要求填写变更申请表，由专人进行管理。

②审批。变更申请表应逐级上报企业主管部门，并按管理权限报主管负责人审批。

③实施。变更批准后，由企业主管部门负责实施。没有经过审查和批准，任何临时性变更都不得超过原批准范围和期限。

④验收。变更结束后，企业主管部门应对变更实施情况进行验收并形成报告，及时通知相关部门和有关人员。相关部门收到变更验收报告后，要及时更新安全生产信息，载入变更管理档案。

20. 某化工公司放热过程未及时冷却降温爆燃事故

2018 年 2 月 3 日 10 时 51 分左右，位于山东省临沂市临沭县经济开发区化工园区的临沂市某化工有限公司（以下简称临沂化工公司）苯甲醛生产车间发生较大爆燃事故，造成 5 人死亡、5 人受伤，直接经济损失 1 770 余万元。

（1）企业基本情况

1）企业相关情况。临沂化工公司成立于 2011 年 11 月，注册资金为1 000万元，法定代表人王某，王某刚为公司实际控制人，具体负责公司运营管理。企业有职工25人，占地面积3.8万平方米，经营范围为3 000吨/年苯甲醛、140吨/年苯甲酸、15 000吨/年盐酸（副产品）的生产、销售。

临沂化工公司在停止生产苯甲醛、苯甲酸和盐酸后，未经许可审批，擅自将原生产装置拆分为东、西2套生产装置，其中西侧装置经设备改造后由临沂化工公司负责生产氯甲基三甲基硅烷（代号C-43），东侧设备租赁给南京某化工有限公司（以下简称南京化工公司）生产邻氯氯苄/对氯氯苄。

2）事故装置工艺设备情况如下：

①氯甲基三甲基硅烷生产工艺及装置设备情况。以四甲基硅烷（TMS）和氯气为原料，在氯化釜内经氯化反应后将过量的TMS蒸馏出，溶液经粗蒸塔粗蒸、分离釜除杂后，进入精蒸塔蒸馏得到产品，生产过程产生副产品盐酸。该生产项目为3层敞开式钢筋混凝土框架结构，临沂化工公司对原有装置违规改造新增部分精馏设备设施，共有粗蒸塔、精馏塔、氯化釜、分离釜、冷凝器等20余台设备设施。

②邻氯氯苄/对氯氯苄生产工艺及装置设备情况。以邻氯甲苯/对氯甲苯和氯气为原料，经氯化反应制得粗品，然后将过量的邻氯甲苯/对氯甲苯蒸馏出，粗品再进行精馏得到产品邻氯氯苄/对氯氯苄。该生产项目为7层敞开式钢筋混凝土框架结构，主要利用原有装置设备，共有氯化塔、初分塔、再沸器、精馏塔、冷凝器等30余台设备设施。

3）涉及的主要危险物料情况。事故涉及的主要危险物料有液氯（剧毒化学品）、四甲基硅烷（TMS）、氯甲基三甲基硅烷（C-43）、对氯甲苯、对氯氯苄、邻氯甲苯、邻氯氯苄，均为危险化学品。经查，临沂化工公司负责购买液氯，其安全生产许可证到期后，2017

年 8 月 8 日经临沭县公安局治安大队审查核发《剧毒化学品购买凭证》，从临沂某化工贸易有限公司采购液氯 30 吨，至事故发生时，临沂化工公司先后多次非法采购液氯用于生产。

（2）事故经过和救援情况

1）事故发生经过。2018 年 2 月 3 日 7 时 50 分，临沂化工公司氯甲基三甲基硅烷（C-43）生产装置王某峰生产班组接班后，王某峰、周某新、王某平在一楼备水用于稀释盐酸，马某新在二楼氯化反应釜进行操作。

10 时 51 分，该生产装置东侧氯化反应釜上方三楼回流冷凝器气相管道附近有大量白色烟雾逸出，紧接着厂房东南侧尾气吸收系统附近也有白色烟雾逸出，白色烟雾快速蔓延至厂房上部及两侧。10 时 51 分 19 秒，生产厂房一层空间及部分设备、尾气吸收系统和二层分离釜、巡检室等发生爆炸，并引起部分厂房燃烧，造成周某新、马某新死亡，王某峰、王某平受伤。

与此同时，2 月 3 日 8 时左右，南京化工公司邻氯氯苄生产车间负责人黄某高带领维修工杜某林携带塑料焊枪、手持式砂轮切割机、电焊机、电源插排等工具，到尾气处理装置区对 2 号尾气吸收系统进行维修。张某奎班组接班后，继续向初分塔进料后进行蒸馏作业，谢某柱、张某礼在二楼进行初分塔物料放料作业。10 时 51 分 19 秒发生的爆炸造成杜某林、谢某柱、张某礼死亡，黄某高、张某奎、王某强受伤。

2）应急救援情况。事故发生后，在事故企业尚未报告的情况下，临沭县消防大队值班人员根据爆炸声方向，判明爆炸地点，立即通知大队指挥中心，迅速调集 5 辆消防车、42 名指战员赶赴现场进行处置救援，并同时将有关情况向各级领导报告。上午 11 时，临沭县委、县政府接报后，立即启动应急响应，公安、安监、质监、环保、卫生等部门相继启动应急救援预案，赶到事故现场，经消防官兵、公安干警和企业救援队密切配合，协同救援，先后搜救出 3 名被困人员。14 时 15 分左右，搜救组在现场一楼东侧发现 3 名遇难者遗体。15 时许现场明火被扑灭，搜救工作全部结束。本次救援共投入消防官兵、公安干警、各类专家、干部群众、医护人员等 544 人，调动各类救援车辆 68 台，各种救援物资器材 146 套（宗）。没有发生次生灾害事故。

该起事故共造成 5 人死亡、5 人受伤，直接经济损失 1 770 余万元。

（3）事故原因分析

1）直接原因。临沂化工公司氯甲基三甲基硅烷（C-43）生产装置的四甲基硅烷（TMS）与氯气发生放热反应过程中，未及时冷却降温，导致反应失控，造成釜内大量液相四甲基硅烷（TMS）迅速气化，压力急剧升高，四甲基硅烷等物料喷出，与空气混合形成爆炸性混合气体，遇点火源发生爆燃，并引发连环爆炸。

2）间接原因如下：

①临沂化工公司法制意识缺失。企业实际控制人严重违纪经商办企业，安全发展理念丧失，片面追求经济利益，无视员工生命安全，严重违反国家有关法律法规。

②临沂化工公司非法组织生产。企业拒不执行停产停业指令，擅自改变生产产品和工艺，采用手动操作方式从事危险化工工艺控制，采取隐瞒原料产品名称和生产工艺，摘除 DCS 控制系统，拆除外围视频监控，隐瞒化验室色谱标样名称等方式，有预谋、有组织地进行隐蔽式非法生产，违法生产销售未经许可批准的化工产品。

③临沂化工公司违法发包出租。企业违法发包出租设备设施给不具备安全生产条件及相应资质的单位，未签订专门的安全生产管理协

议，未明确各自的安全管理职责；超许可范围违规给有关企业进行危险化学品代加工。

④临沂化工公司非法购买使用剧毒化学品。企业严重违反剧毒化学品管理规定，采取非法手段多次大量购买、运输、储存、使用剧毒化学品液氯，长期违法转让液氯给相关企业生产使用。

⑤临沂化工公司安全管理混乱。企业在非法生产期间，安全责任体系不健全，未组织开展安全教育培训，未落实风险管控、事故隐患排查措施；现场管理混乱，违章指挥，冒险作业，安全防范措施不落实，未对承租单位的安全生产统一协调、管理和定期安全检查；特种设备管理混乱，部分特种设备作业人员无证上岗，部分特种设备未注册登记；剧毒化学品管理失控，未如实记录储存、使用的液氯数量和流向，液氯仓库监控设施失效。

⑥南京化工公司违法从事危险化学品生产活动。南京化工公司不具备相应的安全生产资质，违法租赁化工设备设施从事非法生产；违反剧毒化学品相关规定，违规从临沂化工公司长期获取使用剧毒化学品液氯，采用危险化工工艺非法生产；安全管理缺失，严重违反安全生产法律法规要求，未建立安全生产责任体系，无安全管理制度、无岗位操作规程、无安全教育培训，从业人员安全意识淡薄，职业素质低下，专业技能缺乏，违法违规冒险作业。

（4）事故教训和整改措施

经调查认定，这起爆燃事故是一起较大生产安全责任事故。

1）全面推进安全生产风险分级管控和事故隐患排查治理双重预防体系建设。各企业要认真落实安全生产主体责任，提高守法意识，依法完善行政许可，自觉抵制非法生产行为。要发动全员开展双重预防体系建设，深化风险辨识，完善管控措施，精准有效管控风险，实现关口前移、预防为主，从根本上防范事故。要落实安全事故隐患排查治理责任，深入排查在规章制度、安全培训、工艺设备、特殊作业、特种设备、应急救援等方面的安全事故隐患，定期聘请专家进行诊断式安全检查，全面排查整治事故隐患，切实落实管控措施，提升企业安全管理水平。

2）进一步开展精细化工反应安全风险评估。对涉及重点监管危险化工工艺、间歇和半间歇合成反应的精细化工企业，要迅速组织开展反应安全风险评估，根据风险评估结果，督促企业及时审查和修订安全操作规程，完善工艺路线和工艺控制，改造提升自动控制系统，配置独立的安全仪表系统，补充完善安全管控措施，确保满足反应工艺安全要求。对曾因反应工艺问题发生过安全生产事故的同类企业，要重新进行评估，切实提高精细化工安全风险防控能力，确保企业本质安全。

3）切实加强停产危险化学品企业安全管理。各级政府及有关部门要高度重视停产企业安全风险，严格落实《关于进一步加强停产危险化学品企业安全监管工作的通知》，停产前要督促企业制定停产方案，妥善处置库存原料产品，留足必要值班人员；停产过程中要加强事中监管，加大检查频次，与供电等部门密切协作，重点检查企业用电记录、监控录像，严防明停暗开、假停假改现象；长期停产企业复工前要按照《试车规范》要求制定周密的开车方案，组织中介服务机构进行安全条件评价并组织验收，未经验收合格一律不许复工。

（5）相关知识与管理借鉴

在这起事故中，临沂化工公司管理混乱，非法组织生产、违法发包出租、非法购买使用剧毒化学品、未组织开展安全教育培训、未落实风险管控和事故隐患排查措施、违章指挥、冒险作业等，这样混乱的管理，必然会导致事故的发生。

根据《危险化学品企业事故隐患排查治理实施导则》，化工和危险化学品生产经营单位的事故隐患排查治理，是企业安全管理的基础工作，是企业安全生产标准化风险管理要素的重点内容，应按照“谁主管，谁负责”和“全员、全过程、全方位、全天候”的原则，明确职责，建立健全企业隐患排查治理制度和保证制度有效执行的管理体系，努力做到及时发现、及时消除各类安全生产隐患，保证企业安全生产。

1）企业主要负责人对本单位事故隐患排查治理工作全面负责，应保证事故隐患治理的资金投入，及时掌握重大事故隐患治理情况，治理重大事故隐患前要督促有关部门制定有效的防范措施，并明确分管负责人。分管负责事故隐患排查治理的负责人，负责组织检查事故隐患排查治理制度落实情况，定期召开会议研究解决事故隐患排查治理工作中出现的问题，及时向主要负责人报告重大情况，对所分管部门和单位的事故隐患排查治理工作负责。其他负责人对所分管部门和单位的事故隐患排查治理工作负责。

2）事故隐患排查要做到全面覆盖、责任到人，定期排查与日常管理相结合，专业排查与综合排查相结合，一般排查与重点排查相结合，确保横向到边、纵向到底、及时发现、不留死角。

3）事故隐患治理要做到方案科学、资金到位、治理及时、责任到人、限期完成。能立即整改的事故隐患必须立即整改；无法立即整改的事故隐患，治理前要研究制定防范措施，落实监控责任，防止事故隐患发展为事故。

4）技术力量不足或危险化学品安全生产管理经验欠缺的企业应聘请有经验的化工专家或注册安全工程师指导企业开展隐患排查治理工作。

5）涉及重点监管危险化工工艺、重点监管危险化学品和重大危险源（以下简称“两重点一重大”）的危险化学品生产、储存企业应定期开展危险与可操作性分析（HAZOP），用先进科学的管理方法系统排查事故隐患。

6）企业要建立健全事故隐患排查治理管理制度，包括事故隐患排查、事故隐患监控、事故隐患治理、事故隐患上报等内容。

事故隐患排查要按专业和部位，明确排查的责任人、排查内容、排查频次和登记上报的工作流程。

事故隐患监控要建立事故隐患信息档案，明确事故隐患的级别，按照“五定”（定整改方案、定资金来源、定项目负责人、定整改期限、定控制措施）的原则，落实事故隐患治理的各项措施，对事故隐患治理情况进行监控，保证事故隐患治理按期完成。

事故隐患治理要分类实施：能够立即整改的事故隐患，必须确定责任人，立即组织整改，整改情况要安排专人进行确认；无法立即整改的事故隐患，要按照“评估—治理方案论证—资金落实—限期治理—验收评估—销号”的工作流程，明确每一个工作节点的责任人，实行闭环管理；重大事故隐患治理工作结束后，企业应组织技术人员和专家对事故隐患治理情况进行验收，保证按期完成，并达到预期的治理效果。

隐患上报要按照安全监管部门的要求，建立与安全生产监督管理部门事故隐患排查治理信息管理系统联网的“事故隐患排查治理信息系统”，每个月将开展的事故隐患排查治理情况和存在的重大事故隐患上报当地安全监管部门，发现无法立即整改的重大事故隐患，应当及时上报。

7）要借助企业的信息化系统对事故隐患排查、监控、治理、验收评估、上报情况实行建档登记，重大事故隐患要单独建档。

8）根据危险化学品企业的特点，事故隐患排查包括但不限于以下内容：安全基础管理、区域位置和总图布置、工艺、设备、电气系统、仪表系统、危险化学品管理、储运系统、公用工程、消防系统。

21. 某化工公司透镜垫使用不当气体泄漏闪爆事故

2012 年 6 月 23 日，湖北省某化工有限责任公司（以下简称化工公司）在进行计划检修时，对透镜垫进行更换，试压时发生闪爆起火事故，导致现场 5 人烧伤、1 人摔伤。

（1）企业基本情况

化工公司于 1978 年建厂，1980 年投产，有职工 293 人。公司具备 4.5 万吨/年合成氨、20 万吨/年碳酸氢铵生产能力，资产总额 1.8 亿元，2011 年实现销售收入 1.4 亿元。2006 年 3 月，化工公司取得危险化学品安全生产许可证。

（2）事故经过

2012 年 6 月 23 日，公司对 28H 型压缩机进行计划检修，处理五段油分出口至五出总管法兰位置漏点。

15 时左右，28H 型压缩机停机，各段压力泄尽后，合成片区维修工（3 人）按照检修方案对漏点部位进行拆检，发现密封面无损伤、透镜垫损坏，经过片区设备主管确认后决定对透镜垫进行更换。15 时 20 分左右，透镜垫更换结束，试压到 12.2 兆帕（与五出总管压力持平），经检查确认无漏点后维修工开始清理现场。15 时 30 分左右，发生闪爆起火，导致现场 5 人烧伤、1 人摔伤。

（3）事故原因分析

1）直接原因。根据现场散落的管件及变形情况初步分析：维修工新换透镜垫比老透镜垫厚 2 毫米，致使密封面不匹配，造成法兰预紧过度，承受较大的残余应力，可能造成部分丝扣拔牙，使 28H 型压缩机开车后五段油分 2 号法兰处脱扣（完全拔牙），发生气体泄漏并闪爆燃烧。

2）间接原因。该事故暴露出化工公司存在本质安全水平不高，检维修制度执行不严格，违规使用替代物，安全管理不到位等诸多问题。

（4）事故教训和整改措施

1）狠抓检维修环节安全管理。要依据国家有关标准和规范进行设备选型，加强内部设备出入库管理，做到出库设备型号与装置所需更换的设备型号一致，并层层签字确认，保证设备的本质安全，从源头上消除事故隐患。

2）要认真制定并落实操作规程和作业规程，切实搞好开停车、检维修，以及各类设备和安全设施维护保养工作，尤其是在设备检维修和动火、入罐、抽堵盲板等特殊作业过程中，必须严格审批制度，严禁违章指挥、违章作业。

3）要加强作业过程中的现场监护和严格检维修工作完成后的验收检查，加强对检维修发、承包管理，不得将危险场所检维修工程项目发包给不具备相应资质的施工单位，杜绝层层转包和以包代管。各级安全监管部门对发现的“三违”现象要及时制止、依法处理，绝不放任、姑息。

（5）相关知识与管理借鉴

这起事故的发生比较意外，透镜垫使用错误，这是维修工的责任，也是一个教训。这个教训的启示是，化工生产不容忍丝毫的马虎大意。

对于发生事故的企业以及其他化工企业，要认真吸取事故教训，切实加强危险化学品安全生产工作，进一步加强事故隐患排查治理工作。危险化学品生产企业必须针对本企业易燃易爆、有毒有害危险化学品的特性，对作业场所进行全面排查，不留死角，发现安全事故隐患和问题，及时整改。对可能导致发生较大以上事故的重大事故隐患，必须采取切实有效措施，明确整改责任人，落实整改期限和整改资金，及时整改到位。

对于发生事故的企业以及其他化工企业，还要注意加强作业人员安全技能培训，切实加强职工的安全教育和培训，提高培训的针对性和实效性，不断加强对操作人员操作技能和应急处置能力的训练。在进行检维修等特殊作业前，要进行专门的安全教育，务必使作业人员了解作业场所可能存在的危害因素，掌握安全防护的对策措施。

22. 某化工公司违规带料调试工艺设备爆燃着火事故

2017 年 12 月 3 日 18 时 19 分左右，位于山东省临沂市郯城经济开发区的某化工有限公司（以下简称化工公司，在建）联苯二氯苄车间在调试工艺设备过程中，因物料泄漏引起石油醚蒸气爆燃着火，造成 1 人死亡、2 人受伤，直接经济损失 135.18 万元。

（1）企业基本情况

1）企业相关情况。化工公司成立于 2013 年 9 月 18 日，法定代表人韩某霜，注册资本 4 000 万元，经营范围为烷基烯酮二聚体、增白剂生产。

该公司新建生产能力 2 000 吨/年烷基烯酮二聚体、1 000 吨/年联苯二氯苄生产装置各一套，项目总投资 1.5 亿元，主要产品为烷基烯酮二聚体、联苯二氯苄，副产品为亚磷酸、氯化锌溶液，主要原料为三乙胺、硬脂酰氯、片碱、液碱、盐酸、三氯化磷、石油醚、甲苯等，其中涉及重点监管的危险化学品为三氯化磷、甲苯。项目占地 3 万平方米，总建筑面积 1.18 万平方米，自 2013 年 11 月开始建设，2014 年 6 月完成土建，2015 年 7 月完成主体设备安装，事故发生时仍有控制室等设施尚未施工完毕。

2）事故车间和设备情况。发生事故的化工公司联苯二氯苄生产车间，东西长 47 米，南北宽 15 米，车间内设备按 3 个平面竖向布置，主要设备分布：二层平台有水洗蒸馏釜 2 台，溶解精制釜 2 台，溶解釜 1 台，蒸馏釜 4 台，石油醚接收罐等；三层平台有缓冲釜 6 台，三氯化磷计量罐 1 台等。

事故设备为一台 3 000 升的水洗蒸馏釜（材质搪玻璃，属压力容器），位于车间内二层平台最西侧。该 3 000 升水洗蒸馏釜底部放料管装设一个根部球阀，球阀下连接视镜。事故发生时，釜内装有约 2 吨物料，主要成分包括石油醚、联苯、多聚甲醛、氯化锌等。

（2）事故经过和救援情况

1）事故发生经过。12 月 3 日 15 时许，赵某荣（企业负责人员）安排李某龙、战某忠、施某省等 7 名施工人员，进行联苯二氯苄生产车间水洗蒸馏釜釜底阀更换及塑料现场焊接。

18 时许，秘某亮、李某龙、战某忠、施某省采取用真空控制釜内物料泄漏的措施，开始拆卸釜底阀。苗某在二层平台清理杂物，李某华、王某刚在距离釜底东侧约 6.5 米处使用塑料焊枪现场焊接塑料管道。施某省和战某忠负责拆卸阀门，卸掉螺栓后发现阀门拿不下来，秘某亮让把真空阀关上，然后卸下釜底阀。刚卸下釜底阀，就发现釜内混合物料发生泄漏，随后秘某亮、李某龙、战某忠、施某省 4 人用敞口塑料容器（直径 500 毫米，高 400 毫米）盛装泄漏物料。在接盛过程中由于泄漏速度快，泄漏量大，部分物料泄漏到地面。在连续接满 7 个塑料容器后（接满的塑料容器直接放在水洗蒸馏釜下方的地面上），釜内泄漏出的物料气化扩散，遇李某华、王某刚正在使用的塑料焊枪（经模拟实验，焊枪电阻丝温度 430℃）瞬间爆燃，引燃釜内泄漏出的物料，造成爆燃着火事故。事故造成 1 人死亡、2 人烧伤。

2）应急救援情况。事故发生后，企业人员立即拨打“119”报警电话、“120”急救电话。消防大队立即出警，历经 1 小时 17 分钟的救援，明火被扑灭，未发生次生灾害事故。明火扑灭后，消防人员立即组织人员进入车间逐层清查搜寻，检查起火部位是否还存在泄漏情况。20 时 05 分，在车间一层西部楼梯口位置发现 1 名遇难者。2 名受伤人员被迅速送医院治疗。

事故共造成 1 人死亡、2 人受伤，直接经济损失 135. 18 万元。

（3）事故原因分析

1）直接原因。化工公司非法违规带料调试工艺设备，水洗蒸馏釜内物料在更换釜底阀门过程中发生泄漏，挥发的石油醚蒸气遇焊枪高温引发爆燃着火。

2）间接原因如下：

①企业安全生产意识淡薄。企业主要负责人、实际控制人未依法履行安全生产管理职责，未落实安全生产主体责任，未依法保证企业安全生产投入的有效实施，项目建设期间安全管理缺失，未开展安全生产风险分级管控和事故隐患排查治理工作，督促检查安全生产工作严重不到位；临时聘用无资质人员，从业人员素质低，化工专业技能差，安全管理能力不适应化工企业要求。

②违章指挥、违章作业。日常安全管理混乱，非法违规带料调试工艺设备，未制定设备检维修安全管理制度，检维修作业未制定详细的实施方案，现场管理人员违章指挥、冒险作业，未采取可靠安全措施，作业过程未办理检维修、动火、临时用电等作业票证，未进行现场安全技术交底，未安排专门人员进行现场安全管理。

③特种设备安全管理不规范。压力容器特种设备管理和操作人员不具备相应资格和能力，所有员工均未取得特种设备作业人员资格证，不具备相应特种设备安全技术知识和操作技能，无证上岗作业。

④工程项目擅自违规投入使用。擅自使用部分设施尚未完工的控制室，未及时申请办理消防、安监、环保、建设等竣工验收手续，逃

避行政监管。

（4）事故教训和整改措施

经调查认定，这起爆燃着火事故是一起生产安全责任事故。针对这起事故暴露出的突出问题，为深刻吸取事故教训，进一步加强危险化学品生产企业安全生产工作，有效防范类似事故重复发生，提出如下整改措施：

1）进一步落实企业安全生产主体责任。企业主要负责人要重点研究解决本企业安全生产重点、难点问题，制定、实施加强和改进本单位安全生产工作的措施，确保安全生产责任制全面落实。对因企业主体责任落实不到位，发生伤亡事故和较大财产损失的，坚决依法追究相关人员和企业法人的责任，直至追究刑事责任，以严厉的追责问责，倒逼企业全面落实主体责任。

2）进一步强化在建危险化学品建设项目安全管理。各级政府和部门要加强对辖区内危险化学品建设项目的安全管理，严把立项审批、初步设计、施工建设、试生产（运行）和竣工验收等关口，及时纠正和查处各类违法违规建设行为。要组织有关部门对现有在建危险化学品建设项目进行检查，摸清项目进展、投资人信息、现场施工、安全设施等情况，重点检查在建项目与新一轮评级评价中的安全、环保、节能和质量标准的符合性，对手续不符合要求或存有重大安全事故隐患的，立即停建整顿。

3）进一步严控重大安全生产活动。危险化学品生产企业及在建项目重点装置检维修作业的安全措施，要由企业主要负责人签字审批，分管安全和检维修工作的副职共同对安全措施落实情况签字确认。严禁在同一时间、同一地点进行相互禁忌的作业，严格控制作业现场人数，实施过程中的风险分析、隔绝置换、安全措施、现场技术交底等要做好记录。

4）企业要强化全员“三级”培训，推广“手指口述”等安全确认法，尤其突出企业危险岗位、关键环节、一线员工的现场安全培训；建立“逢查必考”制度，把企业安全培训实效作为执法检查的重点，采用随机抽考、提问、实操等方式检查一线员工对安全生产应知应会知识的掌握情况。对培训流于形式、弄虚作假的，坚决依法严惩。

（5）相关知识与管理借鉴

这起事故发生在检修过程中，从事故发生过程来看，维修任务有2项，即釜底阀更换及塑料现场焊接。2项维修任务没有严格的顺序安排，以至于相互干扰，结果导致事故。

对化工生产企业来讲，在设备检修维修作业中要注意以下安全要求：

1）根据《检修任务书》和《设备检修安全作业证》的要求，生产单位要对检修的设备管道进行工艺处理。工艺处理要有严格的步骤，有专人负责，分析数据合格。

2）检修的设备、管道与生产区域的设施、管道连通时，中间必须有效隔离。

3）检修单位与生产单位共同对工艺处理等情况检查确认后方可办理交接手续，不经生产负责人同意不得任意拆卸设备管道。

4）对检修使用的工具、设备应进行详细检查，保证安全可靠。

5）检修传动设备或传动设备上的电气设备时，必须切断电源（拔掉电源熔断器），并经2次启动复查证明无误后，在电源开关处挂上禁止启动牌或上安全锁卡。使用的移动式电气工器具，应配备漏电保护装置。

6）检修单位应严格执行相关规程规范的要求，根据检修内容办理相关票证，并检查审批内容和安全措施的落实情况。

7）检修单位应检查检修中需要的防护器具、消防器材的准备情况。

8）检修现场的坑、井、洼、沟、陡坡等应填平或铺设与地面平齐的盖板，也可设置围栏和警告标识，夜间悬挂警示红灯。检查、清理检修现场的消防通道、行车通道，保证畅通无阻。需夜间检修的作业场所，应设有足够亮度的照明装置。

9）应对检修现场的爬梯、栏杆、平台、盖板等进行检查，保证安全可靠。

10）检修人员必须按施工方案及作业证指定的范围、方法、步骤进行施工，不得任意更改。

11）检修人员在检修施工中应严格遵守各种安全操作规程及相关规章制度，听从现场指挥人员和安技人员的指导。

12）每次检修作业前，要检查作业现场及周围环境有无改变，邻近的生产装置有无异常。

13）凡距坠落高度基准面 2 米及其以上，有可能坠落的高处进行的作业，按照规定要求执行。

14）一切检修应严格执行企业检修安全技术规程，检修人员要认真遵守本工种安全技术操作规程的各项规定。

15）在生产车间临时检修时，遇有易燃易爆物料的设备，要使用防爆器械或采取其他防爆措施，严防产生火花。

16）在检修区域内，对各种机动车辆要进行严格管理。

17）在危险化学品的生产场所检修，要经常与生产岗位联系。当化工生产发生故障、出现突然排放危险物或紧急停车等情况时，应停止作业，迅速撤离现场。

18）进入化工生产区域内的各类塔、球、釜、槽、罐、炉膛、烟道、管路、容器以及地下室、窨井、地坑、下水道或其他封闭场所内进行的作业，必须按相关规定和规范要求执行。

二、储存过程火灾爆炸事故

在化工企业，由于各种原材料、辅助材料、中间产品、成品的易燃易爆性，危险物质的储存也具有很大的危险性，一旦储存条件发生变化或者危险物质泄漏，潜在的危险就会发展成为灾害性事故，导致火灾爆炸事故、人员中毒或窒息事故的发生，并且还会造成环境的破坏和财产损失。因此，必须认识事故特点，加强储存过程的安全管理，避免事故发生。《危险化学品安全管理条例》也明确规定：生产、储存危险化学品的单位，应当根据其生产、储存危险化学品的种类和危险特性，在作业场所设置相应的监测、监控、通风、防晒、调温、防火、灭火、防爆、泄压、防毒、中和、防潮、防雷、防静电、防腐、防泄漏以及防护围堤或者隔离操作等安全设施、设备，并按照国家标准、行业标准或者国家有关规定对安全设施、设备进行经常性维护、保养，保证安全设施、设备的正常使用。

 23. 某仓储公司动火作业引燃地沟可燃物火灾事故

2016 年 4 月 22 日 9 时 13 分左右，江苏某仓储有限公司（以下

简称仓储公司）储罐区2号交换站发生火灾，事故导致1名消防战士在灭火中牺牲，直接经济损失2 532.14万元。

（1）企业基本情况

1）企业罐区情况。仓储公司罐区分2期工程建设，一期于2007年11月开工，建设立式储罐42只及辅助设施，储罐总容量约12.6万立方米，于2009年11月竣工。2012年1月和2013年1月，一期续建和二期先后开工，建设立式储罐82只、球罐21只及相关辅助设施，储罐总容量约45.7万立方米，于2015年11月竣工。

2）事故交换站情况。2号交换站位于24罐组围堰北侧，为四周敞开的彩钢瓦屋顶结构，是码头与罐区、罐区与发车台、储罐与储罐之间物料装卸、倒罐的中转站。交换站有发车泵36台，发船泵6台，有12根固定钢管通向码头，36根固定钢管通向发车台，58根固定钢管通向罐区13、14、15、23、24、25罐组。物料的装卸、倒罐通过交换站内24根金属软管进行转接。交换站内周边及管道下方设有地沟，用于收集管道转接时渗漏的物料和清洗管道的污水。地沟内污水直接排入交换站东南角的污水井，再泵入污水处理站。

3）某建设安装有限公司情况。某建设安装有限公司（以下简称安装公司）成立于2014年11月7日，具有化工石油工程施工总承包一级、化工石油设备管道安装工程专业承包一级等资质。安装公司除本公司直接承揽工程外，另外还同意顾某坤等7人以本公司名义承揽工程，从中收取管理费。2014年，顾某坤以安装公司的名义承建了仓储公司二期工程中的保温项目。2015年以后，顾某坤因身体原因，将业务交给儿子顾某负责。2015年至2016年4月间，顾某坤雇用的现场技术负责人黄某泉，多次代表顾某承接了仓储公司维修、改造业务。

4）事故区域改造工程情况。13罐组的8只甲醇储罐没有连接至发车系统，甲醇需通过倒罐发车。为减少倒罐环节，仓储公司副总朱某根与储运部副主任邵某伟商定对2号交换站管道进行改造，将8只甲醇储罐连接至发车泵。2016年4月19日，朱某根电话联系黄某泉，要求派人对2号交换站管道进行改造。黄某泉经请示顾某后，安排许某（装配工）、申某华（电焊工）、陆某（打磨工）3人于4月21日到仓储公司施工。

5）事故发生前罐区物料储存情况。罐区储存了汽油、石脑油、甲醇、芳烃、冰醋酸、醋酸乙酯、醋酸丁酯、二氯乙烷、液态烃等25种危险化学品，共计21.12万吨，其中油品约14万吨，液态化学品近7万吨，液化气体约1 420吨。

6）事故发生前的现场作业情况。事故发生前，2号交换站内存在以下4种作业：

①过驳作业。从4月22日3时13分开始，赣华强化016（船名）卸醋酸乙酯600吨至2307储罐。从4月22日6时34分开始，海油318（船名）卸汽油500吨至2411储罐。作业持续到4月22日事故发生时。

②倒罐作业。从4月21日21时开始，2409储罐与2405储罐之间倒罐汽油760吨，作业持续到4月22日事故发生时。

③清洗作业。根据邵某伟的安排，4月22日8时15分左右，储运部操作工陈某平、曹某新、王某3人开始清洗2507管道（曾用于输送混合芳烃），清洗后的污水直接流入地沟。8时30分左右，陈某平等3人开始打捞地沟及污水井水面上的浮油。

④动火作业。根据邵某伟的安排，4月21日12时30分左右，许某等3人开始改造2号交换站内管道。当天下午，他们完成了钢管除锈、打磨和刷油漆等准备工作，并将位于2号交换站内东侧2301管道割断，在断口处各焊接一块接口法兰。当日动火开具了动火作业许

可证，焊接点下方铺设了防火毯。储运部曹某新负责监火。4 月 22 日上班后，许某等 3 人的工作是继续焊接 21 日下午未焊好的法兰，并对位于 2 号交换站东北角的 1302 管道壁底开一个直径为 150 毫米的接口（接口距离地面垂直距离约 1 米，距离地沟水平距离约 1 米），将 1302 管道连接到 2301 管道发车泵上。

4 月 22 日事故发生时，2 号交换站共有监泵、清洗、动火、监火 8 名人员在现场作业。

（2）事故经过和救援情况

1）事故发生经过。4 月 21 日 16 时左右，许某找到邵某伟，申请 22 日的动火作业。邵某伟在动火作业许可证“分析人”“安全措施确认人”两栏无人签名的情况下，直接在许可证“储运部意见”栏中签名，并将许可证直接送公司副总朱某根签字，朱某根直接在许可证“公司领导审批意见”栏中签名。18 时左右，许某将许可证送到安保部，安保部巡检员刘某亮在未对现场可燃性气体进行分析、确认安全措施的情况下，直接在许可证“分析人”“安全措施确认人”栏中签名，并送给安保部副主任何某明签字，何某明在未对安全措施检查的情况下直接在许可证“安保部意见”栏中签名。

4 月 22 日 8 时左右，许某到安保部领取了 21 日审批的动火作业许可证，许可证“监火人”栏中无人签字。8 时 10 分左右，申某华开始在 2 号交换站内焊接 2301 管道接口法兰，许某与陆某在站外预制管道。安保部污水处理操作工夏某立到现场监火。

8 时 20 分左右，申某华焊完法兰后到站外预制管道，许某到站内用乙炔焰对 1302 管道下部开口。因割口有清洗管道的消防水流出，许某停止作业，等待消防水流尽。在此期间，邵某伟对作业现场进行过一次检查。

8 时 30 分左右，安保部巡检员陈某、陆某巡查到 2 号交换站，陆某替换夏某立监火，夏某立去污水处理站监泵，陈某继续巡检。

9 时 13 分左右，许某继续对 1302 管道开口时，引燃地沟内可燃物，火势在地沟内迅速蔓延，瞬间烧裂相邻管道，可燃液体外泄，2 号交换站全部过火。10 时 30 分左右，2 号交换站上方管廊起火燃烧。10 时 40 分左右，交换站再次发生爆管，大量汽油向东西两侧道路迅速流淌，瞬间形成全路面的流淌火。12 时 30 分左右，2 号交换站上方的管廊坍塌，火势加剧。

2）应急救援情况。事故发生后，仓储公司现场 3 名作业人员立即用灭火器对地沟进行灭火。9 时 15 分，现场人员通过对讲机呼叫救火，因地沟全部着火，现场人员撤出 2 号交换站。9 时 16 分开始，现场救援人员开启消火栓、消防炮、喷淋系统灭火、降温，呼叫中控室关闭 24、22、23、21、25 罐组阀门。仓储公司 2 名操作工进入 24 罐区关闭 2401（储存 1 309 吨汽油）和 2402 储罐（少量残留汽油）根部手动阀，由于火势较大，未能完全关闭阀门，人员就撤出 24 罐区。

9 时 16 分，中控室逐一关闭 2401、2402、2403 储罐罐底电动截断阀，系统显示关闭不成功。9 时 17 分，中控室逐一关闭 11、12、21、22、23、24、25 各罐组及码头电动截断阀。9 时 18 分，中控 PLC（可编程逻辑控制器）信号全部中断。9 时 20 分，管道烧裂，火势加剧，救援人员全部撤出罐区。2401 储罐手动阀仅转动 4 圈未能完全关闭，中控室向“119”报警。

9 时 34 分，靖江新港城专职消防队赶到现场灭火。接着，公安部消防局、江苏消防总队、泰州消防指挥中心先后调集江苏、上海、浙江 290 辆消防车、1 768 名消防官兵和专职消防员赶赴现场，将火场划分为东、西、南、北 4 个战斗段，分区域灭火和冷却。原国家安监总局组织工作组并调集中石化扬子石化等 5 支危险化学品专业救援队伍到现场参与救援。

14 时，仓储公司组织人员进入罐区，先后关闭了 11、12、13、14、15、21、22 罐组储罐根部手动阀。18 时，第一次灭火总攻，大幅压缩东西两侧流淌火面积。23 日 0 时 30 分左右，第二次灭火总攻，火势减弱。1 时，仓储公司有关人员配合消防官兵关闭了 24 罐组的 2401、2403、2404 等储罐及 23 罐组储罐的根部手动阀，火势明显减弱。23 日 2 时 04 分，历时近 17 个小时，现场明火被扑灭。

（3）事故原因分析

1）直接原因。仓储公司组织承包商在 2 号交换站管道进行动火作业前，在未清理作业现场地沟内油品、未进行可燃气体分析、未对动火点下方的地沟采取覆盖、铺沙等措施进行隔离的情况下，违章动火作业，切割时产生火花引燃地沟内的可燃物导致火灾。

2）间接原因如下：

①仓储公司违规组织作业，事故初期应急处置不当。一是特殊作业管理不到位。动火作业相关责任人员朱某根、邵某伟、何某明、刘某亮等人不按签发流程审签，不对现场作业风险进行分析、确认安全措施，在动火作业许可证已过期的情况下，违规组织动火作业。二是事故初期应急处置不当。现场初期着火后，仓储公司现场人员未在第一时间关闭周边储罐根部手动阀，未在第一时间通知中控室关闭电动截断阀，未在第一时间切断燃料来源，导致事故扩大。仓储公司虽然制定了综合、专项、现场处置预案，并每年组织演练，但演练没有注重实效性，没有开展职工现场处置岗位演练，提升职工第一时间应急处置能力。

②仓储公司工程外包管理不到位。仓储公司对工程外包施工单位资质审查不严，未能发现顾某坤以安装公司名义承接工程。对外来施工人员的安全教育培训不到位，在 21 日许某等人进场作业前，巡检

员顾某对其教育流于形式，未根据作业现场和作业过程中可能存在的危险因素及应采取的具体安全措施进行教育，考核采用抄写已做好的试卷的方式。邵某伟、陈某 2 人曾先后检查作业现场，夏某立、陆某先后在现场监火，都未制止施工人员违章动火作业。

③仓储公司对事故隐患排查治理不彻底，未按要求组织特殊作业专项治理，消除生产安全事故隐患。仓储公司先后因违章动火作业、火灾隐患等多次被有关部门责令整改、处以罚款。2016 年 3 月，2 号交换站曾因动火作业产生火情。

④安装公司施工现场管理缺失。安装公司同意顾某坤以本公司名义承揽工程，收取管理费，但不安排人到现场实施管理。4 月 21 日、22 日，许某等 3 人进入仓储公司作业前，安装公司未安排人到作业现场检查、核实安全措施，未对作业人员进行安全教育，未及时发现并制止施工人员违章作业行为。

（4）事故教训和整改措施

1）深刻吸取事故教训，深化危险化学品专项整治。要提高危险化学品储存场所的安全风险防控能力。进一步开展化工和危险化学品及医药企业特殊作业安全专项治理，督促企业严格遵守特殊作业安全规范。

2）严格落实企业安全生产主体责任，强化现场安全管理。各危险化学品生产经营单位应认真吸取此次事故教训，严格遵守国家法律法规的规定，落实安全生产主体责任，切实做到“五落实五到位”。应建立健全安全生产责任制、规章制度和操作规程，真正把安全生产责任落实到每个环节、岗位。

3）应加强对从业人员的安全教育培训工作，增强员工安全意识和事故防范能力。严格规范企业特殊作业管理，实行动火作业提级审批，引入第三方专业机构对动火作业实施管理。应加强事故隐患排查，尤其要发挥班组、全体员工排查事故隐患的作用，加大事故隐患治理力度，建立有效的事故隐患排查治理机制。

4）应加强危险化学品储罐区等重大危险源的管控，加快危险作业场所自动化改造、标准化创建工作。应加强应急管理，完善应急预案，增强预案的适用性、针对性，定期组织开展综合演练、专项演练，尤其是现场处置岗位演练，提升企业员工第一时间处置突发事故的能力。

（5）相关知识与管理借鉴

这起火灾事故源于动火作业，作业人员在未清理作业现场地沟内油品、未进行可燃气体分析、未对动火点下方的地沟采取覆盖、铺沙等措施进行隔离，同时还存在着交叉作业的情况下，就匆匆忙忙动火作业，由于切割时产生火花引燃地沟内的可燃物导致火灾。如果这样的动火作业不出现问题，那就是侥幸。

在危险化学品生产和储存区域进行动火作业，必须特别注意安全，不可有丝毫的疏忽大意。有的企业把动火作业分 3 级管理，具体要求如下：

1）特级危险动火，指在处于运行状态的易燃、易爆生产装置和罐区等重要部位的具有特殊危险的动火作业。

2）一级动火，指在易燃、易爆场所（甲、乙类火灾危险区域）的动火作业。

3）二级动火，指一级动火及特殊危险动火以外的动火作业。

4）凡全厂、一个车间或单独厂房内全部停车，装置经清洗、置换、分析合格，并采取隔离措施后的动火作业，可根据其火灾危险性大小，全部或局部降为二级动火管理。

5）遇节假日或生产不正常情况下的动火作业，应升级管理，并采取有效的防范措施。

6）各类动火作业区域应由各单位明文规定，并在厂区平面图上标明。

在进行动火作业时，企业要特别注意以下事项：

1）动火作业必须办理动火安全作业证，动火安全作业证必须逐项填写，不得缺项。进入设备内、高处等进行动火作业，还应执行相应行业标准的规定。

2）动火安全作业证不准转让、涂改，不准异地使用或扩大使用范围。一份动火安全作业证只准在一个动火点使用，动火前由动火人在动火安全作业证上签字。如果在同一动火点多人同时动火作业，可使用一份动火安全作业证，但参加动火作业的所有动火人应分别在动火安全作业证上签字。

3）特殊危险动火和一级动火必须经分析合格方可进行，其动火证的有效期为一天（24 小时）；二级动火也应该分析，其有效期为120 小时。

4）动火安全作业证应清楚标明动火等级、动火有效期、申请办证单位、动火详细位置、工作内容（含动火手段）、安全措施、动火分析的取样时间、取样地点、分析结果、每次开始动火的时间以及各项责任人和各级审批人的签名及意见。

5）特殊危险动火作业现场必须有可燃气体检测仪随时监测，直至动火作业结束。

6）高空进行动火作业，其下面如有可燃物、空洞、窨井、地沟、水封等，应检查分析，并采取措施，以防火花溅落引起火灾爆炸事故。

7）拆除管线的动火作业，必须先查明其内部介质及其走向，并制定相应的安全防火措施。在地面进行动火作业，周围有可燃物时，应采取防火措施。动火点附近如有窨井、地沟、水封等，应进行检查分析，并根据现场的具体情况采取相应的防火措施。

8）5 级风以上（含 5 级风）天气，禁止露天动火作业。因生产需要确需动火作业时，动火作业应升级管理并采取有效的防范措施。

9）凡在有可燃物或易燃物的凉水塔、脱气塔、水洗塔等内部进行动火作业时，必须采取防火隔绝措施，以防火花溅落引起火灾。

10）动火作业现场的通排风要良好。

11）动火作业完毕应清理现场，确认无残留火种后方可离开。

24. 某制药公司动火作业未实施有效隔离火灾事故

2016 年 8 月 27 日 13 时 52 分，位于江苏省连云港开发区大浦工业区的连云港某制药有限公司（以下简称制药公司）发生一起火灾事故，造成 1 人死亡。

（1）企业基本情况

1）企业相关情况。制药公司成立于 2010 年，注册资本 6 500 万元，主要从事原料药、无菌原料药生产，有职工 661 人，2015 年销售收入 20. 4 亿元，公司设安全生产管理办公室，配备专职安全员 5 名。

2）事故现场情况。事故发生地点位于公司厂区东北角的溶剂回收车间和化剂库，着火点位于溶剂回收车间南墙外氮气管道处。

溶剂回收车间地上 3 层，建筑高度 21 米，建筑面积 785. 34 平方米，耐火等级二级，火灾危险性为甲类。化剂库地上一层，面积约 1 500 平方米，为半敞开式钢架结构简易库房，库内存放物质已基本被烧毁。溶剂回收车间与北侧化剂库间距 14. 5 米，与东侧加氢车间间距 21. 7 米，溶剂回收车间和化剂库过火。

3）事故发生前情况。2016 年下半年以来，公司化剂库库存趋于饱和，部分废溶剂暂时堆放在溶剂回收车间东、北两侧。在这种情况下，三车间准备将以前废弃不用的6个冰醋酸罐清洗改造后放到溶剂回收车间一层东南侧，作为废溶剂母液暂存罐使用。在事故发生前一周，三车间已经将这6个罐在室外进行了清洗，将罐上原有的法兰接口改造为快接卡盘后，放置在车间一层东南侧提前做好的基础上固定。三车间计划于8月27日停产，在蒸馏釜上增加快接三通，再将6个罐与蒸馏釜进行管道连接。

8月26日，公司三车间主任潘某楼与某公司员工周某波电话联系，确定了该项工作，周某波是动火人，持有特种作业人员证。溶剂回收车间于8月26日小夜班结束后停产。当班蒸馏结束后，二层接收罐内废液都进行了装桶，一层南侧蒸馏釜内剩余的母液（主要是蒸馏后剩余的废水）由于温度较高暂时没有排放。

（2）事故经过和救援情况

1）事故发生经过。2016年8月27日7时30分左右，溶剂回收车间职工董某田和朱某德先后到车间上班，在车间内做冲地、擦罐等卫生清扫工作。

8时50分左右，三车间主任潘某楼与公司安全员孙某（当天值班）电话联系说溶剂回收车间需要动火，申请动火证。

9时左右，孙某来到溶剂回收车间，对现场进行了检查，签发了临时动火许可证。临时动火许可证显示，动火级别为二级，动火人为周某波和王某，监护人为潘某楼，使用设备有电锤、切割机和氩弧焊，动火位置及部位是溶剂回收车间，动火流程是溶剂回收车间进行储罐改造（切管道，加阀门、三通），动火期限为2016年8月27日9时至17时，7项动火主要安全措施均选择“是”，清洗方案是水洗，要求对蒸馏釜EVE30002进行水洗，EVE30001（有料）管道拆下单独焊接（必须），配置灭火器。潘某楼考虑到为了新增加的6个暂存罐以后使用气动泵和清洗吹扫方便，决定从车间外压缩空气总管道和氮气总管道上分别开孔，加装快接三通，引出支管到6个暂存罐处备用，并口头向孙某申请。孙某当时正好接到其他车间需要申请动火的电话，急着离开，2人默认了增加该项工作，但没有按照公司《动火管理制度》另行申请一级动火。

9时30分至11时，周某波将蒸馏釜EVE30001和EVE30002上的管道拆下焊接完成。

11时至13时，作业人员先后吃午饭、休息。

13时10分左右，作业人员开始切割压缩空气管道和氮气管道（切割点均位于总管道上总阀门之后）。为便于作业，工人在车间南墙外压缩空气总管道和氮气总管道处架设钢梯，周某波站在钢梯上焊接作业，冯某为其扶梯子，张某辅助拿材料，潘某楼站在旁边监火，朱某德（本周轮到其上白班）在车间内进行清扫、整理工作。

13时30分左右，压缩空气管道上开孔结束。

13时40分左右，作业人员准备切割氮气管道。据潘某楼口述，在切割作业前，他安排朱某德到二楼关闭阀门，朱某德上去关了一个阀门后，下来向潘某楼报告已经关闭阀门，然后周某波开始焊接作业，朱某德继续在车间内整理工具。

13时52分左右，周某波刚把氮气管道切开小孔，就看到有火光从焊缝喷出，随即引燃周边易燃可燃物，周某波立即跳下钢梯，与为其扶梯子的冯某、张某和监火人潘某楼等人一起迅速撤离现场。潘某楼在撤离过程中踢到了消防箱，脚部受轻伤。事故发生时，由于系统内燃爆，接收罐管道内喷出火焰，引燃了车间一层和二层的易燃物，火势蔓延，进而引燃了车间周边堆放的物料桶，引发火灾。

14时08分左右，火势逐渐蔓延至北侧化剂库，火灾进一步扩大。

2）应急救援情况。火灾事故发生后，现场人员立即撤离，并拨打“119”报警电话，同时向企业负责人报告，后经清点人员，未见当时在车间里面的工人朱某德。约13时55分，潘某楼安排加氢间工人马某国打电话给朱某德，电话询问朱某德位置，朱某德回答在车间二楼，马某国告知其车间一楼着火了，让其想办法自救。此时，现场工人启用附近的消防栓进行灭火，火势未能得到有效控制，继续蔓延。

14时05分左右，第一批消防车辆赶到事故现场增援，消防队员组织企业人员进行疏散，并询问是否有人被困，得知可能有一名工人被困溶剂回收车间，但由于当时火势太大，物料桶发生持续爆炸，且溶剂回收车间周围堆放有易燃易爆废溶剂桶，消防队员无法进入溶剂回收车间内部灭火及侦查。14时08分左右，火势蔓延至溶剂回收车间北侧存放可燃、易燃物质的化剂库，火势进一步扩大。连云港市公安消防支队119火灾调度指挥中心先后调集大浦专职消防队、特勤消防中队、纬五路消防中队、海昌路消防中队、幸福路消防中队、车站消防中队、虚沟消防中队、战勤保障大队共18辆消防车、87名消防官兵到场增援。15时10分左右，溶剂回收车间火势得到基本控制，消防指挥部派遣2个火场搜救小组从溶剂回收车间西侧楼梯进入火场内部逐层搜救。15时40分左右，搜救小组在溶剂回收车间东侧楼梯二层转角平台发现朱某德。15时45分左右，消防队员将朱某德救出至安全区域移交“120”处置。经“120”现场确认，朱某德已经死亡。

火灾发生后，现场堆放的大量酒精、醋酸、乙酸乙酯和塑料桶等物质燃烧产生的高温有毒烟气，导致朱某德中毒窒息死亡。经过消防官兵奋力扑救，大火于16时30分被扑灭。

（3）事故原因分析

1）直接原因。企业违章动火，且在进行动火作业前，未将氮气管道与溶剂回收车间二楼溶剂接收罐实施有效隔离，未对作业管道及与其相连的溶剂接收罐进行惰性气体置换，动火作业时直接引燃氮气管道内及相互连通的溶剂接收罐内的乙醇等易燃物质，发生燃爆，引发火灾事故。

2）间接原因如下：

①动火作业审批不严格。制药公司没有认真贯彻落实相关规定要求，未进一步修订完善企业动火管理制度、安全管理人员未严格执行审批程序、车间负责人违章指挥、检测和监护等安全措施未落实、对动火环境的危险有害因素辨识不到位、安全确认不到位。

②企业事故隐患排查治理不彻底。制药公司对于近来废溶剂积压过多，化剂库库存趋于饱和，大量桶装废溶剂堆放在溶剂回收车间周边形成事故隐患的状况，未引起足够重视，未及时整改。

③企业安全管理不严格。化剂库作为临时仓库长期存在，之前存放一些固体废物等丙类物质，但企业在废溶剂积压较多的情况下，将废酒精溶剂等堆放在该仓库，造成化剂库与溶剂回收车间实际间距不符合《建筑设计防火规范》等相关规定。

④企业工程建设管理不严格。企业在建设溶剂回收车间时未充分考虑该车间与北侧临时储存区（即化剂库）的安全间距。溶剂回收车间内增加 6 个废酒精溶剂暂存罐的改造工程，未经正规设计，未制定可行的施工方案。

（4）事故教训和整改措施

1）制药公司要进一步落实企业安全生产主体责任，认真吸取事故教训，举一反三，建立健全安全生产责任制和安全生产管理网络；切实加强安全管理机构建设，依法配足配齐安全管理人员，配备安全总监，强化和规范安全管理，及时修订完善公司《动火管理制度》等规章制度，并开展有效的培训教育，严格规范特殊作业管理。

2）制药公司要全面强化安全生产检查力度，既要查现场，也要查管理，彻底排查和整改各类事故隐患，加强消防设施的配备、管理和更新，全面开展反“三违”活动，做到不安全、不生产。要在完善规章制度和操作规程的基础上，认真抓好安全、技术、车间负责人安全培训教育和事故警示教育，对一线工人要针对不同岗位进行有针对性的培训教育和开展应急救援演练，切实提高从业人员专业技能和安全意识。

3）制药公司要树立安全发展理念，认真处理好发展与安全的关系，切实加强工程建设管理，严格按照安全“三同时”的要求，新、改、扩建工程必须经正规设计、审查和验收。对于涉及危险化学品使用、储存的改造工程，要聘请有资质的单位进行设计、施工和验收。切实加强外包项目和外协工管理，企业要与承包单位签订安全生产管理协议，明确各自的安全生产管理职责，严格审查承包单位依法应具备的相应资质、安全生产条件和进场作业人员应该具备的资格条件，不得将外包项目发包给不具备相应资质和安全生产条件的承包单位。

（5）相关知识与管理借鉴

在这起火灾事故中，三车间在对 6 个储罐进行清洗后，未意识到 6 个罐还要与蒸馏釜进行管道连接，同样需要进行焊接作业，同样存在着危险性。

对这样的焊接作业，应注意 2 个环节，一个是动火分析；另一个是采取隔绝措施。

一般来讲，动火分析应符合下列规定：一是取样要有代表性，特殊危险动火的分析样品要保留到动火作业结束。二是取样与动火的间隔不得超过 30 分钟，如超过此间隔期或动火作业中间停止作业时间超过 30 分钟，均必须重新取样分析。三是使用可燃气体检测仪（或其他类似手段）进行分析时，该仪器必须经被测对象的标准样标定合格。

动火分析应执行以下标准：一是若使用可燃气体检测仪，被测的气体或蒸气的浓度应小于或等于爆炸下限的20%（体积分数，以下同）。二是使用其他分析手段时，当被测气体或蒸气的爆炸下限浓度大于等于4%时，被测气体或蒸气的浓度应小于0.5%；当爆炸下限浓度小于4%时，被测气体或蒸气的浓度应小于0.2%。

在动火作业时，要特别注意以下事项：

1）凡可能与易燃、可燃物相通的设备、管道等部位的动火，均应加堵盲板与系统彻底隔离、切断，必要时应拆掉一段连接管道。

2）有易燃、可燃物的设备、管线、容器等，必须经清除沉积物，清洗、置换分析合格后，方可动火。

3）在用树脂、塑料等可燃物质制造的容器、设备内动火，要做好防火隔绝措施，防止炽热焊渣引起火灾。

4）动火部位现场应备有适用的消防器材，采取有效的灭火措施。

25. 某石化分公司罐顶动火引燃泄漏甲苯爆炸火灾事故

2013年6月2日14时27分许，某石化分公司（以下简称石化公司）第一联合车间三苯罐区小罐区939号杂料罐在动火作业过程中发生爆炸、泄漏物料着火事故，并引起937号、936号、935号3个储罐相继爆炸着火，造成4人死亡，直接经济损失697万元。

（1）企业基本情况

1）企业相关情况。石化公司是大型炼油企业，有炼油化工主体装置37套，具备2 050万吨/年的原油加工能力和27万吨/年的聚丙烯生产能力，员工总数6 659人，主要从事原油加工、有机化工原料和合成树脂制造等业务。

2）事故罐区基本情况。石化公司第一联合车间三苯罐区（分大罐区和小罐区）建于 2000 年，为 10 万吨/年苯乙烯装置配套罐区。三苯罐区的小罐区防火堤内设有 940 号罐、939 号罐、938 号罐、937 号罐、936 号罐、935 号罐、934 号罐、510 号罐。939 号罐为拱顶罐，罐容 500 立方米，用于收装 10 万吨/年苯乙烯装置的高沸物、甲苯等。

3）事故发生前情况。2012 年 3 月 15 日，10 万吨/年苯乙烯装置由于效益原因停工。自 2013 年 4 月开始，石化公司对 10 万吨/年苯乙烯装置进行技术改造，同时对配套的三苯罐区进行检修。

2013 年 4 月 15 日，石化公司与某建设公司签订炼油化工装置检修合同及炼化装置检修工程服务安全生产合同，合同期限为 2013 年 4 月 15 日至 2013 年 12 月 30 日。

2013 年 5 月 15 日，建设公司与林某公司签订 10 万吨/年苯乙烯装置停工检修、改造合同和安全协议，双方未在合同上盖章、签字，合同期限为 2013 年 5 月 19 日至 2013 年 12 月 31 日，合同分包方式为劳务作业分包。工程开工时间为 2013 年 5 月 19 日。

发生事故的 939 号罐施工作业的计划单内容，为更换锈蚀严重的罐顶侧壁仪表维护小平台板。

（2）事故经过和救援情况

1）事故发生经过。2013 年 6 月 1 日（星期六），石化公司第一联合车间设备主任邓某峰安排设备员李某辉下达 939 号罐仪表维护小平台板更换、消防水线加导淋作业票。李某辉和林某公司施工人员到现场确认后，为其办理了 939 号罐施工作业票。

9 时左右，监护人三苯罐区外操工邵某庆到 939 号罐顶时，闻到罐顶气味较大，将罐区工艺员韩某叫到罐顶进行确认，韩某确认罐顶气味较大，并发现罐顶呼吸阀没有加盲板，即告知林某公司现场施工人员不加盲板不得动火作业。因林某公司未及时清理 5 月 31 日在该车间作业现场遗留的杂物，安全员王某庆告知该公司施工人员停止其在小罐区的所有动火作业，故当日办理的 939 号罐更换维修仪表小平台板的动火作业许可证（第 0010374 号）未下发。当天未进行 939 号罐维修仪表小平台板更换作业。

6 月 2 日第一联合车间早调度会后，王某庆将 6 月 1 日未下发的 939 号罐动火票（第 0010374 号）动火作业有效期改为 6 月 2 日，并安排三苯罐区外操工慈某对 939 号罐进行现场动火作业监护。慈某到达小罐区现场时，林某公司的领班张某伟、电气焊工陶某海、姚某利及力工石某泉（负责现场卫生清扫和监护）已在现场。

9 时 30 分左右，慈某与王某庆一起登上 939 号罐顶，王某庆闻到很重的油气味，但无法确定泄漏源，慈某用便携式可燃气体报警器对观察孔处可燃气体浓度进行了检测，王某庆检查检尺口，并将卡扣卡好后用防火布盖上，确认呼吸阀盲板已加上。因泡沫发生器附近油气味道大，王某庆随即要求施工单位将泡沫发生器用黄泥堵上，将仪表小平台护栏用防火布围上。王某庆将动火票交给慈某，随后离开 939 号罐施工现场。10 时 30 分左右，慈某将动火票交给林某公司现场作业人员，施工人员使用气焊等工具对腐蚀的仪表小平台板进行拆除。

13 时 40 分，林某公司 4 名作业人员开始 939 号罐作业，1 人在罐下清扫地面，1 人在维修仪表小平台铺设新花纹板，2 人在罐顶进行动火作业。

14 时 27 分，939 号罐突然发生爆炸着火，罐体破裂，着火物料在防火堤中漫延（各罐之间无隔堤），小罐区防火堤内形成池火，接着附近的 937 号罐、936 号罐、935 号罐相继爆炸着火。

2）应急救援情况。事故发生后，石化公司立即组织自救并向相关部门报告，同时向“119”指挥中心报警。在接到报警后，大连市消防部门派出40个中队846名消防官兵，出动消防车163台参与灭火。救援人员对事故罐区管排及框架实施冷却保护，并对地面流淌火和防火堤内池火进行扑救。16时，大火被扑灭。同时，救援人员第一时间将现场发现的2名受伤人员送往医院救治，受伤人员后经抢救无效死亡。2名失踪的作业人员后经现场搜寻发现，已死亡。

事故造成4人死亡，直接经济损失697万元。事故发生后，企业立即启动三级防控系统，火灾没有对其他装置、罐区造成影响，没有造成环境污染。

（3）事故原因分析

1）直接原因。林某公司作业人员在罐顶违规违章进行气割动火作业，切割火焰引燃泄漏的甲苯等易燃易爆气体，回火至罐内引起储罐爆炸。

2）间接原因如下：

①建设公司大连项目部在承揽939号储罐仪表维护平台更换项目后，非法分包给没有劳务分包企业资质的林某公司，以包代管、包而不管，没有对现场作业实施安全管控。

②林某公司未能依法履行安全生产主体责任，未取得劳务分包企业资质就非法承接项目；企业规章制度不健全不落实，员工安全意识淡薄，违章动火；未对现场作业实施有效的安全管控。

③石化公司安全管理责任不落实，管理及作业人员安全意识淡薄，制度执行不认真不严格，检维修管理、动火管理和承包商管理严重缺失。

（4）事故教训和整改措施

经调查认定，这起爆炸火灾事故是一起生产安全责任事故。

1）进一步落实企业安全生产主体责任，切实把事故防范工作落到实处。要严格执行安全生产法律法规和规程标准，进一步完善企业安全管理制度，并采取措施，切实执行下去、落实到位。要加大安全投入，推进技术进步，改善安全生产条件，不断提升本质安全水平。在此基础上，要全面加强企业的生产技术、设备设施和现场管理等，切实夯实安全生产基础。

2）要深刻吸取事故教训，全面加强安全生产工作。要深刻剖析企业安全生产存在的深层次问题，研究制定相应的对策措施，全面提升安全生产水平；要完善各级安全生产责任制和各项安全规章制度，积极采取有效措施，确保责任落实、制度落实、措施落实、工作落实、任务落实；要加强员工的安全教育和培训，培养员工树立安全意识，增强操作技能，切实加强直接作业环节的安全管理工作，从强化风险辨识、严格作业许可管理、严格现场监控等方面入手，努力提升现场作业的安全管控水平。

3）要进一步强化动火、进入受限空间等特殊作业的安全管理，严格按照有关规定，严格条件确认、严格作业许可、严格现场监控，确保作业施工安全。

4）要全面加强承包商管理，修订完善承包商管理规定，明确各级领导、各部门、车间对承包商的管理职责，坚持对承包商进行资质审查，选择具备相应资质、安全业绩好的企业作为承包商，强化对承包商、分包商施工全过程的安全监管，且要向其进行作业现场安全交底，对承包商的安全作业规程、施工方案和应急预案进行审查。与此同时，承包商企业要进一步加强安全管理。各承包商企业必须牢固树立法制观念，严格按照资质范围承揽工程项目，严禁违规分包和层层转包。

（5）相关知识与管理借鉴

在这起事故发生前，作业人员已经闻到很重的油气味，但无法确定泄漏源，虽然采取了一些措施，但还是发生事故。由于切割火焰引燃泄漏的甲苯等易燃易爆气体，回火至罐内引起储罐爆炸。

储罐是化工企业的重要设施，储存液态与气态的原料、产品和中间产品。石化产品，绝大部分都属甲、乙类（按可燃气体的火灾危险性分类）危险性物品，具有易燃、易爆、易挥发、易产生静电、易受热膨胀、有毒等特点。而且储罐存储的物料数量远远大于重大危险源的临界量，潜在风险较大，处于高危状态，一个细节上的差错，往往就会导致灾难性的事故。

为了预防油气罐区火灾爆炸事故，油气罐区生产作业应该做到以下几点：

1）严禁油气储罐超温、超压、超液位操作和随意变更储存介质。

2）严禁在油气罐区手动切水、切罐，装卸车时作业人员离开现场。

3）严禁关闭在用油气储罐安全阀和在泄压排放系统加盲板。

4）严禁停用油气罐区温度、压力、液位、可燃及有毒气体报警和联锁系统。

5）严禁未进行气体检测和办理作业许可证，在油气罐区动火或进入受限空间作业。

6）严禁在内浮顶储罐运行中将浮盘落底。

7）严禁向油气储罐或与储罐连接的管道中直接添加性质不明或能发生剧烈反应的物质。

8）严禁在油气罐区使用非防爆照明、电气设施、工器具和电子器材。

9）严禁培训不合格的人员和无相关资质的承包商进入油气罐区作业，未经许可机动车辆及外来人员不得进入罐区。

10）严禁油气罐区设备设施不完好或带病运行。

26. 某石化公司安装远传液位计动火作业爆炸事故

2017年2月17日8时50分，位于吉林省松原石油化学工业循环经济园区的松原某石化股份有限公司（以下简称石化公司）江南项目发生较大爆炸事故，造成3人死亡，40万吨/年汽油改质和20万吨/年柴油改质联合装置改造项目酸性水汽提装置原料水罐（V102）爆炸受损，直接经济损失约590万元。

（1）企业基本情况

1）企业相关情况。石化公司始建于1970年，是以石油炼制为主的燃料化工型企业，法定代表人赵某岷，有员工1 200人，其中专业技术人员260人。企业主要装置为50万吨/年联合炼油装置，其中包括常压原油处理50万吨/年装置、气体分馏12万吨/年装置、催化裂化25万吨/年装置、气体精制6万吨/年装置。主要产品有汽油、柴油、液化石油气、丙烷、精丙烯。

2）江南厂项目情况。该公司江南厂项目选址在吉林松原石油化学工业循环经济园区，项目总投资23.23亿元，分三期建设，项目一期建设主要包括30万吨/年碳四综合利用装置、40万吨/年汽油改质和20万吨/年柴油改质联合装置及配套工程。一期投资7.7亿元，占地总面积26.34万平方米，于2016年6月开工建设，于2017年1月25日试生产。

3）事故装置及工艺情况。该公司江南厂加氢车间分为汽油加氢装置和柴油加氢装置，酸性水汽提装置是汽油加氢装置和柴油加氢装置共用的酸性水处理装置，酸性水汽提装置（V102）操作岗位设在柴油加氢装置。

酸性水汽提装置0224-V-102原料水罐，罐中罐结构，介质为石油化工含油污水，进水压力为0.15兆帕至0.25兆帕，为常压罐，操作温度为15～60℃，主体材质为Q235B。内罐操作温度为46.8～80℃。分离器规格为820毫米×4 200毫米。生产厂家为山东某重型化工机械有限公司。

酸性水汽提装置包括原料水预处理和酸性水汽提两部分。自汽油改质装置、柴油改质装置来的酸性水，进入原料水脱气罐（0224-V-101），脱出的轻油气送至火炬管网。脱气后的酸性水先进入原料水罐（0224-V-102），由罐内浮油自动收集器进行脱油，再经原料水加压泵（0224-P-101）加压后进入原料水除油器（0224-V-103）进一步脱油，脱出的轻污油间断自流至地下污油罐（0224-V-107），经地下污油泵间断送至工厂污油罐区。

除油后的酸性水进入原料水缓冲罐（0224-V-104），经原料水进料泵（0224-P-102）加压，再经净化水换热器（0224-E-101A～F）换热至110℃，进入主汽提塔（0224-T-101）第3层塔盘。塔底用重沸器间接加热汽提，汽提塔底净化水与原料水换热器（0224-E-101A-F）换热后，再经过净化水加压泵（0224-P-104）加压，经净化水冷却器（0224-E-103）冷却至40℃，排至含油污水管网。汽提塔顶酸性气经冷凝冷却至85℃后进入塔顶回流罐（0224-V-106），分出酸性气（温度85℃）送至废酸处理装置；分凝液经塔顶回流泵（0224-P-103）返塔作为回流。5%～10%碱液由碱液加药装置的碱液计量泵注入主汽提塔，以脱除酸性水中的固定铵。原料水罐、原料水缓冲罐顶部设置水封罐，以密闭有害气体的泄放，减轻对操作环境的污染。

（2）事故经过

2017年2月12日，加氢车间汽油改质装置试车，2月12日下午，加氢车间主任鞠某峰主持召开了车间管理人员碰头会（参会人员：工艺副主任王某才、设备副主任陈某力、汽油加氢装置技术员刘某龙、柴油加氢装置技术员张某亮），会议要求严禁操作人员将汽油硫化过程中产生的酸性水向平台和地面直排，应打通汽油低分罐（V201）至原料水罐（V102）流程密闭排放。

2月13日0时左右，汽油加氢装置技术员刘某龙在操作室内发现DCS显示汽油低分罐（V201）界位显示100%，现场实际确认汽油低分罐（V201）酸性水界位显示40%左右，因此确认V102介质气液混相造成DCS界面假信号。按照2月12日下午的工作会议安排，汽油加氢装置技术员刘某龙联系柴油加氢装置技术员张某亮接收酸性水。张某亮打开汽油改质装置至酸性水汽提装置界区阀门，然后依次将过滤器阀门、原料水脱气罐（V101）进口和出口阀门、原料水罐（V102）进口阀门打开，2分钟左右后汽油改质装置开始向原料水罐（V102）排放酸性水。根据2017年2月13日的DCS记录曲线显示，0时13分至0时22分、0时41分至0时59分，含油酸性水（操作压力为1.4兆帕）先后2次共排放27分钟。

加氢车间在2016年11月20日单机启动前安全检查时，发现了原料水罐（V102）缺少液位计，但加氢车间技术员张某亮未认真履行职责，2016年12月25日填写“单机PSSR检查（启动前安全检查）问题汇总表”时，把V102罐顶远传液位计未安装的问题完成进度情况填写为“完成”上报给公司生产技术部。直至2017年2月10日试生产运行时，张某亮又发现原料水罐（V102）远传液位计依然未安装，然后向生产技术部技术员汪某报告原料水罐（V102）缺少远传液位计。汪某向生产技术部副部长魏某明汇报了原料水罐（V102）缺少远传液位计的情况，魏某明通知仪表车间主任闫某想办法解决此事，闫某通过短流程审批程序，由供应公司重新订购一台液位计，由仪表车间负责安装。

2 月 16 日，魏某明通知闫某安装远传液位计。由于新采购的远传液位计要 4 天后才能到货，闫某安排仪表人员于某从闲置装置拆卸一台旧远传液位计，之后安排仪表车间冯某、刘某通、曹某博去加氢车间安装原料水罐（V102）远传液位计，以解决燃眉之急。

2 月 17 日 7 时 56 分，闫某联系泰某公司检修车间副主任王某德派人进行安装远传液位计动火作业，王某德派泰某公司段长葛某联系闫某，并派焊工梁某、监护人高某伟、钳工李某光前去进行作业。8 时，仪表车间安全员刘某通去加氢车间开具动火作业许可证。8 时 20 分，检修车间焊工梁某和监护人高某伟到达现场准备作业。仪表车间员工冯某、曹某博、刘某通也一同去加氢车间准备进行安装作业。

8 时 10 分，加氢车间副主任王某才得知动火作业后，由于车间人员少，柴油加氢酸性水汽提岗位没有配备操作人员，临时通知汽油加氢装置运行一班班长于某斌，安排专人王某到动火作业现场进行监护。

8 时 30 分，刘某通向加氢车间安全员苏某峰提出动火作业申请，8 时 40 分安全员苏某峰和安全员刘某通用便携式气体报警仪对原料水罐（V102）周边环境进行了检测，然后回加氢车间找到加氢车间副主任王某才进行审批，王某才在审批人处签字后将全部三联动火作业许可证交给刘某通，刘某通携带动火作业许可证前往作业现场。李某光在作业许可证作业申请人一栏签字，梁某在作业人处签字，高某伟在作业单位监护人员处签字。同时，苏某峰在作业审核人一栏签字，加氢车间操作工王某在属地监护人处签字。王某才越权审批动火作业许可证后未将此次动火作业通知柴油加氢工艺技术员张某亮，张某亮对原料水罐（V102）动火作业不知情。

仪表车间冯某在作业未开始时因临时接到仪表车间技术员马某伟

通知去修理汽油改质流量计而离开作业现场；王某在动火作业许可证签字后，未在原料水罐（V102）动火现场进行监护，擅自离开动火作业现场；李某光受高某伟指派去原料水罐（V102）前方查看路况，确认拉作业工具的车辆是否能够通过。

8 时 45 分左右，泰某公司焊工梁某及仪表车间刘某通和曹某博 3 人到达原料水罐（V102）顶部进行开孔作业，其中泰某公司焊工梁某负责动火开孔作业，仪表车间刘某通和曹某博负责远传液位计安装开孔位置的标注和远传液位计安装，泰某公司高某伟在罐底附近进行监护及传递工具。8 时 50 分左右，盲板被割透，随即发生闪爆。原料水罐（V102）锥形顶盖被爆炸冲击波崩飞至东南侧 42 米处的循环水厂晾水塔顶部，刘某通、曹某博当场死亡，梁某重伤被送往医院，途中死亡。

这起爆炸事故造成 3 人死亡，直接经济损失约为 590 万元。

（3）事故原因分析

1）直接原因。作业人员在安装原料水罐 V102 远传液位计动火作业中，引爆罐内可燃气体，发生爆炸。

2）间接原因如下：

①加氢车间管理混乱，职责不清，安全制度不落实，班组未严格执行交接班制度。班组工艺操作情况交接不清，导致车间技术管理人员、岗位人员不知道酸性水流程已投入使用，原料水罐（V102）存有易燃易爆介质。DCS 记录曲线证实，2 月 13 日凌晨汽油低分罐（V201）至原料水罐（V102）酸性水工艺流程投入使用。2017 年 2 月 13 日零点班交接工作中，班长于某斌交接班记录和汽改装置反应岗交接班记录中均未将酸性水流程投入使用操作内容进行交接。柴油加氢岗位未建立岗位交接班记录。

事故调查询问笔录和 DCS 记录曲线证实，2 月 13 日早 0 时 13 分至0时22分，汽油低分罐V201界位调节阀开度50%，排放9分钟；0时41分至0时59分，汽油低分罐V201界位调节阀开度30%，排放18分钟；含油酸性水（操作压力1.4兆帕）先后2次从汽油低分罐（V201）排到原料水罐（V102）内。

2月18日9时，该公司采样人员在安监部门工作人员及安全专家的监督下从V102罐底部残液中采样，送至长春市环境检测中心站检验分析，监测报告结论证实，事故罐内残液有机物中主要以烷烃为主，占总有机物总量的77%。

②动火作业未履行职责。动火前未开展危险有害因素识别，未按《安全用火管理制度》判定动火等级，降级办理动火作业许可证。工艺副主任王某才在此次动火作业前未组织车间相关的管理技术人员开展危险有害因素识别，编制工艺处置方案，未向泰某公司检修车间明确动火施工现场的危险状况，未与作业单位共同制定安全措施；未向作业单位提供工艺隔离等现场安全条件。而且动火作业前未采用便携式气体报警仪对罐体内气体进行检测分析，也未通知质检部取样检测分析，只是用便携式气体报警仪对罐周边环境进行了检测。动火作业时，动火作业批准人、审核人、监护人员、动火作业人员未确认动火作业票中安全措施的落实，盲目动火。动火作业的属地现场监护人甚至擅自离开动火现场，未落实动火作业的属地监护人职责。

③车间管理松散，动火作业管理失控。加氢车间违反公司动火作业管理制度，以仪表车间代替检修车间申请动火，没有编制动火作业方案，未开展危险因素识别，违规办理、批准动火作业，降低动火等级，对事故的发生负主要责任。

④泰某公司检修车间未落实动火作业管理职责。检修车间是这次动火作业的申请单位，负责提出动火作业申请，办理作业许可证。检修车间没有按照规定要求，向加氢车间提出动火作业申请，而在这次

动火作业前，仪表车间主任闫某指派安全员刘某通到加氢车间申请办理动火作业许可证。

（4）事故教训和整改措施

1）严格落实企业安全生产主体责任。针对试生产过程中管理混乱的现象，企业要深刻吸取事故教训，有效应对员工思想不稳定、新员工增多及新工艺、新设备诸多因素，精心组织安排，在试生产、复工复产前严密组织生产、技术、设备等部门及安全生产专家全面排查、评估装置开工过程的安全风险，加强事故隐患排查治理闭环管理，构建风险分级管理和事故隐患排查治理双重预防体系，坚决杜绝急于求成、松懈麻痹思想，着力解决试生产运行前安全生产突出问题，坚决遏制事故发生。

2）事故企业要对相关设备和管线重新进行检测、检验，无法满足安全要求的立即更换。同时，针对动火等特殊作业安全管理失控现象，企业要提高对动火、进入受限空间等特殊作业过程风险的辨识，严格按照相关规定要求，修订完善本单位《安全用火管理制度》等特殊作业管理制度，特别是等级判定、主体责任落实不合理的相关规定。强化风险辨识和管控，严格程序确认和作业许可审批，加强现场监督，确保各项规定执行落实到位。

3）强化对“三违”现象的管理，严禁违章指挥和违章作业，对有令不行、有禁不止的恶劣行为，要将其当作安全事件或未遂事故进行管理。尤其是特殊作业的安全管理，要层层落实“实名制”管理责任。试生产期间，要选派责任心强、经验丰富的管理和生产技术人员跟班作业，加强风险识别和风险评价管理，使风险受控、可控，避免事故发生。

4）深刻吸取事故教训，全面排查事故隐患，牢固树立“安全第一、预防为主、综合治理”的安全意识。严格执行“六不开车”原则，即条件不具备不开车，程序不清楚不开车，指挥不在现场不开车，安全卫生设施没投用不开车，出现问题不解决不开车，所有事故隐患不整改完毕不开车。当安全与恢复生产进度发生矛盾时，必须服从安全第一的原则，做到不出一次违章，不漏任何安全死角。

5）大力加强教育培训，提高从业人员安全意识和能力。严格执行“三级”安全教育培训制度，主要负责人、安全管理人员、生产管理人员和特种作业人员必须持证上岗。采用新工艺、新技术、新材料、新设备时，必须对从业人员进行专门培训，并考试合格，让从业人员了解安全技术特点，掌握安全防护知识。要开展多种形式的教育培训活动，学习有关法律法规、岗位操作规程，开展应急演练，切实增强安全意识，提高操作技能，提升应急处置能力。加强各项管理规定和制度的学习培训，进一步明确各级人员安全职责，建立安全职责监管制度。

6）企业要进一步开展“三查四定”，落实吹扫、气密、单机试车、联动试车、装置启动前安全检查和整改确认等工作，消除工程建设阶段存在的问题和事故隐患，确保装置试生产安全平稳运行。装置引入物料后，要按照生产运行装置进行严格管理，有效控制现场人员数量，有关施工作业必须按照规定进行许可，严禁边投料、边施工作业。企业要根据自身作业特点，对生产过程中有可能产生的危险有害因素进行分析，开展事故预想，推行岗位应急处置卡，对可能造成事故的，要制定有针对性、行之有效的事故应急救援预案、专项预案和应急处置方案等，并定期开展各类应急预案的培训和演练，评估预案演练效果。

（5）相关知识与管理借鉴

这起事故暴露出石化公司管理上的混乱：单机启动前安全检查时，发现了原料水罐（V102）缺少液位计，但加氢车间技术员张某亮未认真履行职责；试生产运行时发现缺少远传液位计，临时从闲置装置拆卸一台旧远传液位计，拆卸后进行安装时装置已经开始运行，进行焊接作业危险性无疑会很大，但还是抱着侥幸的心理作业，结果发生事故。

化工企业在生产、检修、改造等过程中，需要动火时，安全措施必须全面可靠，重在预防，要从以下 6 个方面入手，保证动火的安全。

1）设备或管道拆迁。在防火防爆场所边生产边动火是很危险的。原则上凡是能拆卸转移到安全地区动火的，坚决不在防火防爆车间内动火。对于多台泵的动火，欲检修的那台泵可停，可做清洗置换处理。但其他泵仍在运转，动火点附近仍会有可燃气体扩散，在这样的环境条件下动火危险性就很大，以拆下泵转移动火为宜。

2）隔离。必须在防火防爆场所动火的，应采取可靠的隔离措施，一般分管道隔离、上下层隔离和设备间隔离。凡可燃气体容器、管道动火，通常采用金属盲板将连接的进出管堵断，必要时应拆卸一截，使动火管道与在用管道完全隔离，切忌依赖原有阀门而不加装盲板。用于管道隔离的盲板，除考虑其截面大小和密封性能外（以火油试漏），应耐受一定的压力，以防由于系统泄漏使管内压力升高，将盲板压破，其厚度可根据压力容器圆形平盖进行计算。

3）置换。置换就是用惰性气体（如氮气、二氧化碳、水蒸气）等，充灌于动火的容器、管道内将原有可燃物排出，置换必须彻底。人员不进入容器管道内动火的，其内部可燃气体或可燃蒸气含量一般不得超过 0.5%（体积比）。需进入容器作业的，除必须保证容器、管道内的可燃物含量小于 0.5%（体积比）外，含氧量应大于 19%（体积比），毒物含量应按卫生标准控制。对被置换的某些有滞留性质的或同置换气体相对密度相差不大的可燃气体（或可燃蒸气），应考虑其置换的不彻底性或两相混合的可能性，因此，必须以气体成分定量分析数据为准。

4）冲洗。根据容器的具体情况，可采取不同的洗涤液。水是常用的洗涤液（忌水性物质除外）。冲洗必须注意有进有出，才能使残液及爆炸性气体完全赶出，特别要注意弯头和死角。另外，有些可燃、易爆介质被吸附在容器、管道内表面的积垢和外表面的保温材料中，一经动火，由于温差和压力变化的影响，经冲洗的容器、管道还有可能散放出可燃性气体，尤其是焊接热量会把底脚泥或容器卷缝中的残留物赶出，导致气体成分的变化而发生爆炸火灾事故。因此，在焊接过程中，尚须借助仪器进行监测，发现可燃气体浓度上升到危险浓度时，应立即停止动火，再次进行清洗，直到合格为止。

5）正压。在化工企业，某些可燃油柜或气柜，也可以采取正压不置换动火。这类动火应严格控制氧含量，使容器、管道内可燃气体不会达到爆炸极限，以消除化学性爆炸的条件。在具体作业时，应注意检测数据的准确性和可靠性，需要慎重采用不置换动火，因为不置换动火可能导致爆炸的因素比置换动火多，稍不注意就会酿成事故。这种动火方式只有在企业管理健全、安全工作重视、技术力量较强的单位方可采用。易聚合及会发生分解爆炸的气体不能正压动火。

6）应急堵漏。在化工生产过程中，有时突然出现设备或管道泄漏，急需动火补焊处理。由于易燃易爆材料和环境条件等多方面原因，不宜采取置换动火或正压不置换动火时，可采用增强环氧树脂黏结法进行堵漏。

化工企业在生产过程中，要按照安全生产精细化管理要求，严格落实安全生产责任体系，切实把安全生产工作要求落实到生产经营的每个环节、每个岗位和每位员工，切实做到安全责任到位、安全投入到位、安全培训到位、安全管理到位、应急救援到位，切不可马虎大意。

27. 某炼油厂输罐错误戊烷油突沸致罐顶撕裂爆炸事故

2014 年 4 月 26 日 0 时 23 分，位于陕西省延安市洛川县交口河镇的陕西某石油（集团）公司延安炼油厂（以下简称炼油厂）油品调和车间次品油罐区发生爆炸，事故造成 3 人受伤，直接经济损失 354 万元。

（1）企业基本情况

1）企业相关情况。炼油厂筹建于 1986 年，投产于 1988 年，主要负责加工炼制延安西部和南部区域地产原油及延安境内长庆供油。炼油厂有员工 3 794 人，其中正式员工 2 969 人，劳务派遣员工 825 人。下设单位（部门）52 个，资产总额 73 亿元，主要生产 6 大类 8 个规格的油气化工产品，包括 93 号、97 号车用汽油和-10 号、0 号、5 号轻柴油，以及液化石油气、聚丙烯（PP）树脂、苯乙烯、醋酸仲丁酯等。

2）油品调和车间基本情况。事故发生在油品调和车间。该车间有员工 114 名，主要设备包括轻质油罐 60 座，重油罐 26 座，液化气罐 26 座，合计 112 座，总库容 33.7 万立方米，机泵 109 台。油品调和车间的主要功能是接收全厂 14 套一、二次加工装置生产的半成品，向二次加工装置供给合格原料，将半成品调和为成品，转往成品车间销售。主要产品有半成品汽柴油、液化气、苯乙烯等。

发生爆炸的区域为次品油罐区，共有 8 座油罐，分 2 组南北分布，每组 4 座，2 组罐区均有防火堤隔离，防火堤高 1.5 米。距次品油罐区防火堤西北侧 25 米处为溶剂油罐区和汽油罐区。溶剂油罐区有2座储罐G9517、G9518，汽油罐区有4座储罐G9513、G9514、G9515、G9516，两罐区有防火堤隔离，防火堤高1.75米。

（2）事故经过和救援情况

1）事故发生经过。2014年4月11日，炼油厂开始检修作业，将液化气分装置产生的戊烷油储存在溶剂油罐区常温常压内浮顶G9518罐内。

4月24日21时许，厂际管线吹扫置换期间，油品调和车间二工段运行一班班长高某怀发现溶剂油罐区内储存戊烷油的G9518罐外壁上有大量水珠凝结，且周围有较浓的瓦斯气味，随即将这一情况向正在三工段球罐区检查的油品调和车间副主任乔某平、车间主任王某进行了汇报。

24日21时30分，王某、乔某平和车间副主任张某、工段长李某升、设备技术员王某赶到现场，看到G9518罐外壁挂满水珠。王某立即安排在消防车现场监护下，将G9518罐内储存的戊烷油自压向G9517罐，由李某升全程负责现场监护。

随后，在消防队的监护下，G9518与G9517两罐连通，自压降低G9518罐液位。至4月25日0时自压结束，G9518罐液位由9.2米下降到8米，G9517罐液位由6.8米升至7.8米。G9518罐壁挂霜挂水现象消失，班长高某怀、外操人员王某峰关闭调和进口阀。在此期间，王某将这一情况向赶到现场的生产科科长杨某军作了汇报。针对G9518、G9517罐液面过高的情况，经商议，决定向次品油罐转存戊烷油。

25日11时许，接到生产调度中心指令，油品调和车间次品油罐区G9532罐开始接收一联合车间转来的污水汽提油品。至25日19时结束，输转污水汽提油品64吨左右。随着G9532液位升高，储罐温度从18℃升至54.98℃。

25 日 17 时 55 分，王某在车间主控室向班长韩某惠交班时，告知其当班期间要将 G9517 罐内的戊烷油转入 G9532 罐至液位为 10 米时停泵，然后自压至 G9535 罐，压平为止。

26 日 0 时许，值班班长韩某惠请示车间值班工段长李某升，是否将 G9517 罐的戊烷油倒入 G9532 罐。李某升表示，如果可用，就可以将 G9517 罐内的油品转至 G9532 罐。随即，韩某惠安排外操人员惠某强进行流程改换，将 G9517 罐的戊烷油转输至次品油罐区的 G9532 罐，此时 G9532 罐内温度保持在 53.04℃。

26 日 0 时 5 分，外操人员惠某强回到主控室，向班长韩某惠汇报流程已改换完毕，正式启泵，G9517 罐开始向 G9532 罐转输戊烷油。在转输作业过程中，沸点为 9.8～36℃的戊烷油进入温度较高的 G9532 罐后发生突沸气化，罐内气压骤然大幅度升高。

26 日 0 时 20 分，随着一声闷响，G9532 罐顶局部撕裂，汽化戊烷混合物从罐内喷出，迅速下降并沿地面扩散。听到闷响后，主控室内的李某升、王某、韩某惠、惠某强和泡沫站的巡检员李某红同时发现主控室南面地面弥漫着白色雾气，接着，主控室内也有大量气体进入并伴有较重的瓦斯气味。出现险情后，现场工作人员立即关闭手机，并用座机向相邻区域通知关闭手机、设立警戒区域、组织危险区域内人员紧急撤离，同时向厂消防队、车间领导报告情况。

26 日 0 时 23 分，汽化戊烷混合物达到爆炸极限浓度，在罐区南侧非防爆区 UPS（不间断电源）电源室和西侧溶剂油变压器室，遇到电气设备火花时发生化学爆炸。爆炸引起整个油气扩散区燃烧，并导致 G9532 罐化学爆炸，将灌顶彻底揭落于罐体西北侧地面。爆炸造成大量油品飞溅，形成以 G9532 罐为圆心的扇形喷溅区，主要喷溅区域集中于 G9532 罐西侧及西北侧。爆炸喷溅产生的飞火将该罐西北侧溶剂油区内的 G9515、G9518 罐顶点燃，同时，在 G9532 罐所在罐组内地面形成流淌火，将 G9531 罐引燃。

爆炸起火区域涉及次品油罐区 G9531 罐至 G9534 罐防火堤内外和与之南侧相邻的泵房、DCS 主控室、UPS 电源室、交接班室、统计室、仪表配电室、溶剂油变压器室以及西侧相邻的 G9518 罐、G9515 罐、泡沫站及葫芦河河道等。

2）应急救援情况。事故发生后，炼油厂立即启动厂级应急预案，成立现场指挥部，迅速展开灭火自救、装置停工和人员疏散工作，并及时上报事故情况。同时，炼油厂调集企业各类消防车 23 辆、消防队员 124 名，全力扑救。

接到事故报告后，市领导立即带领公安、安监、环保、卫生等部门第一时间赶赴现场，与炼油厂成立了现场处置总指挥部，全力进行抢险救援。洛川、黄陵两县政府及时疏散群众 900 余人。省消防总队、延安市消防支队先后出动 381 名消防官兵，调集 62 辆消防车，全力进行扑救。经过消防官兵的连续奋战，26 日 6 时 40 分，爆炸引燃的 G9531 罐、G9515 罐明火被扑灭。14 时 10 分，G9532 罐明火最终被扑灭。

这起爆炸事故共造成 3 人受伤，直接经济损失 354 万元。

（3）事故原因分析

1）直接原因。经调查认定，事故的直接原因是炼油厂将沸点较低的戊烷油（正戊烷沸点为 36. 1℃，异戊烷沸点为 28. 7℃，辛戊烷沸点为 9. 8℃）输入至温度为 53℃的 G9532 罐内，造成戊烷发生突沸，罐内压力短时间急剧升高，致使罐顶撕裂，大量戊烷外泄，并迅速扩散，在周围形成爆炸性混合物空间。随后，爆炸性混合气体扩散到非防爆区 UPS 电源室和变压器室，遇电气设备火花发生化学爆炸。

2）间接原因如下：

①炼油厂将本该由球罐储存的戊烷油，储存在常温常压内浮顶罐

G9517、G9518、G9532 内，不符合相关规定要求。

②炼油厂对戊烷油处理、储存过程改变了原工艺流程，没有制定输转戊烷油的方案和控制措施。

③油品调和车间在将 G9517 罐储存的戊烷油输转至 G9532 罐内时，未对戊烷的危险性、转输条件进行作业风险分析。

④油品调和车间相关人员对转输戊烷油过程中可能产生突沸的危险性缺乏认识，违章指挥，违规操作。

（4）事故教训和整改措施

经调查认定，这起爆炸事故是一起生产安全责任事故。针对事故暴露出来的问题，为了进一步加强企业安全生产工作，有效防范类似事故发生，特提出以下整改措施：

1）进一步强化企业安全生产基础工作。炼油厂要按照有关法规标准的规定，装备自动化控制系统，对重要工艺参数进行实时监控预警，采用在线安全监控、自动检测或人工分析数据等手段，及时判断发生异常情况的根源，评估可能产生的后果，制定安全处置方案，避免因处理不当造成事故。

2）进一步加强设备安全管理工作。要完善设备管理台账、管理制度和操作规程，对建成时间长、执行标准低的生产装置及储存设施，严格对照新规范、新标准对装置设施进行安全评估，不具备安全生产条件的必须全部停用。要最大限度地使用新技术、新工艺、新材料，不断提升本质安全水平。

3）进一步严格作业安全管理。要不断完善危险作业许可制度，规范动火、进入受限空间、动土、临时用电、高处作业、吊装等特殊作业安全条件和审批程序。落实危险作业安全管理责任，实施危险作业前必须进行安全风险分析，确认安全条件，确保安全作业。

4）进一步深化安全教育培训。要严格执行安全教育培训制度，建立厂、车间、班组“三级”安全教育培训体系，定期开展安全培训，健全培训考核档案，使从业人员熟悉安全生产基本知识，了解岗位危险因素，掌握岗位操作规程和应急自救措施。当工艺流程、设施设备功能等变化时，应及时对操作人员进行再培训、再考核。同时要运用典型事故案例，教育职工严格遵守操作规程。

（5）相关知识与管理借鉴

这起爆炸事故，造成次品油罐区 G9531 罐、G9532 罐烧毁，G9533 罐、G9534 罐烧损，调和油罐区 G9515 罐、G9518 罐顶部部分受损；DCS 主控室、UPS 电源室、交接班室、统计室及添加剂变配电室的建筑物和室内设备损毁；污油罐区防火堤及管线不同程度受损；输油泵房、泡沫泵房门窗受损。万幸的是没有发生人员死亡，但是财产损失巨大。

事故之后，调查组要求该公司深刻吸取事故教训，严格按照《危险化学品企业事故隐患排查治理实施导则》（安监总管三〔2012〕103 号）要求，进行事故隐患排查治理。

《危险化学品企业事故隐患排查治理实施导则》有关储运系统事故隐患排查治理的主要内容如下：

1）储运系统的安全管理情况，主要包括 2 项：

①储罐区、可燃液体和液化烃的装卸设施、危险化学品仓库储存管理制度以及操作、使用和维护规程制定及执行情况。

②储罐的日常管理和检维修管理。

2）储运系统的安全设计情况，主要包括 5 项：

①易燃、可燃液体及可燃气体的罐区，如罐组总容、罐组布置；防火堤及隔堤；消防道路、排水系统等。

②重大危险源罐区现场的安全监控装备是否符合《危险化学品重大危险源监督管理暂行规定》（国家安全监管总局令第 40 号）的要求。

③天然气凝液、液化石油气球罐或其他危险化学品压力或半冷冻低温储罐的安全控制及应急措施。

④可燃液体、液化烃和危险化学品的装卸设施。

⑤危险化学品仓库的安全储存。

3）储运系统罐区、储罐本体及其安全附件、铁路装卸区、汽车装卸区等设施的完好性。

在事故隐患排查治理工作中，要严密组织、细致排查，从生产设施设备、工艺装置、工艺流程、防护措施、安全管理等各个环节，彻底消除事故隐患，确保安全生产。

28. 某科技石化公司顶水过程液化气泄漏着火爆炸事故

2015 年 7 月 16 日 7 时 30 分左右，山东省日照市山东某科技石化有限公司（以下简称科技公司）液化石油气球罐区在倒罐作业过程中发生着火爆炸事故，造成 2 名消防员轻伤、7 辆消防车毁坏、部分球罐以及周边设施和建构筑物不同程度损坏，罐区周边 1 千米范围内居民房屋门窗被震坏。

（1）企业基本情况

1）企业相关情况。科技公司成立于 2009 年 12 月，占地约 87. 67 万平方米，主要从事重油综合加工利用及其产品的销售。科技公司建有 260 万吨/年沥青装置、100 万吨/年含硫含酸重质油综合利用装置和 180 万吨/年劣质油综合利用装置及配套工程等多套石油石化深加工装置，主要生产汽油、柴油、液化气、燃料油、道路沥青、石油焦、硫黄等产品。

2）事故罐区情况。事故罐区为科技公司 100 万吨/年含硫含酸重质油综合利用项目配套罐区，该区域共有 14 个储罐和 12 个液态烃球罐（3 个 2 000 立方米，9 个 1 000 立方米），呈两排分布，总库容为 1.5 万立方米，储存介质为液化石油气、丙烯和丙烷。科技公司自 2014 年 4 月以来一直处于停产状态，2015 年 3 月起，该公司对 12 个球罐轮流倒罐，进行压力容器检测检验。事故发生前，罐区储存物料总量约为 3 240 立方米。

（2）事故经过

2015 年 7 月 15 日 16 时 30 分，科技公司决定将 7 号罐内的液化石油气（约 900 立方米）导入至 6 号罐。因工厂制氮系统停车，操作人员将 6 号罐内充满水置换空气，对 7 号罐进行注水加压，将其中的液化石油气通过罐顶安全阀副线、低压液化气管线压入 6 号罐中，同时通过在 6 号罐底部管线导淋阀上连接消防水带，进行切水作业，以接收 7 号罐中的物料。

7 月 16 日 7 时 30 分左右，约 500 立方米液化石油气进入 6 号罐，因切水口无人监护，6 号罐水排完后，液化石油气泄漏并急剧气化，遇点火源引发火灾，导致 8 号罐、6 号罐相继爆炸，2 号罐、4 号罐被烧毁。7 月 17 日 7 时 24 分左右，现场明火全部被扑灭。

（3）事故原因分析

1）直接原因。事发企业对球罐进行注水试压操作，试压完毕后，使用液化气进行顶水。顶水过程中，无人值守，水排净后，液化气泄漏，遇点火源发生爆燃。

2）间接原因。该起事故暴露出事故企业管理混乱、安全意识淡薄、违规违章严重等突出问题，主要表现为以下几个方面：

①严重违反石油石化企业“人工切水操作不得离人”的明确规定，切水作业过程中无人现场实时监护，排净水后液化气泄漏时未能第一时间发现和处置。

②企业违规关闭罐区在用球罐安全阀的前后手阀、球罐根部阀。

③操作人员未取得压力容器和压力管道操作资格证，无证上岗。

④通过罐顶部低压液化气管线，采用倒出罐注水加压、倒入罐切水卸压的方式进行倒罐操作，存在很大的安全风险，企业没有制定倒罐操作规程，没有安全作业方案，没有进行风险辨识。

⑤未按照规定要求对重大危险源进行管控，球罐区自动化控制设施不完善，仅具备远传显示功能，不能实现自动化控制；紧急切断阀因工厂停仪表风改为手动，失去安全功效；未设置视频监控系统，重大危险源的管控措施严重缺失。

⑥安全培训不到位，管理人员专业素质低，操作人员刚刚从装卸站区转岗到球罐区工作，未经转岗培训，岗位技能不足。

（4）事故教训和整改措施

1）进一步提高对危险化学品储罐区安全生产工作重要性的认识。危险化学品易燃易爆、有毒有害，储罐区危险化学品储存量大，一旦发生事故，影响范围广、救援难度大，后果往往十分严重。事故企业要切实落实企业安全生产主体责任，切实提高危险化学品罐区安全生产水平。

2）立即开展危险化学品储罐区专项安全大检查。有关企业要深刻吸取事故教训，严格按照相关法律法规、标准规范要求，认真开展危险化学品储罐区全覆盖检查，及时整改隐患。坚决做到不留死角、不走过场、务求实效。

3）要确保作业人员具备相应资质并经过培训，确保作业人员掌握作业的范围、风险和相应的预防及控制措施。进行作业前，做好安全检修方案及安全技术交底，对作业任务和安全措施要进一步确认；作业过程中要加强对现场的监护和安全检查。

（5）相关知识与管理借鉴

这起事故的发生实在意外，顶水过程中无人值守，水排净后液化气泄漏，并遇点火源发生爆燃。就是这样一个小小的疏忽，结果却造成重大事故。

事故企业要深刻吸取事故教训，进一步强化危险化学品罐区安全监管，严格落实“管业务必须管安全、管生产经营必须管安全”的要求，主动作为，进一步强化危险化学品罐区安全监管。

在具体工作中要做好以下事项：

1）高度重视危险化学品罐区安全生产工作，强化管理人员、技术人员和操作人员的配置，加强培训，提高罐区从业人员的能力。

2）建立完善安全管理规章制度和操作规程，确保管理有章可循、操作有规可依，临时作业必须进行风险分析，制定安全作业方案，按规定审批后执行。

3）完善监测监控设备设施，强化危险化学品罐区自动化监测监控能力，提升危险化学品罐区本质安全水平。

4）强化危险化学品罐区安全管理，严格按照有关规定制度和操作规程，强化对危险化学品罐区安全设备设施、动火和进入受限空间等特殊作业、切水作业等的日常管理，确保罐区安全运行。

29. 某石化公司轴承损坏泵密封失效泄漏着火事故

2015 年 4 月 10 日 22 时 57 分，辽宁省大连某石油化工有限公司（以下简称石化公司）150 万吨/年加氢裂化装置产品汽提塔塔底泵泄漏着火，造成 3 台泵、泵上方框架、少量仪表和动力电缆过火，一条管线局部开裂，直接经济损失 16.6 万元。

（1）企业基本情况

1）企业相关情况。石化公司是由中法两国股东共同投资兴建的大型中外合资石化企业，总投资 10.13 亿美元，占地面积 2.5 平方千米，厂区坐落于大连经济技术开发区海青岛。公司成立于1990年11月，1992年动工建设，1996年投料试车，1997年年底全面投产。公司原油加工能力1 000万吨/年，属燃料化工型企业，有15套生产装置，主要生产汽油、煤油、柴油、石脑油、液化气、聚丙烯和硫黄等产品。

2）加氢裂化装置情况。加氢裂化装置设计加工能力150万吨/年，该装置是将新鲜蜡油、催化柴油、直馏柴油等原料，通过加氢反应，生产出液化气、轻石脑油、重石脑油、航空煤油、轻柴油和重柴油等中间产品。该装置由美国某公司提供工艺包，采用单段反序串联工艺。装置主要包括反应、分馏和轻烃吸收3个部分，由某石化工程公司完成详细设计，于2006年3月开工建设，2007年9月建设完成，2007年11月开工生产。

3）汽提塔流程简介。加氢反应产物分3路从产品汽提塔（C-1201）中部进料，经汽提分馏，塔顶气在塔顶经空冷器（E-1201）冷凝，至产品汽提塔回流罐（V-1201），一部分送回到产品汽提塔作回流，另一部分作为轻烃回收部分的进料。塔底物料由泵（P-1202A/B）抽出，经换热器换热，送至加热炉（H-1201）加热后进分馏塔。

（2）事故经过和救援情况

1）事故发生经过。2015年4月10日22时57分，石化公司运行一部主控室岗位操作员通过视频监控，发现加氢裂化装置汽提塔附近泵区着火，立即通知外操作工到现场查看。经外操作工现场确认，为产品汽提塔（C-1201）塔底泵（P-1202A）泄漏着火。外操作工立即用对讲机通知内操作工，内操作工启动紧急停车系统，同时报火警和生产调度。

着火发生第一时间，加氢裂化装置室内操作人员立即启动加氢裂化着火事故应急预案，迅速紧急泄压，停 2 台加热炉，关闭瓦斯界区阀门，切断一、二级进料，停压缩机，关闭界区阀门，轻烃系统泄压等，接着陆续将相关阀门关闭。

2）事故救援情况。事故发生后，接到报警电话，大连市公安消防、大连市应急救援基地、大连港出动消防车 64 台。救援人员对事故装置、管线及框架实施冷却保护，并对地面明火和上方管线明火进行扑救。23 时 30 分火势减弱，4 月 11 日凌晨 1 时 35 分泵明火熄灭。为防止可燃气体聚积，导致次生事故，救援人员采取消防冷却控制燃烧方式留明火（火苗高度约 1 米），4 时 50 分管线余火完全熄灭。无人员伤亡。

事故发生后，企业立即启动三级防控系统，冷却产生的消防水全部进入厂内污水处理场和污水缓存罐，经大连市、金州新区环保部门对大气进行监测，指标全部合格，没有造成环境污染。

（3）事故原因分析

1）直接原因。此次着火的直接原因是产品汽提塔（C-1201）塔底泵（P-1202A）密封失效，泄漏着火。

通过对泵（P-1202A）解体检查，发现驱动端轴承内环严重扭曲断裂，轴承滚珠严重磨损变形，轴承已损坏。轴承损坏是导致泵密封快速失效的主要原因。机泵在高速运转过程中，由于轴承损坏，设备产生剧烈振动，导致机械双密封快速失效，介质泄漏，遇摩擦产生高温的轴承体，引发着火。

2）间接原因如下：

①物资采购质量把关缺少有效检测手段。该型号轴承由供应商作为储备定额物资进库，质检员按有关规定对其外观进行目测，无有效技术手段对轴承质量进行检测，不能及时发现该轴承可能存在的质量问题。

②泵进出口阀门设计无远程关闭功能，不能及时切断物料。对装置内高风险设备存在的风险辨识不足，风险防范措施不全面。经调查，着火发生第一时间，加氢裂化装置室内操作人员发出关闭塔（C-1201）底电动切断阀指令，在火势减弱后，副班长带领外操作工现场确认电动切断阀电缆线已过火，阀门并未关闭，于是开始手动关闭塔底电动切断阀，以切断泵（P-1202A）进料，延长了泵体泄漏着火时间。

③机泵运行异常情况监控措施不严密。按照公司岗位员工巡检管理规定，班长和副班长的巡检时间是规定时间的前后 1 小时内巡检完毕，操作员的巡检时间是规定时间的前后半小时内巡检完毕。通过调取电子巡检系统记录查证，当天加氢裂化外操作工 1 人、副班长 1 人。外操作工规定巡检时间为 22 时至 23 时，实际在 22 时 04 分 28 秒巡检至泵区，记录密封无泄漏，设备运行状态正常，22 时 16 分最后巡检结束。班长联合巡检时间为 22 时至 24 时，当班班长在 22 时 52 分 50 秒巡检完重油加氢的最后一站，去往下一站加氢裂化装置，在巡检至加氢裂化界区时发现加氢裂化火情（与此同时内操作工已通过视频监控发现火情并报警）。加氢裂化岗位副班长的规定巡检时间是 23 时 30 分，巡检尚未进行。当班操作员均按照规定时间、规定地点进行了巡检，满足相关巡检管理规定要求。通过调取加氢裂化装置 DCS 数据，所有温度、压力、流量等工艺技术指标均处于正常范围，未进行工艺调整，装置操作无异常。但是，石化公司巡检质量有待提高，对高危泵防泄漏的有效监管手段不足，未能及时发现轴承出现的异常情况；对机泵运行状态的监测管理不足，未及时发现产品汽提塔底泵（P-1202A）运行状态异常变化。

（4）事故教训和整改措施

经调查认定，此次事故是一起由于轴承质量故障引起泵泄漏着火的生产安全事故。对此应吸取事故教训，采取积极防范措施。

1）加强备品备件检查检验，把住质量关。企业要深刻吸取这起火灾事故的沉痛教训，举一反三，深刻剖析企业安全生产存在的深层次问题，制定相应的对策措施，坚决防范类似事故的发生。一是严格检查供应商、生产企业提供的设备、备品备件的检验、检测证明，规范流通渠道，入库前认真检查每个产品外观质量。二是对批量采购的轴承、密封材料随机抽出产品送到有检测资质的机构进行检验，合格后再使用。

2）增设机泵密封泄漏报警设施，出现泄漏及时处理。在次高温泵介质密封部位增加泄漏测试报警，对密封运行情况进行实时监控，当介质侧或大气侧密封失效时，测试系统中的压力降低，压力开关（压力变送器中控设定低报）报警，操作人员可以迅速发现，做出停泵或者切换备泵处理。

3）加强现场的安全监控。一是在重点部位增加带有历史趋势的可燃气体监测报警器，及时分析可燃气体监测变化及趋势，发现问题及时处置。二是增加关键机泵轴承温度和振动在线监测，使操作人员能第一时间掌握泵的运行状态，并采取措施规避泄漏风险。三是对重点机泵或者装置设置带有温度、流量、压力的历史趋势记录，发现问题及时处置。

4）加强一线员工的培训，提高应急处置能力。要加强车间、班组员工的安全教育和培训，增强员工的操作技能和现场事故应急处理技能。要加强车间、班组员工操作规程培训，提高员工对岗位设施的正确操作技能；加强员工对岗位危险点、危险源的全面掌握，加强事故应急技能培训，增加“双盲”演练方式，提高基层、班组员工对突发事件的应急响应和实战救援能力，做到应急指挥统一、响应及时、措施正确、施救科学，坚决防范小事故演变成大事故。

5）强化巡检管理，提高巡检质量。企业要对巡检路线和巡检内容进行重新梳理，一是延长现场巡检时间，由原每次巡检 30 分钟，增加为 45 分钟；二是根据不同装置、季节，明确不同的检查内容；三是配备电子巡检仪，对高危机泵及时做好振动、温度变化情况检测，发现异常及时处置。

（5）相关知识与管理借鉴

事故之后经调查，该泵轴承于 2014 年 4 月 16 日由大连某轴承销售有限公司提供物资入库，为法国工厂生产（该批次产品已提供原产地证明），该泵于 2015 年 1 月 17 日更换该轴承，按照集团要求，2 月 3 日完成次高温泵双密封改造，4 月 10 日发生泄漏。该轴承损坏件经送权威机构进行鉴定分析认为，造成轴承失效的主要原因是滚球硬度偏低和出现局部剥离现象，剥离碎片阻碍轴承正常转动并产生大量摩擦热导致轴承快速损坏。

造成轴承快速损坏的原因：一是个别轴承存在质量上的缺陷，在运行中出现损坏；二是轴承在检维修安装方面可能存在缺陷，造成运行过程中出现故障。为防止运转设备轴承损坏，应重点在上述 2 个方面采取防范措施。

应采取的防范措施包括：一是梳理机泵和阀门执行的国家标准和国际标准，提出严格的相关标准，纳入企业机泵、阀门的技术标准之中，并严格执行。二是严把机泵、阀门采购质量关。对现有的生产商、供应商进行梳理，对出现过产品问题的供应商、生产企业列出清单，实施严格控制。三是对易燃易爆部位的机泵和阀门，要制定针对性强的应急预案，并定期开展现场泄漏处置演练。四是要根据通过的介质及其温度、压力及波动范围，确定选择相适应的型号、材质、温度、压力的机泵、阀门，确保满足工艺的需要。五是加强机泵运行维护保养，保证润滑质量，定期维护，保证正常工况运行，加强运行振动、温度检测。六是保证安装质量，按照规定寿命和使用周期及时检修和更换，严格检验、检测。严防机泵、阀门故障引发泄漏、着火爆炸事故。

30. 某物流公司安全阀侧管断裂丙烷泄漏火灾事故

2016 年 11 月 25 日 17 时 39 分左右，江苏省某物流有限公司（以下简称物流公司）丙烷输送管道泄漏引发火灾，至 26 日 8 时 48 分，明火完全熄灭。事故造成 2 人受伤，直接经济损失 44 万元。

（1）企业基本情况

1）企业相关情况。物流公司于 2003 年 8 月 5 日在泰兴市工商行政管理局注册成立，经营范围为危险品运输，危险化学品批发、零售，港口货物装卸、仓储和港内驳运等。

该公司建有 3 组球罐，分别是 V100 球罐组，共 6 只球罐，编号为 V101 至 V106；V200 球罐组，共 5 只球罐，编号为 V201 至 V205；V400 球罐组，共 8 只球罐，编号为 V401 至 V408。该公司建有 2 组常压罐，分别是 V300 罐组，共 8 只立式储罐，编号为 V301 至 V308；V600 罐组，共 14 只立式储罐，编号为 V601 至 V614。公司另建有液体化工码头和通用码头各一座。

2014 年 1 月 25 日，该公司取得泰兴市港口管理局颁发的《港口经营许可证》，许可作业危险货物品包括丙烯、丙烷、苯、丁二烯等 44 种。

2）发生泄漏输送管道建设情况。发生泄漏的输送管道编号为 PL-Z0401，沿 V307 储罐围堰南侧东西向地面敷设，长约 78 米，西端连接至通向码头的管道，东段入地连接 V400 球罐组，管道中间设置滑动支座，用发泡聚氨酯进行隔热保温。管道设计输送介质丙烯

（液），温度50℃，压力2.5兆帕，操作温度30~35℃。

PL-Z0401管道属于物流公司罐区三期改扩建项目的变更项目。该变更项目于2016年9月经泰兴市港口管理局批准，将V400球罐组及附属管道（包含本次发生泄漏的PL-Z0401管道）原设计作业危险货物丙烯，变更为丙烯、丙烷。

（2）事故经过和救援情况

1）事故发生的经过。2016年11月25日13时40分左右，装载液化丙烷的巴哈马籍卡拉维拉号货轮停靠物流公司液体化工码头，办理海关手续。15时左右开始驳接管道。16时30分左右启泵，通过PL-Z0401等连接管道向V401、V402球罐输送丙烷。

在输送丙烷过程中，码头班长王某华发现码头就地温度显示仪的温度在-2℃到-3℃后，立即通知孙某（船代）提升货轮丙烷输送温度，但之后温度继续下降到-6℃到-7℃，王某华便上船协调停止进料。17时左右，停止进料，此时就地温度显示仪显示温度在-17℃到-18℃。

17时20分左右，温度上升到0℃以上，第二次启泵。17时35分左右，罐区班长樊某在中控室通过视屏发现V307储罐附近有泄漏，随即戴上防毒面具赶赴现场，并用对讲机通知操作工常某跃。17时36分，樊某和常某跃先后到达泄漏区域，发现PL-Z0401管道发生泄漏，但因现场丙烷汽化，能见度极低，2人未能找到泄漏点。17时38分左右，樊某通过对讲机通知王某华立即停止输送丙烷，王某华随即通知货轮的工作人员停泵，同时关掉与货轮连接管道的手动阀门。17时39分40秒，泄漏点出现火苗，39分50秒火苗沿排水沟迅速扩散，出现大面积过火，40分05秒过火区域收缩，集中在泄漏点喷射燃烧。

2）应急救援情况。火情发生后，现场人员立即拨打“119”报警，中控室操作人员端某立即关闭V400罐组各球罐的自动切断阀，开启喷淋设施降温。

17时59分左右，泰兴经济开发区专职消防队赶到现场灭火。泰兴、泰州等消防官兵及有关专家技术人员相继赶赴现场参加救援，通过补充氮气和保护降温等措施，控制管道内残余丙烷在泄漏处稳定燃烧。26日8时48分，明火完全熄灭。

事故造成2人受伤，丙烷泄漏39.8吨，部分管道损毁，直接经济损失44万元。

（3）事故原因分析

1）直接原因。安全阀侧管断裂，丙烷大量泄漏，高速喷出的丙烷与不规则断口摩擦产生静电火花，点燃周边弥漫的丙烷气体，引发火灾。

2）间接原因如下：

①温差应力是引发侧管断裂的原因。PL-Z0401管道设计操作温度是30~35℃，但事故中，在第一次启泵输送丙烷时，最低温度达到-17℃到-18℃，造成管道发生轴向收缩，产生位移。安全阀侧管为刚性连接，从而产生拉力，导致安全阀侧管的角焊缝焊接热影响区发生裂断。

②未严格执行码头驳接的工艺要求。物流公司制定的《丙烷球罐（卸船）的操作规程及注意事项》要求，管道温度应高于0℃。但王某华违规操作，第一次启泵时的最低温度达到-17℃到-18℃，大量低温液化丙烷进入管道，导致管道材料遇冷发生变形。

③未严格执行变更管理的规定。2016年9月，物流公司将V400球罐组及附属管道（包含发生泄漏的PL-Z0401管道）原设计作业危险货物丙烯，变更为丙烯、丙烷，但对变更带来的安全风险认识不足，未委托原设计单位对安全设施进行变更确认，也未委托具备资质的单位进行安全评价，落实消除和控制安全风险的措施。

④对事故管道的工艺监控措施缺失。发生事故的丙烷输送管道仅

在码头和着火点两处设置了就地温度显示仪，且没有设置不间断采集和监测系统与码头中控室、罐区中控室的连接，中控室无法监测、监控丙烷输送温度。

（4）事故教训和整改措施

经调查认定，这起火灾事故是一起生产安全责任事故。

1）物流公司应认真吸取此次事故教训，严格落实企业安全生产主体责任。一是应严格执行危险化学品安全管理的相关规定，强化变更安全管理，对工艺条件发生变化的，必须经原设计单位对变更安全条件进行确认，对变更可能带来的安全风险，要制定切实可行的消除和控制安全风险的措施，坚决杜绝未经设计确认，擅自变更生产工艺的情况发生。二是应制定切实可行的岗位操作规程，明确异常状况下的处置措施，加强对操作人员的安全教育和培训，认真落实岗位操作规程，避免由于操作不当引发的事故。

2）应立即对所有长输管道及其侧管、支管进行检查，消除刚性连接结构，加装温度监测、监控系统。恢复生产前，要举一反三，在全厂范围内进行全面细致的事故隐患排查，确保生产安全。

3）应与相关协作单位签订安全生产协议，明确各自的安全生产管理职责和应当采取的安全措施，并指定专职安全管理人员进行安全检查与协调，将相关协作单位纳入本单位统一管理。

4）相关危险化学品仓储经营单位也应从本次事故中吸取教训，对本单位危险化学品输送管道开展一次认真彻底的全面排查，凡涉及输送低温、冷冻液体等长输管道的侧管、支管、支座等一律不得采用刚性支座固定，避免由于温差剧变，导致金属材料热胀冷缩，引起管材设施破坏，发生事故。

（5）相关知识与管理借鉴

这起事故的发生，是温差应力引发侧管断裂。原来的管道设计操作温度是30~35℃，用于输送介质丙烯（液），变更后，用于输送丙烯、丙烷。丙烷低温运输，在第一次启泵输送丙烷时，最低温度达到-17℃到-18℃，造成管道发生轴向收缩，产生位移，导致安全阀侧管的角焊缝焊接热影响区发生裂断，并造成事故。这可能是企业管理者所疏忽之处。

2014年8月29日，原国家安全监管总局在《关于加强化工企业泄漏管理的指导意见》（安监总管三〔2014〕94号）指出，为进一步加强化工企业安全生产基础工作，推动企业落实安全生产主体责任，有效预防和控制泄漏，防止和减少由泄漏引起的事故，提升企业本质安全水平，要充分认识加强泄漏管理的意义，优化装置设计，从源头全面提升防泄漏水平。主要包括以下内容：

1）加强泄漏管理是确保化工企业安全生产的必然要求。化工企业生产工艺过程复杂，工艺条件苛刻，设备管道种类和数量多，工艺波动、违规操作、使用不当、设备失效、缺乏正确维护等情况均可造成易燃易爆、有毒有害介质泄漏，从而导致事故发生。

2）加强泄漏管理是预防事故发生的有效措施。泄漏是引起化工企业火灾、爆炸、中毒事故的主要原因，要树立“泄漏就是事故”的理念，从源头上预防和控制泄漏，减少作业人员接触有毒有害物质，提升化工企业本质安全水平。

3）化工企业泄漏的表现形式。化工生产过程中的泄漏主要包括易挥发物料的逸散性泄漏和各种物料的源设备泄漏2种形式。逸散性泄漏主要是易挥发物料从装置的阀门、法兰、机泵、人孔、压力管道焊接处等密闭系统密封处发生非预期或隐蔽泄漏；源设备泄漏主要是物料非计划、不受控制地以泼溅、渗漏、溢出等形式从储罐、管道、容器、槽车及其他用于转移物料的设备进入周围空间，产生无组织形式排放（设备失效泄漏是源设备泄漏的主要表现形式）。

4）化工企业泄漏管理的主要内容。化工企业泄漏管理主要包括泄漏检测与维修和源设备泄漏管理2个方面。要通过预防性、周期性的泄漏检测发现早期泄漏并及时处理，避免泄漏发展为事故。泄漏检测与维修管理工作包括配备监测仪器、培训监测人员、建立泄漏检测目录、编制泄漏检测与维修计划、验证维修效果等。源设备泄漏管理工作包括泄漏根原因的调查和处理、泄漏事件的评定和上报、泄漏率统计、泄漏绩效考核等。泄漏检测维修工作要实行PDCA循环（戴明环）管理方式。对所有的泄漏事件都要参照事故调查要求严格管理。

5）优化设计以预防和控制泄漏。在设计阶段，要全面识别和评估泄漏风险，从源头采取措施控制泄漏危害。要尽可能选用先进的工艺路线，减少设备密封、管道连接等易泄漏点，降低操作压力、温度等工艺条件。在设备和管线的排放口、采样口等排放阀设计时，要通过加装盲板、丝堵、管帽、双阀等措施，减少泄漏的可能性，对存在剧毒及高毒类物质的工艺环节要采用密闭取样系统设计，有毒、可燃气体的安全泄压排放要采取密闭措施设计。

这起事故的一个教训，就是要加强对危险化学品仓储经营工艺变更的安全管理，参照危险化学品安全管理的相关规定，制定更严格的安全管理细则，进行深入细致的风险分析，落实全面可靠的对策措施，杜绝由于工艺变更带来的生产安全事故。

31. 某石化分公司出口管线泄漏爆炸火灾事故

2010年1月7日17时24分，位于甘肃省兰州市的某石化分公司（以下简称石化分公司）316号罐区发生一起爆炸火灾事故，造成6人死亡、6人受伤（其中1人重伤）。

(1) 企业基本情况

1) 企业相关情况。石化分公司总资产约340亿元，员工2.74万人，下属9个生产分厂，有90套炼化生产装置，原油加工能力1 050万吨/年，乙烯生产能力70万吨/年。这次事故涉及的合成橡胶厂有10套生产装置，主要包括10万吨/年和5.5万吨/年丁苯橡胶装置、5万吨/年和1.5万吨/年丁腈橡胶装置等；石油化工厂有6套生产装置，主要包括25万吨/年乙烯装置、6万吨/年线性低密度聚乙烯装置、14万吨/年高密度聚乙烯装置等。

2) 事故罐区情况。发生事故的316罐区始建于1969年，共有29个中间物料储罐，分属于石化分公司石油化工厂和合成橡胶厂。合成橡胶厂负责管理4个裂解碳四球罐和3个丁二烯球罐，7个球罐容积均为120立方米。石油化工厂负责管理的22个储罐中，有10个为立式储罐（属压力容器），储存拔头油、丙烯、丙烷和1–丁烯；另外12个为常压立式罐，分别储存碳九、抽余油、加氢汽油等重组分。

(2) 事故经过和救援情况

1月7日17时16分左右，合成橡胶厂316罐区操作工在巡检中发现裂解碳四球罐（R202）出口管路弯头处泄漏，立即报告当班班长。17时18分，当班班长打电话向合成橡胶厂生产调度室报告现场发生泄漏，并要求派消防队现场监护。17时20分，位于泄漏点北面约50米的丙烯腈装置焚烧炉操作工向石油化工厂生产调度室报告R202所在罐区产生白雾，接着又报告白雾迅速扩大。17时21分，合成橡胶厂316罐区当班班长再次向生产调度室报告现场泄漏严重。17时24分，现场发生爆炸。之后又接连发生数次爆炸，爆炸导致316罐区4个区域引发大火。

事故发生后，企业和地方消防部门调集460余名消防官兵、86台各类消防车辆迅速赶到现场，展开扑救。鉴于着火物料多为轻质烃类，扑救十分困难，现场抢险灭火指挥部决定，对 4 个着火区实行控制燃烧，同时对周边罐采取隔离冷却保护措施。大火直到 9 日 19 时才基本扑灭。事故造成企业员工 6 人当场死亡、6 人受伤（其中 1 人重伤），316 罐区 8 个立式储罐、2 个球罐损毁，内部管廊系统损坏严重。

（3）事故原因分析

经分析，此次事故原因是裂解碳四球罐（R202）内物料从出口管线弯头处发生泄漏并迅速扩大，泄漏的裂解碳四达到爆炸极限，遇点火源后发生空间爆炸，进而引起周边储罐泄漏、着火和爆炸。

（4）事故教训和整改措施

这起事故造成现场作业人员伤亡严重，火灾持续时间长，社会影响重大，教训极为深刻。事故暴露出作为危险化学品重大危险源的 316 罐区安全设防等级低，早期投用的储罐本质安全水平、自动化水平不高和应急管理薄弱等问题。要深刻吸取事故教训，切实加强化工企业安全生产工作。

1）认真做好冬季化工企业安全生产工作。冬季是化工企业、特别是北方化工企业事故高发季节，化工企业要针对冬季安全生产的特点，进一步加强安全生产管理工作。要加强基层领导干部、技术人员和操作工人对生产现场的巡回检查，加强对危险化学品重大危险源和生产装置关键要害部位的安全监控，发现事故隐患和异常现象及时处理，把事故消灭在萌芽状态。要切实加强生产装置防冻防凝工作。对防冻防凝的重点部位要落实责任，加大检查频率，确保保温伴热措施发挥应有功效，防止因冻裂、冻凝而引发泄漏、火灾爆炸事故。要严格切水操作，对需要切水的设备，要严格切水频次、严格切水流程和切水后的流程确认，防止因切水不及时发生冻凝和不按要求操作造成跑料、串料。化工企业要全面落实冬季安全生产的各项措施，特别是雨雪、严寒冰冻等恶劣气候下防范突发事故的各项措施，确保安全生产。

2）要加快化工装置本质安全化改造。化工企业要加大投入，采用先进科学手段，加快本质安全化改造，全面提升危险化学品储罐区等重大危险源的安全监控水平。要对在役的老装置、老罐区开展一次彻底排查，超过设计年限的压力容器、压力管道，不能满足安全生产需要的，要坚决报废；能够继续使用的，要开展改造升级，使安全设施满足现行安全标准、规范的要求，特别是液态烃、液氯、液氨及剧毒化学品等重点储罐，应按照或参照相关规定要求，设置紧急切断阀，装备安全联锁装置。

3）进一步加强化工企业的应急管理工作，提高全员应急处置能力。化工企业和其他危险化学品从业单位，要全面开展事故预想，通过定期演练不断完善各类事故应急预案，提高全员对事故的分析判断和应急处置能力。

（5）相关知识与管理借鉴

发生事故的316罐区始建于1969年，到事故发生时已经使用30年了，由于建造时间比较早，设施比较落后，没有泄漏自动报警系统，导致操作人员没有及早发现储罐管路弯头处的泄漏，等到发现已经有些晚了。

在运用高科技手段实现自动监测、自动报警方面，青岛市黄岛石化区用科技手段监管重大危险源的做法值得借鉴。

青岛市黄岛区共有危险化学品单位21家，其中存储企业8家，总存储能力达840万立方米；危险化学品码头7座，年吞吐能力5 300万吨，属于重大危险源集中区域。石油化工产品具有易燃、易爆、有毒等危险特性，生产工艺存在高温、高压、高毒等高风险，极易引起火灾、爆炸及毒物泄漏等事故，黄岛石化区专门于2007年11

月成立了安全生产监控中心，以确保公众安全与企业生产安全。监控中心共投资2 000多万元，于2008年1月正式开工建设，2009年1月顺利通过科技成果验收，主要负责黄岛石化区生产经营单位安全生产的监督管理工作。

监控中心主要采取视频监控、自动报警和危险化学品气体泄漏监测及定位3种手段对石化区重大危险源进行24小时监控。为实现日常的安全生产监管和战时实时监控，监控中心接入205路视频，同时从石化区内企业的370路视频中接入194路视频，从黄岛区公安局视频系统接入4路视频，并安装7套摄像监控系统，使监控中心的摄像范围可覆盖整个石化区，实现对石化区范围内重大危险源的24小时监控。

如果石化区内的重大危险源发生事故，监控中心可以迅速反应。因为监控中心信息化平台接入石化区内9家企业的4 816路火警报警信号，又接入4家企业的部分危险化学品泄漏报警信号186路，可实现企业报警与监控中心报警联动。企业报警时，监控中心能同时接收到报警信号，通过应急响应系统迅速确定事故企业及报警源，生成事故企业的基本信息和相应的应急预案，同时监控中心自建的摄像头和接入的企业视频将自动跟踪事发现场，第一时间了解现场状态。此外，监控中心还向各企业和社区居民提供24小时报警电话，以便及时响应并处理各类事故。

为加强对石化区危险化学品气体泄漏的监测，保证石化区及周边社区居民环境安全，监控中心安装了差分光谱测试单元，实现对空气中苯、甲苯、二甲苯、二氧化硫、二氧化氮、臭氧浓度的自动监测分析。上述气体一旦超标，监控中心结合当时风向、风速等相关气象条件即可确定事发地点的大致位置。

监控中心在日常运行监管过程中，根据掌握的数据及现场资料，随时调度每一家危险化学品从业单位的安全管理情况，督促企业加强内部管理，不仅配合上级有关部门做好监督工作，同时也督促石化区的每一个企业设置专门的安全生产管理机构，按比例配备专业、专职的安全生产管理人员，建立健全各项安全管理制度和操作规程。

监控中心投入运行使用以来，石化区未发生一起生产安全事故，实现了石化区跨行业、跨企业危险源的实时监控，为生产安全事故预警和实施及时、灵活、机动处置提供了可靠的科技支撑和技术平台。

32. 某科技公司甲胺长时间保温导致容器增压爆炸事故

2014 年 7 月 1 日 1 时 20 分左右，位于宁夏中卫工业园区内的宁夏某科技股份有限公司（以下简称科技公司）啶虫脒生产车间 N-(6-氯-3-吡啶甲基）甲胺储罐发生爆炸，造成 4 人死亡、1 人受伤，直接经济损失约 500 万元。

（1）企业基本情况

1）企业相关情况。科技公司位于宁夏中卫工业园区，距中卫市区约 10 千米，占地 140 万平方米，始建于 2010 年，有员工 350 人左右，工程技术人员 42 人。

2）啶虫脒农药建设项目。科技公司 1 000 吨/年啶虫脒农药建设项目，2013 年 7 月经中卫市工业和信息化部门备案，2013 年 12 月该项目安全条件论证报告通过审查，2014 年 4 月试生产方案在中卫市安监部门备案。事发时科技公司 1 000 吨/年啶虫脒农药项目处于试生产阶段。

所生产的啶虫脒是一种杀虫剂，化学名称为 N-（N-氰基-乙亚胺基）-N-甲基-2-氯吡啶-5-甲胺。项目采用 N-氰基乙亚胺酸甲酯（中间体）和 N-（6-氯-3-吡啶甲基）甲胺（中间体）合成啶虫脒生产工艺。科技公司1 000吨/年啶虫脒农药项目主要分为3道工序，即N-氰基乙亚胺酸甲酯合成工序、N-（6-氯-3-吡啶甲基）甲胺合成工序、啶虫脒合成工序。

（2）事故经过和救援情况

1）事故发生经过。2014年6月23日上午，科技公司啶虫脒工段副段长李某忠发现第14批合成的粗品啶虫脒颜色发红，立即向段长王某、副总经理刘某维做了汇报。刘某维责令生产技术部副主任杨某清协助农药车间查明原因。从6月24日起，啶虫脒合成工序停止生产。经过3天的排查及小试验证，到28日科技公司认定粗品啶虫脒颜色发红的原因为N-氰基乙亚胺酸甲酯中含有杂质。

啶虫脒合成工序停车期间，N-（6-氯-3-吡啶甲基）甲胺合成工序正常生产（6月23日至27日），共生产4批次。6月28日，由于N-（6-氯-3-吡啶甲基）甲胺接近储存极限，合成工序被迫停止生产。6月30日2时，啶虫脒合成工序投料开车，使用的N-（6-氯-3-吡啶甲基）甲胺为6月26日18时04分开始由储罐打入高位槽的物料。到事故发生，啶虫脒合成工序反应尚未结束。储罐内的N-（6-氯-3-吡啶甲基）甲胺采用盘管加热保温方式储存。

2014年7月1日1时11分，啶虫脒合成工序当班班长王某、操作工高某等人在二楼控制室用餐，闻到刺鼻难闻的气味。11分20秒，操作工高某走出控制室，开启排风机，回到控制室打开南面的窗户，发现一楼东侧的N-（6-氯-3-吡啶甲基）甲胺储罐排气管附近溢出白烟，立即将这一情况向王某做了汇报。14分20秒，王某从二楼由西向东下至一楼。15分23秒，高某、姬某云前后离开主控室由西向东行进。15分35秒左右，N-（6-氯-3-吡啶甲基）甲胺储罐发生爆炸，致使王某当场身亡，爆炸波及包装车间和工具间，造成3名劳务人员（李某琴、杨某和王某华）身亡。

2）应急救援情况。公司总值班朱某平听到巨大响声，并接动力车间锅炉工段冷冻岗位主操作工林某电话报告啶虫脒大楼出事。朱某平赶到中控楼二楼时，遇见农药车间值班员王某猛，2 人到啶虫脒大楼西门口时，看到路边有几名操作工，地上散落着玻璃碎片及断裂窗框。经询问得知，高某受伤跑出后正打电话报警，还有 4 个人没出来。王某猛和丁某华穿戴劳动防护用品进入厂房查看情况，朱某平立即安排将高某送往医院，向公司总经理申某稳等人报告情况，并立即组织全公司停车。现场人员将受伤的李某琴抬出，接着送医院救治。现场人员又先后找到班长王某、劳务人员杨某和王某华，1 时 45 分消防官兵到达现场，协助将伤亡人员抬出现场。

事故发生后，中卫市委、市政府高度重视，立即组织相关部门参与事故救援工作。2 时 50 分，事故现场搜救完毕，现场周边环境监测在正常范围内，抢险救援过程中没有引发次生事故。这起爆炸事故共造成 4 人死亡、1 人受伤。

（3）事故原因分析

1）直接原因。储罐内的 N-（6-氯-3-吡啶甲基）甲胺处于长时间保温状态，发生了缩聚反应，产生的大量热量和气体不能及时排出，导致容器增压发生爆炸。

2）间接原因如下：

①N-（6-氯-3-吡啶甲基）甲胺是合成杀虫剂啶虫脒的重要中间体，事故发生前，国内外均未见报道涉及 N-（6-氯-3-吡啶甲基）甲胺的热稳定性和安全性，该化合物也不在国家《危险化学品名录》中，也未发现关于国内外同行业发生此类事故的报道和相关信息，相关单位在科研、安全评价、设计、生产过程中未能完全预见其潜在的风险。

②科技公司 1 000 吨/年啶虫脒生产线是事故发生前国内外最大

的一条啶虫脒农药生产线，生产规模由 100 吨/年扩大到现科技公司 1 000 吨/年，中间体 N-（6-氯-3-吡啶甲基）甲胺储存由塑料桶（200 升）常温固态（凝固点为 37℃左右）保存改为不锈钢储罐（5 300 升）保温（依据经验盘管通 70℃热水）液态保存；操作方式由人工定量灌装、自然冷却搬运、储存、溶化、抽料到合成釜，改为流水线自动输送到合成釜。改进后，虽然减少了人工操作，改善了作业现场环境质量，保护了员工健康，但是，设计时未能预见 N-（6-氯-3-吡啶甲基）甲胺长时间液态保温储存时缩聚所产生的风险，也没有采取相应的防范措施。

③科技公司在文件中使用不规范名称（苄甲胺）标识化合物 N-（6-氯-3-吡啶甲基）甲胺，容易造成化合物属性的误判，有可能导致科研、安全评价、设计的疏漏。

④设计公司在设计时，没有按危险物品必须有防火间距（安全距离）的要求考虑 N-（6-氯-3-吡啶甲基）甲胺生产装置与包装间和工具间等的安全距离。

（4）事故教训和整改措施

由于截至事故发生前国内外对 N-（6-氯-3-吡啶甲基）甲胺的物理和化学性质尚未认识，因此，调查组认定科技公司 N-（6-氯-3-吡啶甲基）甲胺储罐爆炸事故是一起非责任事故。但科技公司对生产车间的劳务派遣工组织协调管理不科学，3 名无工作任务的包装工随班空转因爆炸死亡，导致事故扩大，企业和相关人员应负一定的管理责任。

这起事故给国家和人民生命财产造成了重大损失，教训深刻。为防止类似事故再次发生，事故调查组建议：

1）国外已见生产的 N-（6-氯-3-吡啶甲基）甲胺沸点为 100~103℃的报道，但国内外均未见报道涉及 N-（6-氯-3-吡啶甲基）甲胺的热稳定性和安全性。建议相关部门和单位对 N-（6-氯-3-吡啶甲基）甲胺的危险特性进行全面分析辨识，并尽快制订其安全性方面的标准规程。

2）科技公司及该项目相关的科研、安全评价、设计等单位必须对该项目重新进行安全性、可靠性分析论证，并提出相应的对策及措施。

3）强化从业人员的安全教育培训。特别要提高广大员工的风险辨识和事故隐患排查能力，增强从业人员遵章守法的自觉性和安全生产的责任心。

4）要求各企业对已知名称的化合物尽量避免使用非通用名称或有歧义的名称，以避免对相关属性的误判。

5）政府相关部门在行政审批制度改革中，对一些事关国家和人民生命财产安全的重点项目特别是高危企业的建设项目必须严把安全准入关，并切实做好事中、事后监管工作，以促进经济科学发展、安全发展。

（5）相关知识与管理借鉴

事故发生后，事故单位按照专家组确定的实验方案和要求进行了实验验证。通过实验验证分析，专家组得出以下结论：N-（6-氯-3-吡啶甲基）甲胺在液态状态下会发生缩聚反应，随着温度的升高，缩聚反应的速度会加快，风险也越来越高。专家组认为，长时间（自 6 月 23 日至 7 月 1 日）保温储存状态下的 N-（6-氯-3-吡啶甲基）甲胺发生了缩聚反应并放热，随着缩聚产物的含量、相对分子质量不断增加，大量的反应热无法及时移除，导致储罐内热量聚积，温度急剧升高，进一步加快了缩聚反应速度。高温造成部分物料瞬间膨胀，同时，缩聚反应产生的大量氯化氢气体难以及时逸出。以上原因导致储罐内压力越来越大，并最终造成容器爆炸。

这起事故还暴露出该公司在管理上存在的问题，对生产车间的劳务派遣工组织协调管理不科学，3 名无工作任务的包装工随班空转，并且因爆炸死亡。

这起爆炸伤亡事故社会影响比较大，给国家和人民群众生命财产安全造成了严重损失。虽然这起事故由非责任因素引发，但在事故调查处理过程中发现，科技公司在新建项目的论证、设计、建设、试生产过程中，在存在不可预测情况的条件下，对规模放大和操作方式、储存条件变更可能引起的风险没有进行深入研究和采取充分的防范措施。对此，需要采取积极有效的措施进行防范。

三、人员中毒窒息事故

化工生产具有的易燃易爆、高温高压、易中毒、易腐蚀等特点，决定了化工生产的危险性。在化工生产过程中容易发生化学物质意外泄漏导致的人员中毒事故。人员中毒事故是化工生产普遍发生的事故，也是导致职业病危害的主要原因之一。由于有毒物质大多是原料和中间产物，在生产过程中以气体或液体状态存在，在发生泄漏事故的情况下，有害物质迅速外泄并污染作业环境，如防护不当或处理救助不及时，很容易发生急性中毒或窒息事故。引发泄漏中毒或窒息事故的原因，主要是设备密封不严、严重腐蚀穿孔、超压引起设备与管道突然断裂、检修时未加设挡板、有毒气体倒流负压系统、阀门泄漏、操作失误、管理混乱和规章制度不落实等。

33. 某化工公司操作员误开氮气管道阀门人员窒息事故

2013 年 8 月 7 日 8 时许，浙江宁波某化工有限公司（以下简称化工公司）员工发现杭州某无损检测技术有限公司 3 名射线检测人员倒在顺酐车间 3 号反应器内管板平台上，3 名人员被送往医院，经抢救无效死亡，事故造成直接经济损失351万元。

（1）企业基本情况

1）企业相关情况。化工公司成立于2007年6月25日，注册资金4.5亿元，法定代表人毛某余，总经理毛某刚（企业主要负责人），年主产8万吨顺酐及衍生物和9万吨正丁烷，企业定员227人。

公司年产8万吨顺酐及衍生物一体化项目于2011年10月17日立项备案，2012年2月由中国某工程有限公司（总承包单位）开工建设，其中顺酐反应器包由上海某装备工程有限公司（以下简称装备公司）设计、制造和现场组装。2013年3月设备、管道、电气仪表安装调试基本完成，2013年4月30日建设项目中期交工，2013年5月14日完成试生产方案备案。

2）项目承接基本情况。2011年9月29日，化工公司与装备公司签订顺酐反应器包订购合同；2013年6月3日，化工公司与装备公司签订顺酐反应器上封头拆装购销合同；2011年12月16日，装备公司与精某公司签订无损检测工程合同（装备公司所有无损检测项目由精某公司承接），合同的有效期为2012年1月1日到2017年12月31日。2013年8月5日，精某公司将化工公司顺酐车间4台反应器上封头焊缝现场射线检测项目口头分包给华某公司。

（2）事故经过和救援情况

7月25日23时左右，顺酐车间3号反应器开始装填催化剂，因催化剂要保持干燥，需要向反应器通入仪表风，化工公司操作工向某海和常某吉打开连接反应器的仪表风管道阀门，但仪表风未能进入反应器，就临时用橡胶软管从软管站将仪表风接入3号反应器（7月26日发现，连接4台反应器的仪表风管道均被短接，顺酐车间主任邱某荣安排人员将1号、2号、4号反应器仪表风管道短接更换）。8月1日，3号反应器催化剂装填完毕。

8月2日至5日，装备公司安排人员对3号反应器上封头进行吊装和焊接作业。到8月5日15时左右，3号反应器上封头焊接作业完成。

8月4日，装备公司江宁顺酐项目现场负责人吕某武与精某公司总经理陈某联系，要求对顺酐车间4台反应器上封头焊缝进行无损检测。随后，陈某与华某公司总经理张某明取得联系，商谈化工公司反应器上封头焊缝射线检测事宜，张某明要求陈某与华某公司宁波工程部经理郎某龙联系，并告知其联系电话。陈某将郎某龙联系电话告知吕某武，让吕某武直接和郎某龙联系。8月4日下午，吕某武与郎某龙取得联系并约定8月5日8时到化工公司查看现场。

8月5日8时30分左右，华某公司郎某龙、郑某青在吕某武的带领下到顺酐车间查看2号、3号反应器后，郎某龙提出拍一张片50元，吕某武同意。随即，郎某龙、郑某青、吕某武3人一起到化工公司生产部副经理郑某办公室，提出在5日20时到6日6时对2号、3号反应器上封头焊缝进行射线检测作业的申请，郑某同意，并让人起草通知，将射线检测作业的时间、地点和注意事项告诉主控室总调度和其他相关人员。

5日20时左右，郑某青（无损检测人员，持射线检验中级证书）与张某青（辅助工）、张某栋（辅助工）、张某虎（辅助工）一起到化工公司顺酐车间对2号、3号反应器上封头焊缝进行射线检测作业。6日4时左右，射线检测作业完成。6日早上，郑某青通知吕某武有11张底片对应的焊缝缺陷需要返修、复拍（其中3号反应器6张）。吕某武立即安排人员返修，并通知郑某青和郑某，射线检测时间安排在6日20时到7日6时。郑某又让人起草了射线检测作业通知，告知主控室总调度和相关人员。6日15时，装备公司焊接人员完成对焊缝的返修工作。

6 日 17 时 30 分许，化工公司顺酐车间主任邱某荣指派顺酐车间气相侧操作员何某飞检查顺酐反应器仪表风流量，要求仪表风流量不小于 320 千克/小时。18 时 26 分，何某飞叫上气相侧操作员刘某东一起去顺酐车间检查反应器仪表风流量，2 人来到反应器三楼未找到仪表风流量计，即下到一楼，发现 1 号、2 号反应器仪表风流量均大于 320 千克/小时，3 号反应器仪表风流量计显示为 0，刘某东尝试徒手将阀门打开未果，遂去附近寻找扳手，何某飞在刘某东找扳手期间（2 分钟左右），徒手打开了阀门（实为氮气管道阀门），并将流量调整到 320 千克/小时以上，告知刘某东已调好，2 人随即到 4 号反应器检查仪表风流量，发现流量太大就将阀门调小，完成巡检工作后，2 人回到主控室。6 日 20 时 01 分，华某公司张某青带领张某栋、张某虎到顺酐反应器现场进行射线检测作业。

7 日 7 时 40 分左右，邱某荣上班途中接到在化工公司进行吊装作业的某建设公司柯某鹏电话，反映射线检测作业设置的警戒线仍未撤走。邱某荣给主控室总调度汤某峰打电话询问，得知联系不上检测人员。7 时 50 分许，邱某荣到达主控室后，得知仍未联系上检测人员，即让汤某峰联系郑某，自己立即赶往顺酐车间反应器现场查看。8 时 01 分，邱某荣在顺酐车间楼下与郑某相遇，一起到顺酐车间三楼反应器上封头处，发现张某青、张某栋、张某虎 3 人倒在 3 号反应器内管板平台上，邱某荣立即打电话给主控室总调度要求送空气呼吸器到现场，郑某立即通知附近作业人员帮助施救。8 时 16 分，化工公司员工将 3 人抬出送往镇海炼化医院，3 人经抢救无效死亡。8 时 22 分，顺酐车间班长宋某在生产部经理帅某稳要求其检查是否有氮气窜入反应器的过程中，将 3 号反应器氮气管道阀门关闭。7 日晚，邱某荣在 3 号反应器氮气管道和软管站仪表风阀门处增挂禁动牌。

（3）事故原因分析

1）直接原因。与反应器连接的氮气管道未安全隔绝，气相侧操作员误开氮气管道阀门，将氮气通入3号反应器中，导致无证射线检测作业人员违章进入3号反应器内缺氧窒息死亡。

2）间接原因如下：

①安全管理责任不落实。化工公司未与装备公司签订安全管理协议，精某公司未与华某公司签订安全管理协议；精某公司、装备公司和化工公司未全面履行对相关方统一安全管理协调职责，安全管理责任未有效落实。

②对相关方安全管理缺失。化工公司未对射线检测作业人员进行教育培训；装备公司未督促精某公司与华某公司签订分包合同及安全管理协议；精某公司未派员对射线检测作业现场实施有效管理，未对华某公司的检测质量进行监督。

③安全管理规章制度和操作规程未落实。华某公司未提供射线检测作业方案，未提出受限空间作业许可要求，未落实受限空间作业操作规程，射线作业人员无证上岗；精某公司未索要并审核射线检测作业方案，未对现场检测人员资质进行审核把关；装备公司未索要并审核射线检测作业方案，未对现场检测人员资质进行审核把关；化工公司未索要并审核射线检测作业方案，未执行外来人员管理制度，未按规定办理作业许可。

④从业人员安全教育和培训不到位。华某公司对张某青、张某虎、张某栋安全教育培训不到位，安全意识淡薄；化工公司对员工的培训缺乏针对性和有效性，操作人员对现场工艺流程、设备设施不熟悉。

⑤作业现场管理不到位。化工公司未对3号反应器氮气管道实施有效隔绝，未按规定对设备设施、管道进行标识，未对重要管道阀门

进行挂牌管理。

（4）事故教训和整改措施

各单位要深刻吸取本起事故教训，举一反三，全面反思安全生产管理上存在的薄弱环节，严格落实安全生产法律法规和标准规范，切实落实整改措施，防止类似事故再次发生。

1）化工公司要建立健全并严格落实各级管理人员和从业人员安全生产责任制。严格执行安全生产法律法规、标准和企业安全管理制度及安全操作规程，并采取措施，确保执行落实到位。进一步强化进入受限空间等特殊作业的安全管理，严格作业许可，落实现场监管措施，确保作业施工安全。加强包括相关方在内的安全生产宣传教育，强化安全培训，提高各级管理者和全体员工的安全知识和技能。

2）化工公司要全面加强相关方管理，修订完善相关方管理规定，明确各级领导、各部门、车间对相关方的管理职责，强化对相关方施工全过程的安全监管，落实作业现场安全交底，对相关方的安全作业规程、施工方案和应急预案进行审查，为相关方提供安全可靠的作业环境。要强化作业现场安全管理，完善设备设施、管道、危险场所的标志标识，对重要阀门实施挂牌管理，提高现场管理的精细化程度。督促各级人员要严格履行各自的安全职责，切实做好作业现场监督检查工作，杜绝各类“三违”行为。

3）华某公司要建立健全并严格落实各级管理人员和从业人员的安全生产责任制。严格执行安全生产法律法规和标准，进一步完善企业安全管理制度和安全操作规程，并采取措施，确保执行落实到位。加强安全生产宣传教育，强化安全培训，提高各级管理者和全体员工的安全知识和技能。完善现场无损检测作业方案，作业人员须持证上岗作业，杜绝无证人员从事相关作业的情况发生。各级管理人员、现场监护人员、作业负责人和具体作业人员要严格履行各自的安全职责，切实做好作业现场监督检查工作，杜绝各类“三违”行为。

4）精某公司要严格落实安全生产主体责任，按规定与相关方签订安全生产管理协议，明确各自安全生产管理职责，加强对承包单位安全生产工作的统一协调、管理。

（5）相关知识与管理借鉴

在这起事故中，2个因素共同导致事故的发生。一个是操作人员误开氮气管道阀门，将氮气通入3号反应器中，导致人员缺氧窒息死亡；另一个是射线检测作业人员违章进入3号反应器。2个因素相互比较，前一个因素是主因。

在事故间接原因的分析中，化工公司未按规定对设备设施、管道进行标识，未对重要管道阀门进行挂牌管理，这是导致事故的主要原因。如果化工公司对重要管道阀门进行挂牌管理，那么就有可能避免发生误开阀门的错误操作。从这个原因来看，该公司的安全管理水平和操作人员的技术水平还不高，公司对员工的技术培训和安全教育存在问题，需要积极改进。

在对员工的安全教育和技术培训上，山东某化工公司深入进行安全教育培训，提高员工安全意识的做法值得借鉴。

山东某化工有限公司（以下简称山东化工公司）是中美合资建设的大型高科技现代化煤化工企业，2003年6月开工建设，2005年10月正式建成投产，总投资27亿元。企业主要以煤为原料生产甲醇、醋酸，在生产、运输、储存、使用等环节中涉及多种危险品，属危险化学品高危企业。山东化工公司领导认为，企业实现本质安全，有赖于员工意识的提高，据此，公司把全员安全教育培训工作作为企业安全发展的基础来抓，开展准军事化全员安全轮训和“大学习、大练兵”活动，取得显著成效。

1）准军事化全员安全轮训借鉴了军队管理模式，把军事训练与安全培训相结合。为了达到提高员工安全认识和自我保护能力的目的，公司特聘请3位军事教官和30余名经验丰富的兼职安全教师，讲授安全法律法规、安全管理制度、电气安全、设备安全、消防安全等15个专业的安全知识。安全轮训每周一期，培训人员820人次，培训率达95%。公司同时组织严格考核，评选优秀学员，实施奖励。

2）“大学习、大练兵”是公司的一大特色。公司是一家全新的企业，工艺、设备、技术都是最先进的，员工也以新人为主，优点是学历层次高、人员年龄轻，缺点则是缺少化工生产的经历，安全认识、自我保护能力参差不齐。为迅速改善这一状况，公司掀起“大学习、大练兵”自学竞赛高潮，调动广大员工的学习积极性，多次组织“大学习、大练兵”安全考试，每次评选前10名进行奖励，后10名进行处罚，极大地增强了员工的竞争意识。

3）山东化工公司还制定了安全培训教育制度，建立了员工培训教育档案，记录培训时间、内容和考核结果；利用班前班后会、安全活动日、工前五分钟等各种形式的培训教育和活动，对员工进行经常性的安全培训教育，以此激发员工搞好安全生产的热情，促使员工重视安全。

34. 某化工集团缺乏常识盲目施救多人中毒事故

2012年11月20日10时10分左右，宁夏某化工集团有限公司（坐落于中宁县石空工业园区，以下简称化工公司）合成车间发生一起较大一氧化碳中毒事故，造成4人死亡、2人中毒，直接经济损失340多万元。

（1）企业基本情况

1）企业相关情况。化工公司于2003年12月24日成立，经营范围为液氨、碳酸氢铵、硫酸、硫酸钾、氯磺酸、磷酸二铵生产、销售等。公司有员工300余名，占地面积20.4万平方米，建筑面积6 317平方米，公司成立后经多次改造，截至事故发生前已达到5万吨/年合成氨及20万吨/年碳酸氢铵的生产能力。

2）合成氨系统情况。该公司原采用煤气发生炉制取水煤气生产合成氨，于2011年年底将从电石炉回收的尾气切入合成氨系统，与发生炉水煤气混合生产合成氨。2012年8月底，合成氨系统停产检修。2012年11月18日，公司按照计划组织开车。

事发当日14时30分左右，经宁夏安全生产技术支撑体系专业中心检测，再生器内一氧化碳气体体积浓度大于2.0×10^{-3}，再生器内氧含量为10.1%。

（2）事故经过和救援情况

2012年11月20日9时左右，化工公司合成车间主任李某军安排精炼工段再生器加铜，集团公司吊车司机刘某力操作吊车配合加铜。操作工康某才、徐某生在再生器上面，合成车间主任李某军在再生器上部回流罐的钢梯平台上指挥作业。

10时10分左右，吊车把铜瓦吊入再生器，负责摘吊钩的康某才趴在再生器人孔处摘自制吊钩但没有摘掉，就自行跳入再生器中摘吊钩，随即发生气体中毒。李某军在没有佩戴任何劳动防护用品的情况下，进入再生器中救人也发生气体中毒。操作工徐某生趴在人孔处看到二人倒下，就向其他人救助，随后自己也被熏晕。此时在地面负责挂钩的冯某和在压缩机岗位检修的刘某民闻声赶上来，在未搞清再生器内是何种气体及气体浓度的情况下，戴上过滤式防毒面具进入再生器救人，也被熏倒。

安全科长郭某鹏看到现场情况后制止了下罐救人的行为，他和调度长袁某国在人孔上方也被熏倒了。调度薛某华闻讯后马上给公司主管生产的副经理曹某打电话（10 时 13 分），告知再生器发生了事故，公司经理陈某云、副经理曹某相继赶到事故现场组织施救，并向“120”急救中心求救。

维修工郭某兵戴着长管式防毒面具下再生器救人，感到呼吸困难，叫喊后被拉出人孔。薛某华又戴着长管式防毒面具下到再生器救人，救上来冯某、刘某民，因体力不支，在别人的帮助下被救出再生器。合成车间副主任赵某佩戴长管式防毒面具下到再生器救出李某军，因有中毒症状被救出再生器。造气车间副主任杨某戴着长管式防毒面具下到再生器救出康某才。

10 时 20 分左右，中宁县人民医院救护车赶到，在现场组织对已经抬下再生器的冯某做人工呼吸、心肺复苏施救，发现冯某已无呼吸、无心跳、无颈部脉搏动。随后，刘某民、李某军、康某才 3 人被抬下，医生采取了同样手段施救，3 人均无呼吸、无心跳，经诊断有 4 人已经死亡。救护车将袁某国、郭某鹏 2 人送往中宁县人民医院救治，随后于当晚 8 时转入宁夏医科大学总医院继续治疗。

这起人员中毒事故造成 4 人死亡、2 人中毒，直接经济损失 340 多万元。

（3）事故原因分析

1）直接原因。11 月 18 日，压缩机启动，精炼工段油气分离器出口阀门未完全关闭（按照当时的流程，该阀门应处于关闭状态），煤气经该阀门进入铜塔窜入再生器。11 月 20 日上午，康某才等人使用自制的钢筋挂钩吊铜瓦，康某才在人孔处摘钩未摘掉，在未采取任何防护措施的情况下跳入再生器中摘钩，由此发生一氧化碳中毒窒息。李某军未采取任何防护措施，其他人在未采取可靠防护措施的情况下盲目施救，导致事故扩大。

2）间接原因如下：

①化工公司安全责任不落实，安全管理混乱。该公司安全管理规章制度不健全（缺少安全例会、安全费用和煤气安全管理等制度），安全投入不足，安全设施（指一氧化碳等有毒有害气体泄漏测漏报警装置）和防护器材配备不齐全。企业安全生产现场管理和检查缺失，停车检修时，没有用盲板将有毒有害介质有效隔离；检修后重新开车，没有制定完善的开车方案，未履行领导签字、审核手续，也未建立有效的生产指挥系统；开车时没有确认相关阀门的状态，造成开车时设备运行状态不明（再生器中已经存在一氧化碳等有毒气体却未被发现）；且工序打通过程没有记录，改变加铜工艺后未制定详细的安全操作规程，作业随意性大。

②化工公司安全培训教育不到位。员工对岗位危险有害因素特别是进入受限空间的危险有害因素识别不全，安全意识淡薄，缺乏应急救援的基本常识，事故发生时未能正确选用气体防护设施，救援过程中使用的滤毒罐和长管式防毒面具防护不可靠。

③化工公司对相关规定不甚了解，没有按规定建立煤气调度室和煤气防护站，也没有对煤气设施进行严格界定，主要煤气设施缺少必要的安全信号和安全联锁装置。

（4）事故教训和整改措施

经调查认定，此次事故是一起违章指挥、违规操作、盲目施救造成的较大一氧化碳中毒窒息责任事故。

1）化工公司要认真吸取事故教训，严格遵守《中华人民共和国安全生产法》《危险化学品安全管理条例》等法律法规，建立健全安全管理制度和安全操作规程，切实加强安全生产管理，强化安全教育，加大安全投入，进一步完善自动化控制系统，严格落实企业安全生产主体责任，努力提高企业本质安全水平，确保类似事故不再发生。

2）化工公司应严格执行国家标准《工业企业煤气安全规程》（GB 6222—2005），建立煤气调度室和煤气防护站，配备必要的人员、救援设施及特种作业器具，切实做好本单位危险作业防护和救援工作。从事煤气生产、储存、输送、使用、维护检修的作业人员必须经专门的安全技术培训并考核合格，持证上岗。

3）各危险化学品从业单位要加强对作业人员和救援人员应急知识的培训，使其了解中毒、窒息等事故可能发生的场所、危害性、特点，掌握自救、互救知识，防止盲目施救。特别是要加强对从事清淤、维修作业的临时工、农民工、外包单位人员的安全生产和应急知识培训，提高安全意识和应急处置能力。

4）各类生产经营单位，尤其是从事危险作业的单位，要严格执行领导和工程技术人员值班值守制度，严格动火、进入受限空间等安全作业许可，加强试生产、开停车安全管理和泄漏安全管理，加强现场巡检和重要参数监控。要根据本单位的实际情况，为相关从业人员配备防护面具、自救器等防护装备以及有毒有害气体检测仪器。同时，应加强对防护、救援装备的管理和维护，防止老化失效。

（5）相关知识与管理借鉴

人员中毒窒息事故的共同特点是突发性、快速性和高度致命性，由于事发突然，常常来不及抢救。因此，一旦发现在生产作业现场有人中毒、窒息昏倒，单凭勇敢精神和搭救愿望贸然进入毒源区，非但救不了他人，反而会危害自己。这个时候要沉着冷静，应采取“一戴二隔三救出”的急救措施。

“一戴”是指施救者应立即佩戴好输氧或送风式防护面具，腰间系好安全带或绳索方可进入高浓度毒源区域施救。毒源区外人员应严密观察、监护，并拉好安全带（或绳索）的另一端，一旦发现危情迅速令施救者撤出或将其拉出。

“二隔”是指由施救人员携带送风式防毒面具或过滤式防毒口罩，并尽快将其戴在中毒者口鼻上，紧急情况下也可用便携式供氧装置（如氧气袋、氧气瓶等）为其吸氧。此外，毒源区域迅速通风或用鼓风机向中毒者方向送风也有明显效果。

“三救出”是指抢救人员在“一戴、二隔”的基础上，争分夺秒地将中毒者移离出毒源区，进一步作医疗急救。一般以2名施救人员抢救一名中毒者为宜，可缩短救出时间。

在这起人员中毒事故中，该公司由于防护器材配备不齐全，安全培训教育不到位，员工对岗位危险有害因素特别是进入受限空间的危险有害因素识别不全，安全意识淡薄，缺乏应急救援的基本常识，事故发生时未能正确选用气体防护设施，救援过程中使用的滤毒罐和长管式防毒面具防护不可靠，结果反而扩大了伤亡人数，教训十分惨痛。

35. 某化工公司缺乏安全意识施救措施不当多人中毒事故

2013年7月21日22时40分左右，甘肃某化工有限责任公司（以下简称化工公司）硫化碱车间发生一氧化碳中毒较大事故，造成4人死亡、4人受伤。

（1）企业基本情况

1）企业相关情况。化工公司为民营企业，企业法定代表人韩某仓，《企业法人营业执照》《安全生产许可证》均在有效期内。安全生产许可范围为重铬酸钠、铬酸酐、硫化碱。该公司有化工、水泥2个分厂，有职工1 000余人。化工分厂包括无钙焙烧红矾钠、铬酸酐、氧化铬绿、硫化碱、氢氧化铝、铬铁合金生产线。

2）事故地点情况。化工公司硫化碱生产线是利用铬盐生产过程中产生的副产品芒硝生产硫化碱产品，主要原料是芒硝和原煤，最初建设时无烘干设备。2007 年 5 月，市相关部门组织各方面的专家组成安全专项验收小组，对该公司硫化碱生产线建设项目安全设施“三同时”进行了专项竣工验收。2012 年下半年，该公司改用兰炭替代原煤进行生产，在生产过程中因兰炭含水量波动较大，公司对进料系统进行了技术改造，擅自增加了原料兰炭的烘干设备。该烘干设备是利用煤粉燃烧的热烟气提供热量，使兰炭中的水分在烘干机中换热气化，水分随烟气被引风机带走，以达到去除水分的目的。煤粉如燃烧不充分会产生一氧化碳等有毒有害气体。原料兰炭的烘干设备于 2012 年 10 月建设，11 月投入运行。

（2）事故经过和救援情况

2013 年 7 月 21 日 17 时左右，化工公司硫化碱车间烘干工段主任刘某荣，带领易某栋、张某、张某友在硫化碱车间烘干工段上夜班。

22 时 35 分左右，刘某荣安排易某栋、张某清理提升机地坑废料炉渣，易某栋进入地坑内清扫，刘某荣、张某负责监护。张某友在烘干炉出料口接废料。

22 时 40 分左右，张某发现易某栋晕倒在地坑内，刘某荣、张某和接废料的张某友下到地坑将易某栋救到地面，张某和张某友对易某栋进行人工呼吸，大约两三分钟后易某栋苏醒，张某友发现刘某荣不在跟前，走到地坑前看到刘某荣在地坑人行梯的底部昏迷。张某便和途经此处送兰炭的硫化碱车间工人王某下到地坑试图将刘某荣抬出，张某又晕倒在地坑里面，王某从地坑中爬出打电话通知硫化碱车间主任贾某旺，张某友跑到铬铁车间去叫人。随后贾某旺叫上铬铁车间主任任某君开车赶往事故现场，在途中任某君用手机向公司的值班总负责人、技术设备部部长刘某军和化工分厂副厂长张某仁、生产安全部部长朱某、公司总经理张某元报告了此事。公司总经理张某元在张掖市甘州区家中接到电话后，随即拨打了“120”急救电话，并电话通知在民乐的化工分厂副厂长杨某山赶往事故现场救援，同时向在张掖的公司董事长韩某伦电话汇报了此事，韩某伦直接赶往市医院联系抢救事宜，张某元立即赶往公司。

任某君和贾某旺到达现场后，用毛巾捂住口鼻下到地坑救人，贾某旺又晕倒在地坑里，任某君一人无法施救就从地坑中爬出。这时化工分厂副厂长张某仁和夜间值班的技术设备部的刘某军也赶到了现场，刘某军打电话安排库房管理人员往现场运送防毒面罩、氧气瓶等施救物资，并组织人员在提升机地坑架设风机，张某仁佩戴普通口罩下到地坑救人时晕倒在地坑中。张某友叫来王某祥、易某亮、易某林、刘某生 4 人，同任某君下去将贾某旺拉了上来，刘某生、易某亮、易某林、王某祥晕倒在地面。这时各车间的管理人员都陆续赶到，由总工黄某平带领刘某福、田某、庞某贵、祁某溪、史某荣等人采取将口罩沾水、佩戴防毒面具、向地坑注入氧气、架设通风机等方式进行施救，将地坑中的刘某荣、张某、张某仁相继抬出。在救援过程中参加施救的刘某荣、张某、张某仁、刘某生、易某亮、刘某福、贾某旺、王某祥中毒昏迷。23 时 10 分左右，公司立即用 3 辆车将所有中毒人员送往张掖市人民医院进行救治，途中分别转至赶来救援的张掖市人民医院“120”救护车，张某仁、刘某荣、张某、刘某生经张掖市人民医院抢救无效死亡，易某亮、刘某福、贾某旺、王某祥 4 人在张掖市人民医院住院治疗。

这起中毒事故共造成 4 人死亡、4 人受伤，直接经济损失约 367 万元。

（3）事故原因分析

1）直接原因如下：

①烘干机运行中引风机变频器跳闸，引风量不足，烘干机内煤粉

燃烧不充分，致使炉内产生一氧化碳等有毒有害气体又无法排出，随炉头罗茨风机提供的压力通过提升机机壳倒流入负一层检修地坑，致使地坑内一氧化碳等有毒有害气体浓度过高，操作人员在无任何防护措施的条件下违章作业造成中毒事故。

②重大工艺、设备设施变更未履行审批程序，新增加的烘干设备未经充分论证，未经正规设计，企业擅自进行技术改造，对此工艺存在的主要危险、有害因素未进行风险辨识，对引风机故障停机时可能发生的后果无正确的处置办法，是造成事故发生的直接原因之一。

③提升机负一层检修地坑未设置有毒气体报警仪，未设置强制机械通风设施，生产场所便携式防毒面具、空气呼吸器等中毒急救设施配备不齐全。生产工人和施救人员缺乏安全意识，施救措施不当，盲目救援，造成事故扩大。

2）间接原因如下：

①企业主体责任落实不到位。企业未能及时发现和消除事故隐患，未严格落实安全设施、设备管理和检修、维护、变更管理制度及操作规程，未对本单位危险化学品生产安全事故应急救援预案进行演练。

②安全培训教育不到位。“三级”安全教育培训内容针对性不强，未对烘干设备新上岗人员进行专门的安全教育培训，从业人员缺乏有毒有害气体防范相关知识，安全意识淡薄，违章作业。

③特殊作业管理不到位。提升机检修地坑未制定受限空间作业安全技术操作规程，未执行受限空间作业票制度，未对受限空间内有毒有害气体进行检测，违章作业。

④技术管理不到位。企业对技术改造的烘干设备安全技术特性不了解，对未经正规设计和非正常使用的烘干设备没有进行安全设计诊断和应用危险与可操作性分析（HAZOP）技术。对烘干设备的引风

机变频器闸刀等安全设备的使用、维护和检查不及时、不到位。在有较大危险因素的硫化碱车间烘干设备上未设置明显的安全警示标识，对事故预兆未及时采取措施。

⑤应急救援管理不到位。危险化学品应急预案针对性、操作性不强，预案未经演练，应急设备配备不符合要求，救援人员缺乏必要的施救常识，公司化工分厂副厂长张某仁、公司化工分厂硫化碱车间烘干工段主任刘某荣违章指挥，盲目施救。

（4）事故教训和整改措施

经过调查取证、技术认定和综合分析，认定该起事故是一起生产安全责任事故。

1）化工公司要进一步增强做好危险化学品安全生产工作的紧迫感和责任感，举一反三，防微杜渐，采取更加有力有效的措施，切实加强安全生产监管工作，坚决防止类似事故的发生。

2）化工公司要对照相关法律法规、规程规范和技术标准要求，认真检查事故易发的重点场所、要害部位、关键环节，对排查出的事故隐患和问题要建立事故隐患排查治理台账，落实整改措施、责任、资金、时限和预案，限期进行整改。要督促企业认真进行自查自纠，凡是自查自纠不彻底、事故隐患排查不彻底的企业，责令重新检查；凡是未落实“检查必须复查”工作要求的，立即按照“谁检查，谁负责”的原则开展复查；凡是拒不执行整改指令的，依法责令停产停业，并依法高限处罚；凡是重大事故隐患没有按期整改到位的，严格按照“四个一律”要求依法关停，决不能使安全大检查工作走马观花、流于形式。

3）化工企业要吸取事故教训，认真落实开停车、检维修等技术规范和安全措施，严格执行动火、进入受限空间等危险性作业的安全标准，严格落实风险分析辨识管理和特殊作业票审批制度等有关技术规程规定，切实强化作业现场监护。所有危险化学品企业作业现场必须配置空气呼吸器、防毒面具和必要的安全防护设施，并定期检查、校验，确保防护设施完好。加强危险化学品作业现场有毒有害气体的监测，坚决防范中毒、窒息等事故发生。要加强化工生产全过程的安全管理，全面应用危险与可操作性分析（HAZOP）技术。

4）化工企业要提高危险化学品从业人员的准入门槛，确保从业人员的基本素质。要督促企业认真落实职工“三级”安全教育培训制度，持续不断地加强“三项岗位”人员安全培训教育力度，使其真正掌握作业场所和工作岗位存在的危险因素及防范措施、应急预案和安全管理制度，不断提高职工安全意识和自我防范能力。要进一步完善应急预案，并定期组织开展应急演练，加大应急投入，完善应急物资和应急装备储备，提高企业事故应急救援处置能力。

（5）相关知识与管理借鉴

在这起事故中，人员的作业地点地坑原来没有有毒有害气体，但是因为烘干机运行中引风机变频器跳闸，引风量不足，烘干机内煤粉燃烧不充分，致使炉内产生一氧化碳等有毒有害气体，又无法排出，随炉头罗茨风机提供的压力通过提升机机壳倒流入负一层检修地坑，致使地坑内一氧化碳等有毒有害气体浓度过高。无毒的地方变为有毒，如果没有检测肯定不知道，因此，作业人员在无任何防护措施的条件下进行作业，发生人员中毒就成为必然。发生人员中毒事故后，又因为盲目施救，导致救援者不断中毒，结果造成多人伤亡。

进入有毒有害事故现场进行救援或者进行应急处理时，一定要注意自身的安全防护，要注意以下事项：

1）进入现场的救援人员必须佩戴必要的劳动防护用品。

2）如果泄漏物易燃易爆，事故中心区应严禁火种，切断电源，禁止车辆进入，立即在边界设置警戒线。

3）如果泄漏物有毒，应使用专用防护服、隔绝式空气面具，并立即在事故中心区边界设置警戒线。

4）应急处理时严禁单独行动，要有监护人，必要时用水枪、水炮掩护。

5）确保人员安全。在确保人员安全的前提下，尽快关阀堵漏。根据实际情况，可以采取关闭阀门、停止作业或改变工艺流程、物料走副线、局部停车、打循环、减负荷运行等，采用合适的材料和技术手段堵住泄漏处。

6）搞好现场检测。应不间断地对泄漏区域进行定点与不定点的检测，以及时掌握泄漏物质的种类、浓度和扩散范围，恰当地划定警戒区。

36. 某化工公司检修作业一氧化碳气体溢出人员中毒事故

2018年4月26日20时40分，位于天津市滨海新区天津港保税区临港区域的天津某化工股份有限公司（以下简称天津化工）进行检维修作业时发生一起一氧化碳中毒事故，造成3人死亡、2人受伤，直接经济损失（不含事故罚款）约为356万元。

（1）企业基本情况

1）企业相关情况。天津化工成立于2000年12月，注册资本30亿元，法定代表人王某龙，经营范围为氨、甲醇、乙酸、异丁醇、异丁醛、丁醇、硫酸、甲醛、丁醛、辛醇、聚甲醛、小苏打、纯碱、氯化铵、丙酸的制造，以及经营该企业自产产品的出口业务和该企业所需的机械设备、零配件、原辅材料的进出口业务。

张某强与张某阳组建的劳务队以某化工建设有限公司（以下简称建设公司）的名义，在2018年3月实际承揽了天津化工煤化工事业部合成氨运行部变换工段（以下简称事故装置）的检维修工程。该工程计划在天津化工 2018 年停工检修期间（2018 年 4 月 10 日至 4 月 30 日）完成，双方未签订书面合同。

2）事故项目情况。天津化工按照消除设备事故隐患、恢复设备性能、保证设备本质安全的要求，结合特种设备检测和公司改造项目进行 2018 年停工检修。全部检修项目 866 项，其中重点项目 89 项。特种设备检测涉及压力容器 412 台、压力管道 228 条、安全阀 645 套。

重点项目主要有热电 3 号高压炉和 2 号发电机大修，1 号煤气化炉大修，合成氨变换更换催化剂，一期丁辛醇净化槽保护剂更换及辛醇加氢催化剂更换，醋酸优化项目改造对接，技措项目系统对接（3 号煤气化炉优化建设项目、蒸汽管网优化、热电除氧器蒸汽改造、空分后备系统等）。停检工作安排在 2018 年 4 月 10 日开始逐步停车，计划 4 月 30 日检修完毕开车运行。

3）事故涉及的装置情况。事故发生在该公司煤化工事业部合成氨运行部变换工段。煤化工事业部所辖区域有日投煤量 2 000 吨煤气化炉两套、年产 50 万吨甲醇装置一套、年产 30 万吨合成氨装置一套、年产 20 万吨制气装置一套、配套输煤系统一套，事业部下设储配运行部、煤气化运行部、甲醇运行部、合成氨运行部、设备管理部、安全管理部、经济技术部、生产管理部、质量管理部、综合办公室等。

此次煤化工事业部停产检修项目共计 414 项，重点项目 43 项，主要有磨煤机大修，1 号煤气化炉大修，一氧化碳压缩机大修，合成氨变换炉 1 号、2 号、3 号变换催化剂更换，合成氨气压机更换主气阀，甲醇气压机大修，压力容器及压力管道检测修复，安全阀校验更换等。其中，压力容器检测 164 台，涉及拆封头、开人孔；压力管道检测 145 条，检测 3 445 道焊口。按照该公司安排，停检工作在 2018 年 4 月 10 日开始进行。本次事故发生在合成氨 3 号变换炉变换催化剂更换后的气密性试验阶段。

（2）事故经过和救援情况

1）事故发生经过。2018 年 4 月 26 日 19 时 50 分左右，张某强劳务队人员葛某峰安排雪某、谢某成、汪某 3 名作业人员更换合成氨 3 号变换炉顶部人孔盖的垫片。在更换过程中，作业人员听到人孔盖发出漏气声，并感到漏气压力较大，3 人随即暂停作业。

20 时 30 分，谢某成给班长谢某拨打电话告知相关情况，谢某与项目副经理张某阳随后赶到现场并登上合成氨 3 号变换炉顶部人孔盖附近的平台查看情况。在平台上张某阳感觉到头晕，便让谢某成等 4 人先撤离现场。雪某、谢某成 2 人通过合成氨 3 号变换炉的竖梯下到地面，谢某在下竖梯的过程中从竖梯摔下（高约 10 米），张某阳、汪某昏迷在合成氨 3 号变换炉人孔附近的平台。

20 时 40 分，在附近经过的检修工刘某军发现合成氨 3 号变换炉有人坠落后，立刻电话通知了公司值班人员，值班人员立即向公司应急救援中心和煤化工事业部领导电话报告。天津化工救援人员到达现场后，对坠落者谢某进行检查，发现已无脉搏，确认死亡。同时，该公司先后派出 3 人佩戴空气呼吸器上到合成氨 3 号变换炉顶部救援，但因通往合成氨 3 号变换炉顶部的竖梯安全护笼空间狭小，救援人员穿戴空气呼吸器后无法运送昏迷人员，未能将人救下。后由临港消防大队使用消防云梯将在合成氨 3 号变换炉顶部昏迷的 2 人救下，并送往天津市永久医院救治，张某阳、汪某 2 人经抢救无效于次日凌晨 7 时 30 分死亡，雪某、谢某成经治疗康复出院。

2）应急救援情况。接报后，市安全监管部门、滨海新区人民政府、天津港保税区管委会及相关部门的主要负责人立即赶到现场，组成现场指挥部组织开展救援工作，并于23时完成现场救援工作。

这起人员中毒事故造成3人死亡、2人入院治疗，直接经济损失（不含事故罚款）约为356万元。

（3）事故原因分析

1）直接原因。在3号合成氨变换炉气密性检修作业期间，事故装置上游的煤气化炉已开始点火运行，因3号合成氨变换炉与火炬之间管道上阀门关闭不严且未按照要求加装盲板，致使一氧化碳气体通过火炬总管进入了发生事故的3号合成氨变换炉，并从炉顶部人孔溢出造成中毒事故。

2）间接原因如下：

①张某强劳务队不具备危险化学品设施设备检维修施工资质，使用伪造的建设公司公章，违法承接危险化学品设备检维修工程。

②张某强劳务队未落实天津化工《检维修安全管理规定》和《检维修作业安全监护规定》，在未办理作业票证的情况下，从事合成氨装置3号变换炉更换人孔盖垫片作业。未对施工人员进行认真培训，检修作业未进行安全风险辨识，未按照规定设专人监护，未采取有效的安全防范措施。

③天津化工在项目检修中安全生产主体责任不落实，违反规章制度，开展合成氨变换工段系统气密性试验时，未按照《停工检修计划大纲》的规定加装盲板。

④天津化工对承包商审核把关不严。公司承包商管理制度没有对承包商资质准入做出明确要求，建立检维修外协单位名录时未进行认真核查，对其资质材料不完整、双方确认函过期等明显问题未能发现；对招投标文件、合同等材料审核不细致不严谨，未能辨别真伪，甚至未与承包商签订正式合同。

⑤天津化工特殊作业管理混乱。公司为了赶工期、抢进度而轻视

流程、疏于细节，对检维修之前未按照规定开具作业票的情况进行管理；公司以包代管，施工人员作业期间无人监护，“双监护”制度形同虚设；煤气化装置开车时，各工段、各单位间未做到整体联动、信息畅通，危情预判和告知缺位。

⑥天津化工应急管理不到位。应急预案内容不充分、针对性不强，应急设备配备不齐全，现场应急救援不力，事故发生后长时间未能将昏迷人员从工作台救下。

⑦天津化工安全教育培训走过场。对承包商检维修作业人员的安全教育培训和考核流于形式、内容空泛，甚至有多名未参加教育培训考核的人员从事检维修作业，对施工部位的危险因素和防范措施不知情、不掌握。

⑧天津化工未认真开展事故隐患排查治理。在检维修期间，安全管理人员对发现的问题只是进行口头教育，未按照企业内部规定予以处罚，事故隐患治理未实现闭环，问题整改未落到实处。

（4）事故教训和整改措施

1）天津化工要全面落实安全生产主体责任。公司党政领导班子要深刻吸取事故教训，坚持党政同责、一岗双责、齐抓共管、失职追责，要以此次事故为戒，对全员开展警示教育，进一步强化企业安全生产主体责任落实，明确各级安全生产责任制，切实将安全责任落实到每一名员工。

2）要进一步加强承包商管理。严格承包商资质审核，不得将检修、维修工程项目发包给不具备相应资质的施工单位，坚决杜绝层层转包和“以包代管”；加强对承包商的安全培训，考核合格后方可进厂作业；严格对承包商施工方案的审查，做好作业安全交底，并安排具备监护能力的人员负责检维修全过程现场监护。

3）要加强安全培训教育。强化对从业人员安全生产教育培训，保证从业人员具备必要的安全生产知识，熟悉有关的安全生产规章制度和安全操作规程，掌握本岗位的安全操作技能，了解作业场所和工作岗位存在的危险因素、防范措施及事故应急措施。依法制订教育培训计划，加强考核评估工作，建立培训档案。

4）要强化危险化学品特殊作业安全管理。加强检维修时特殊作业的风险辨识与管控，充分认识进入受限空间、动火等特殊作业的重大风险，对所有构成重大危险源的危险化学品罐区动火、进入受限空间作业、节假日期间特殊作业全部进行升级管理，分管负责人必须亲自组织对现场作业安全条件进行严格确认，确保作业安全；严格执行作业票审批制度，全面进行安全风险辨识分析，严格按照国家标准等规定检测受限空间等作业场所可燃气体浓度、有毒气体浓度、氧含量，切实落实各项防范措施，强化全过程监控。

5）要注重提升本质安全。要对规章制度、工艺规程、岗位操作法、检维修大纲等进行排查、细化，健全完善安全生产责任制、安全生产规章制度、应急救援预案与装备建设、检维修大纲等，加强落实情况的检查考核工作，确保责任制及规章制度有效执行，提高本质安全水平。

（5）相关知识与管理借鉴

这起事故的发生主要有 2 个原因：一是张某强劳务队不具备危险化学品设施设备检维修施工资质，违法承接危险化学品设备检维修工程；二是天津化工在开展合成氨变换工段系统气密性试验时，未按规定加装盲板，致使一氧化碳气体通过火炬总管进入了发生事故的 3 号合成氨变换炉，并从炉顶部人孔溢出造成中毒事故。2 个原因相比较，还是后面的原因是主因。

设备检修作业是危险性较大的作业，也是专业性比较强的作业，在进行设备检修作业时，应注意以下事项：

1）外来检修施工单位应具有国家规定的相应资质，并在其等级范围内开展检修施工业务。

2）根据设备检修项目的要求，检修施工单位应制定设备检修方案，检修方案应经设备使用单位审核，检修方案中必须有安全技术措施，并明确检修项目安全负责人。检修施工单位应指定专人负责整个检修作业过程的具体安全工作。

3）检修前，设备使用单位应对参加检修作业的人员进行安全教育，安全教育主要包括如下内容：①有关检修作业的安全规章制度。②检修作业现场和检修过程中存在的危险因素和可能出现的安全问题及相应安全对策。③检修作业过程中所使用的劳动防护用品的使用方法及使用注意事项。④有关事故案例和检修作业的经验、教训。

4）检修项目负责人应组织参加检修作业的人员到现场进行检修方案交底。检修的施工单位要做到组织落实、检修人员落实和检修安全措施落实。

5）当检修设备涉及高处、动火、动土、断路、吊装、盲板抽堵、受限空间等作业时，须按相关专业安全技术操作规程进行。临时用电应办理用电手续，并按用电规定安装和架设。设备使用单位负责设备的隔绝、清洗、置换工作，检验合格后交出检修。检修项目负责人应与设备使用单位负责人共同检查，确认设备、工艺处理等满足检修安全的要求。

6）应对设备检修中使用的脚手架、起重机械、电气焊用具、手持电动工具等各种工器具进行安全检查。手持式电气工器具应配有漏电保护装置。凡不符合检修作业安全要求的工器具不得使用。

7）对检修设备上的电器电源，须采取可靠的断电措施，确认无电后在电源开关处设置安全警示牌或加锁。

8）对检修中使用的气体防护器材、消防器材、通信设备、照明设备等应安排专人检查，确保完好。对检修作业现场的梯子、栏杆、平台、篦子板、盖板等进行检查，确保安全。

9）对有腐蚀性介质的检修场所应备有应急用冲洗水源和相应的防护用品；对检修现场存在的可能危及安全的坑、井、沟、孔、洞等应采取有效的安全防护措施，设置警示标识，夜间设置警示红灯。

37. 某化工公司甲硫醇钠管道堵塞检修人员中毒事故

2014 年 1 月 9 日 9 时，安徽省亳州市谯城区魏岗镇安徽某化工有限责任公司（以下简称化工公司）出租场地内，员工在检修管道过程中发生中毒事故，造成 4 人死亡、2 人轻伤。

（1）企业基本情况

1）企业相关情况。化工公司成立于 1994 年，是国家批准的农药定点生产企业，有职工 88 人，各类技术人员 26 人，法定代表人牛某兴，主要生产啶虫脒可湿性粉剂、吡虫啉可湿性粉剂、甲拌磷、辛硫磷、氧化乐果、三唑磷等农药产品，其中甲拌磷、辛硫磷、氧化乐果、三唑磷被列入《危险化学品名录》。

2013 年 7 月底，化工公司法定代表人牛某兴与王某彦和张某荣达成租赁生产场地意向。2013 年 9 月，牛某兴将厂区部分场地违法出租给王某彦和张某荣，主要用于生产莠灭净、莠去津等农药产品，并指使康达化工总经理赵某设与王某彦签署租赁协议。

2）事故发生场所有关情况。事故发生在化工公司出租的场地内。王某彦和张某荣 2 人在未依法注册企业、未取得任何行政审批、未取得安全生产从业资格的情况下，于 2013 年 7 月底，开始在化工公司厂区北部和东北角租赁场地进行工程建设。其中，东北角厂房为莠灭净生产区，于 2014 年 1 月 7 日投料生产，1 月 9 日发生事故，事发地点系其生产系统的泵操作井内；北面厂房为莠去津生产区，事发前正在建设，未投产。其所属人员 30 人，均来自山东省。

（2）事故经过和救援情况

2014 年 1 月 9 日 9 时，张某荣发现泵操作井中甲硫醇钠管道堵塞，安排李某友下到操作井中维修，李某友下到操作井中后即中毒昏迷，张某荣立即叫来工人盛某现、李某普前来施救，3 人在未采取任何防护措施的情况下，相继下到操作井内，均中毒昏迷。这时王某彦赶到现场，阻止了其他人员继续下去施救，在去除覆盖在泵操作井上面的彩钢板，并向泵操作井中强制通风后，先后救出 4 人，4 人经医院抢救无效死亡。李某莲、冯某其 2 人轻度中毒，经当地医院处理后于当日康复出院。

（3）事故原因分析

1）直接原因。作业人员违规进入泵操作井对其中的甲硫醇钠管道进行检修，吸入含硫有毒气体（硫化氢、甲硫醇等）中毒，后因现场组织施救不当造成事故扩大。

2）间接原因如下：

①王某彦和张某荣无视国家法律法规，在未经任何行政审批，未建立安全生产管理体系，未制定安全生产管理制度，无安全管理人员，未对从业人员进行安全培训，未设置必要的安全设施，生产系统不具备基本的安全生产条件的情况下，非法组织建设、生产。

②化工公司违反国家法律法规，在明知王某彦和张某荣没有资质、不具备安全生产条件的情况下，为非法建设、生产提供帮助，为其提供生产场地，帮助其应付政府部门检查、掩盖非法活动，客观上促成了非法建设、生产。

③监管不到位。魏岗镇政府、谯城区安全监管局、谯城区人民政府、亳州市安全监管局没有按照全国安全生产大检查的要求，对辖区

内危险化学品生产企业进行深入细致检查；打击非法生产责任落实不到位，对辖区内非法建设、生产查处不力。

（4）事故教训和整改措施

经调查认定，该起事故是一起因非法租赁，非法建设、生产而造成的较大生产安全责任事故。

1）进一步加大安全监管力度。要监督指导企业主要负责人切实落实安全生产职责，建立和不断完善并严格履行全员安全生产责任制，建立和不断完善并严格执行各项安全生产规章制度，建立安全生产投入保障机制，强化事故隐患排查治理，加强安全教育与培训，加强重大危险源监控和应急工作，推动企业切实履行安全生产主体责任。

2）强化企业安全生产主体责任的落实。从事危险化学品生产、经营的企业（单位）应依法设立，并依法取得安全生产许可，相关建设项目须严格履行安全设施“三同时”手续。严禁非法出租场地，相关危险作业应严格按照相关规定要求实施。

3）严格危险化学品安全生产许可制度。各级安全监管部门要严把危险化学品安全生产许可证申请、延期和变更审查关，对不符合有关安全标准、安全保障能力差、危及安全生产等落后的危险化学品企业予以强制淘汰。对新建、改建、扩建危险化学品生产、储存装置和设施的项目，进行建设项目安全条件审查、安全设施设计的审查、试生产方案备案和竣工验收。

4）进一步提升危险化学品监管工作水平。要进一步加强危险化学品安全监管队伍建设，配强危险化学品安全监管人员，强化监管人员的责任心，强化监督管理人员的业务培训，不断提升危险化学品监管工作水平。

（5）相关知识与管理借鉴

事故的发生往往具有偶然性的特点，属于在一定条件下，有可能发生，也有可能不发生，随时间推进产生的某些意外情况而显现的随机事件。事故具有偶然性和突发性，往往在意想不到的时间、地点，以人们意想不到的方式发生，因此一旦事故发生，人们可能极为慌乱，这个时候最容易发生重大失误。

人员中毒事故现场应急救援的一般原则如下：发生毒物泄漏、人员中毒事故时，现场人员应按报送程序向有关部门领导报告；通知停止周围一切可能危及安全的动火、产生火花的作业，消除一切火源；通知附近无关人员迅速离开现场，严禁无关人员进入有毒区等。

进行现场急救的人员应遵守以下规定：

1）参加抢救的人员必须听从指挥，抢救时必须分组有序进行，不能慌乱。

2）救护者应戴好防毒面具或氧气呼吸器，穿好防毒服，从上风向快速进入事故现场。

3）迅速将伤员从上风向转移到空气新鲜的安全地方。

4）救护人员在工作时，应注意检查个人危险化学品应急救援防护装备的使用情况，如发现异常或感到身体不适时要迅速离开染毒区。

5）假如有多个中毒或受伤的人员被送到救护点，应按照“先救命、后治病，先重后轻、先急后缓”的原则分类对伤员进行救护。

38. 某化工公司压紧阀盖作业导致滑丝物料喷出中毒事故

2013 年 10 月 18 日 4 时 26 分，山东广饶县某化工有限公司（以下简称化工公司）医药中间体生产车间发生物料泄漏事故。事故共造成 3 人中毒，经抢救无效死亡，直接经济损失约 270. 6 万元。

（1）企业基本情况

1）企业相关情况。化工公司为民营股份制企业，注册资本1 000万元，固定资产约2 500万元，员工40余人，主营化工产品加工、销售。

2）医药中间体项目情况。该公司医药中间体项目主产品为2-氯-5-三氟甲基吡啶（产能150吨/年），副产品为盐酸、氢氟酸、次氯酸钠，原料为2-氯-5-甲基吡啶、液碱、氯气、氟化氢。该项目原装置由山东某医药化工设计有限公司设计，工艺为沈阳某化工研究院王某提供，2008年3月开工建设，2008年8月建成。建成后，因工艺调整、资金短缺及内部股权调整等各方面原因，该项目一直无法正常开工生产。

2013年3月至10月，化工公司对项目部分设备进行了改造，更换了氯化釜、氯气缓冲罐，氯化釜的容量由1立方米扩大到2立方米。公司还扩建了精馏和尾气吸收装置，精馏装置增加了蒸发罐和接收罐，尾气吸收装置更换为降膜吸收塔，处理能力由45立方米扩大到120立方米。化工公司在改扩建期间，分别于2013年4月、6月、8月、9月进行过生产，每次生产5至14天不等。2013年10月10日，设备改造全部完成，13日投料开工生产。

3）车间布局和工艺、设备情况如下：

①车间布局及设备情况。车间为彩钢板结构，呈南北向布设，南北长36米，东西宽12米。在用生产装置主体设备包括容积1立方米氯化釜6个、1立方米氟化釜2个、1立方米热油蒸馏釜2个、1立方米真空精馏釜2个、0.8立方米缓冲罐2个、恒温槽1个。相应配套设施包括2吨/小时蒸汽锅炉、1.5吨/小时导热油锅炉、20万千卡/小时制冷机组各一台。

②生产工艺情况。该公司生产工艺为原料2-氯-5-甲基吡啶经氯

化、蒸馏、氟化、精馏工序得到高纯度的产品 2-氯-5-三氟甲基吡啶。氟化工序为事故发生工序，具体工艺：将提纯后的中间产品 2-氯-5-三甲基吡啶投入氟化釜中，通入氟化氢，升温进行取代反应，生成产品 2-氯-5-三氟甲基吡啶。反应多余的氟化氢和生成的氯化氢喷射到降膜吸收器，溶入水后生成氢氟酸和盐酸的混合液，储存于氢氟酸罐中。

在生产中，与氟化釜相连接的是压料阀、导流管结构。与氟化釜相连接的压料阀共有两个 2 联阀门，一个是截止阀，另一个是球阀，均为氟化反应后物料外送控制阀。截止阀直接与氟化釜釜体法兰螺栓连接，为事故发生部位。两阀门之间为螺栓连接。球阀引出后的导流管与一敞口的分层罐相连接。

(2) 事故经过和救援情况

1) 事故发生经过。10 月 13 日，该公司完成工艺设备改造后，开始投料进行氯化、蒸馏工序生产，准备下一步氟化工序反应物料。10 月 15 日至 17 日，公司进行第一次氟化工序生产。10 月 17 日 9 时 45 分，公司开始投料进行第二次氟化工序生产。

10 月 18 日 4 时 22 分，在生产过程中，氟化岗位操作工于某庆发现与 1 号氟化釜连接的截止阀出现异常，发生轻微渗漏现象，并通知氟化岗位操作工张某江进行现场查看和确认。4 时 25 分，张某江携带维修工具对截止阀进行维修，于某庆在氟化釜旁观看。张某江将工具固定好，两手握住氟化釜上方管道，用脚踩踏工具，整个人站在工具上面加力。4 时 26 分，张某江又使用管钳，卡住截止阀阀盖六角，进行紧固。此时，截止阀阀芯突然与阀体分离并在压力作用下弹出，氟化釜内物料瞬间从截止阀阀体与阀盖螺栓接口处大量喷出，将刚来到二层平台查看的武某光（处于截止阀阀杆正前方）由二层平台防护栏缺口处冲击到车间地面，同时氟化釜内物料在车间内迅速大面积扩散。

2）应急救援情况。事故发生后，同班操作工李某涛、李某营、李某友等随即将在车间内靠近正门南门口躺着的武某光救出，于某庆、张某江则立刻由车间南侧斜梯疏散到车间外，现场人员把 3 人架到水管处对 3 人采取了冲洗措施。李某营立即拨打急救电话。约 5 时，医院救护人员赶到现场，3 人经抢救无效死亡，经广饶县人民医院诊断为“氟化氢中毒，死亡”。

车间主任张某刚于 5 时 20 分赶到现场，指挥工人对其他反应釜及系统内的物料进行排空，并采取了停炉、停电、停水等紧急停车措施，于 6 时 30 分左右处置完毕。事故未对周边环境造成明显影响。

（3）事故原因分析

1）直接原因。氟化岗位操作工张某江违章操作，未佩戴必要的劳动防护用品，在氟化釜处于带压状态下，使用管钳对已关闭到位的截止阀进行压紧阀盖作业，致使截止阀连接螺栓受力过大引起结构失稳（滑丝），造成含有氟化氢的有毒物料喷出。

2）间接原因如下：

①化工公司非法生产。未依法履行安全生产、环保、消防等许可手续，非法生产危险化学品、非法购买剧毒危化品氯气、非法使用未经登记注册的压力容器；拒不执行相关部门停产指令，擅自生产。

②化工公司安全生产管理制度缺失。安全生产责任制、安全管理规章制度不符合公司实际并未行文公布，安全操作规程不完善。

③安全教育培训不到位，从业人员安全素质差，安全意识淡薄，主要负责人及特种作业人员未取证上岗；设备管理不到位，维护保养不及时；车间内未设置有毒气体检测报警仪，未设置危险化学品安全警示标识，安全生产条件不符合标准。

(4) 事故教训和整改措施

经调查认定，这起人员中毒事故是一起非法生产安全责任事故。

1) 切实落实企业安全生产主体责任，强化企业内部安全管理。生产经营单位要贯彻“安全第一、预防为主、综合治理”的方针，切实抓好安全生产工作。要严格执行安全生产和环境保护、特种设备等方面的法律法规，在未取得相关许可、批准和注册登记的情况下，坚决不得进行生产经营。

2) 建立健全并严格执行各项规章制度和安全操作规程；健全安全生产责任体系，明确各岗位的安全生产职责，严格安全生产绩效考核和责任追究制度；加强教育培训，提高从业人员的安全意识和操作技能；严格特种作业人员管理，杜绝无证上岗；全面彻底排查和治理安全事故隐患；加强应急管理，尤其要加强应急预案建设和应急演练，提高事故灾难的应对处置能力。

3) 进一步强化源头管理，切实落实政府及有关部门的安全监管责任。各级政府及相关职能部门要切实做好危险化学品建设项目安全条件审查、设施设计审查、试生产备案、竣工验收等工作，对新、改、扩建项目的安全设施，坚持与主体工程同时设计、同时施工、同时投入生产和使用的“三同时”制度；要继续抓好建设项目排查清查工作，严肃查处未批先建的危险化学品项目，防止出现新的违规建设行为，严防安全生产条件差、工艺技术落后的项目上马，把好项目准入关。

(5) 相关知识与管理借鉴

事故之后，调查组现场勘查，发生事故的阀门为中法兰螺栓连接截止阀。目测阀盖中道螺栓状态稍有形变，阀体中道螺栓已呈平滑状态。中法兰及阀瓣、阀杆、内件整体脱出阀腔。经现场核对，管钳开口尺寸与截止阀阀盖螺栓上的六角尺寸相吻合。

通过现场监控视频观察，操作工人在维修过程中先固定好工具，然后用脚踩踏，并整个人站在工具上面加力，使用管钳对已关闭到位的截止阀进行压紧阀盖作业，使阀门中道阀体与阀盖连接螺栓结构失稳（滑丝），导致中法兰及阀瓣、阀杆、内件整体在氟化釜内压力作用下弹出阀腔，造成有毒物料瞬间从截止阀阀体与阀盖螺栓接口处大量喷出。

应该说，这种“用脚踩踏，并整个人站在工具上面加力”的紧固方式，属于野蛮作业，同时也会导致产生新的事故隐患。对这种情况，管理人员一方面要进行教育，讲清楚正确的操作方法；另一方面管理人员看见后要立即制止，不能听之任之、不闻不问，任由这种不良的操作方法延续下去。《中华人民共和国安全生产法》（以下简称《安全生产法》）第十八条规定，生产经营单位的主要负责人对本单位安全生产工作负有下列职责：建立、健全本单位安全生产责任制；组织制定本单位安全生产规章制度和操作规程；组织制订并实施本单位安全生产教育和培训计划；保证本单位安全生产投入的有效实施；督促、检查本单位的安全生产工作，及时消除生产安全事故隐患；组织制定并实施本单位的生产安全事故应急救援预案；及时、如实报告生产安全事故。第二十二条规定，生产经营单位的安全生产管理机构以及安全生产管理人员履行下列职责：组织或者参与拟订本单位安全生产规章制度、操作规程和生产安全事故应急救援预案；组织或者参与本单位安全生产教育和培训，如实记录安全生产教育和培训情况；督促落实本单位重大危险源的安全管理措施；组织或者参与本单位应急救援演练；检查本单位的安全生产状况，及时排查生产安全事故隐患，提出改进安全生产管理的建议；制止和纠正违章指挥、强令冒险作业、违反操作规程的行为；督促落实本单位安全生产整改措施。

39. 某塑料公司储罐间检修作业人员中毒伤亡事故

2011 年 5 月 21 日下午，浙江省衢州市某塑料有限公司（以下简称塑料公司）进行蒸馏设备检修。3 名操作工违规进入密闭设备内检修调试，结果中毒倒地，在救人过程中又有 2 人中毒。事故共造成 3 人死亡、2 人受伤。

（1）企业基本情况

塑料公司于 2009 年 11 月 5 日取得危险化学品生产储存批准书，许可经营项目为甲基丙烯酸甲酯生产等。公司生产甲基丙烯酸甲酯工艺流程，是将废有机玻璃粉碎后，加入裂解炉进行裂解，经冷凝得到粗 MMA（甲基丙烯酸甲酯）单体，暂存于粗 MMA 埋地储罐内，再用泵将粗 MMA 单体打入蒸馏塔釜，经蒸馏得到纯 MMA 单体。

（2）事故经过和救援情况

2011 年 5 月 21 日下午，塑料公司正在进行蒸馏设备检修。操作工人王某飞、吴某林、郑某云 3 人违规进入密闭设备内检修调试。

当日 14 时左右，有人发现吴某林和郑某云晕倒在储罐间内，于是急忙大声呼救。正在值班的工友王某风、余某云等听到呼救声，立即赶到储罐间救人，发现郑某云昏倒在靠门口的人孔盖上，王某风、余某云先后将吴某林、王某飞、郑某云救出。但王某风、余某云从储罐间爬出时，便昏倒在地。

现场人员立即拨打了“120”急救电话，杜泽镇卫生院救护车很快赶到现场。经医生诊断，吴某林、郑某云、王某飞已死亡。王某风、余某云被送往衢化医院抢救，后康复出院。该起事故共造成 3 人死亡、2 人受伤。

（3）事故原因分析

1）直接原因。经过调查分析，造成这起事故的直接原因，是工人在检修时忘记关闭阀门，储罐内的甲基丙烯酸甲酯等有害气体从放空管及人孔盖缝隙处挥发到储罐间，并在储罐间内聚集，现场操作人员因吸入甲基丙烯酸甲酯、丙烯酸甲酯有害气体，导致窒息身亡和受伤。

2）间接原因如下：

①生产企业未按批准的安全设施设计进行建设施工，擅自进行投料生产，在相关职能部门做出停止违法生产的监察指令后，仍违法生产。

②企业从业人员安全意识淡薄，公司管理人员及操作人员未接受安全培训教育，在未取得相应职业资格证书的情况下，非法从事安全管理或生产操作；企业安全管理人员未参加任何安全管理人员资格培训，不具备与所从事的生产经营活动相应的安全生产知识和管理能力。

③操作人员安全素质低下，进厂时未进行“三级”安全教育培训，只受到简单的口头教育便上岗作业，对作业场所和工作岗位存在的危险因素不清楚，不具备相应的事故防范及应急处理能力。

（4）事故教训和整改措施

1）企业应该认真落实安全生产责任制，建立健全企业各项安全规章制度，完善各项作业安全操作规程。加强各级安全监管和监督，严格落实危险作业审批制度。

2）应严格执行进入密闭或受限空间作业的审批制度，制定受限空间作业安全操作规程，定期对有毒有害气体进行检测和分析，落实相应的隔离、排风措施。作业人员配备齐全的有毒气体防护、逃生等个人防护用品，现场作业时设专人进行安全监护。

3）加强对管理人员及操作人员安全教育和培训，执行严格的“三级”安全教育，安全考核合格后持证上岗，使作业人员清楚作业环节主要危险部位及因素，清楚紧急情况下的安全撤离或逃生路线，提高直接操作人员的风险识别能力及自我安全保护意识。

4）加强变更管理，当生产工艺或工艺流程变更时，需要对生产装置及操作过程进行全面的安全性评估。

5）易挥发化工物料排放的尾气容易在封闭空间内聚集，因此此类物料应尽量露天储存（或加盖凉棚），防止有毒气体的聚集造成人员伤害。此外，对储存可燃物料的区域应设置可燃气体报警装置。

（5）相关知识与管理借鉴

甲基丙烯酸甲酯是无色液体，易挥发，易燃，具有一定的毒性。易挥发化工物料排放的尾气容易在封闭空间内聚集，因此此类物料应尽量露天储存（或加盖凉棚），防止有毒气体的聚集，造成人员伤害。但事发企业擅自建造密闭储罐间，造成有害气体在储罐间内集聚；工人进入储罐间作业，又未按规定对储罐间有害气体进行安全隔绝和置换，未对储罐间内气体进行有害气体检测分析，未办理受限空间作业许可证，未采取佩戴空气呼吸器等安全防护措施，最终导致作业人员中毒窒息。

造成这起事故的原因有2个：一是作业人员违规进入密闭设备内检修调试；二是作业人员在检修时忘记关闭阀门，储罐内的甲基丙烯酸甲酯等有害气体从放空管及人孔盖缝隙处挥发到储罐间，并在储罐间内聚集，现场操作人员因吸入甲基丙烯酸甲酯、丙烯酸甲酯有害气体，发生窒息身亡和受伤。2个原因相互关联，互为条件，但主要的还是检修时忘记关闭阀门。

进入受限空间进行检修作业，要采取作业安全措施，并要注意以下事项：

1）现场安全负责人对现场监护人和作业人进行必要的安全教育，内容应包括所从事作业的安全知识、紧急情况下的处理和救护方法等。

2）应制定安全应急预案，内容包括作业人员紧急状况时的逃生路线和救护方法，以及现场应配备的救生设施和灭火器材等。现场人员应熟知应急预案的内容。在设备外的现场应配备一定数量符合规定的应急救护器具和灭火器材。设备的出入口内外不得有障碍物，保证其畅通无阻，便于人员出入和抢救疏散。

3）无“受限空间作业许可证”和监护人，禁止进入受限空间作业。当受限空间状态改变时，为防止人员误入，在受限空间的入口处设置“危险！严禁入内”的警告牌。

4）为保证受限空间内空气流通和人员呼吸需要，可采用自然通风，必要时采取强制通风方法，但严禁向内充氧气。进入受限空间内的作业人员每次工作时间不宜过长，应安排轮换作业或休息。

5）在进入受限空间作业前，应切实做好工艺处理，与其相连的管线、阀门应加盲板断开。不得以关闭阀门代替安装盲板，盲板处应挂牌标识。

6）带有搅拌器等转动部件的设备，应在停机后切断电源，摘除保险或挂接地线，并在开关上挂“有人工作、严禁合闸”的警示牌，必要时派专人监护。

7）进入受限空间作业应使用安全电压和安全行灯。进入金属容器（炉、塔、釜、罐等）和特别潮湿、工作场地狭窄的非金属容器内作业，照明电压应不大于12伏；当需使用的电动工具或照明电压大于12伏时，应按规定安装漏电保护器，其接线箱（板）严禁带入容器内使用。当作业环境原来盛装爆炸性液体、气体等介质时，则应使用防爆电筒或电压不大于12伏的防爆安全行灯，行灯变压器不应放在容器内或容器上；作业人员应穿戴防静电服装，使用防爆工具。

8）取样分析应有代表性、全面性。设备容积较大时应对上、中、下各部位取样分析，应保证设备内部任何部位的可燃气体浓度和氧含量合格。设备内温度宜在常温左右，作业期间应至少每隔 4 小时取样复查一次，如有一项不合格，应立即停止作业。

9）对盛装过能产生自聚物的设备容器，作业前应进行工艺处理，采取蒸煮、置换等方法，并做聚合物加热等试验。

10）进入受限空间作业，不得使用卷扬机、吊车等运送作业人员，作业人员所带的工具、材料须进行登记。作业结束后，进行全面检查，确认无误后，方可交验。

11）在特殊情况下，作业人员可戴长管式防毒面具、空气呼吸器等，但佩戴长管式防毒面具时，一定要仔细检查其气密性，同时防止通气长管被挤压，吸气口应置于新鲜空气的上风口，并有专人监护。

12）出现有人中毒、窒息的紧急情况，抢救人员必须佩戴隔离式防护面具进入设备，并至少有一人在外部做联络工作。

13）以上措施如在作业期间发生异常变化，应立即停止作业，待处理并达到安全作业条件后，方可再进入设备作业。

40. 某化工公司所购“硫酸”产生光气人员中毒事故

2017 年 1 月 24 日，江西某化工有限公司（以下简称化工公司）在新购进原料发烟硫酸卸入储罐过程中发生放热反应，导致部分酸雾及光气外泄，造成 2 人死亡、49 人入院治疗（其中重症 8 人），直接经济损失约 740 万元。

（1）企业基本情况

1）企业相关情况。化工公司建于 2005 年，2007 年 12 月起主要从事含氟化学品的开发、生产和销售，具有 5 万吨/年无水氢氟酸（AHF）和 3 万吨/年环保型氟制冷剂生产能力。该公司硫酸罐区共有6个储罐，储存能力均为800吨。发生事故的2号储罐容积为572立方米，事发前实际存储105%发烟硫酸约560吨。

新干县恒某化工有限公司2013年1月29日成立，法人代表郑某山，危险化学品经营许可证有效期为2016年1月25日至2019年1月24日，主要经营业务为盐酸、硫酸、烧碱、次氯酸钠批发、零售。其中硫酸经营业务于2016年12月开始，郭某为负责硫酸方面的业务员。

新干县联某运输有限公司2009年2月10日成立，法人代表郑某，经营范围为危险货物运输（第8类、第9类）。该公司运输危险化学品车辆没有GPS（全球定位系统）监控记录。蒋某辉为该公司危险化学品运输车队队长。

樟树市联某化工有限公司2007年10月17日成立，法人代表邹某群，主要经营业务为氢氧化钠、盐酸、硫酸、次氯酸钠等批发。

以上3家公司为关联公司，实际经营控制人均为郑某，其中郑某山系郑某之哥、邹某群系郑某之妻。新干县联某运输有限公司负责其他2家公司的危险化学品运输业务。

2）事故储罐区情况。化工公司储罐区有6个直径9米、高9米的硫酸储罐，储存能力均为800吨。其中，4个为98%硫酸储罐，编号为1、2、3、4号，共储存98%硫酸2 050吨；2个为105%硫酸储罐，编号为1、2号，共储存105%硫酸940吨。

3）硫酸供货合同签订及履行情况。2017年1月17日，化工公司与新干县恒某化工有限公司签订1 000吨105%硫酸采购合同，双方商定1月25日前交货。合同签订后，新干县恒某化工有限公司开始对化工公司供应105%硫酸和98%硫酸，新干县联某运输有限公司负责承运。

事故发生前，郑某、蒋某辉、郭某等人明知从广东省韶关市某电化厂（以下简称电化厂）购买运输的是生产使用过的，且不符合合同约定的“硫酸”（为含有氯代烷烃、氯代烯烃的废稀硫酸，下同），故意冒充98%硫酸卸入化工公司98%硫酸2、3号储罐。

1月19日，在樟树市联某化工有限公司、新干县恒某化工有限公司实际经营者，新干县联某运输有限公司法人代表郑某的授意指使下，新干县联某运输有限公司车队队长蒋某辉指使司机吴某驾驶危险化学品运输车辆从电化厂购运废硫酸，当天在新干县恒某化工有限公司业务员郭某的安排下，驾驶员吴某和另一名驾驶员熊某珍将29.59吨生产使用过的“硫酸”冒充98%硫酸运送到了兴国县化工公司，并卸入至98%硫酸2、3号储罐。

1月20日，郑某授意指使蒋某辉到电化厂购运废硫酸，蒋某辉再次安排司机吴某驾驶危险化学品运输车辆从电化厂装运出生产使用过的“硫酸”33.50吨，并将车辆停放在樟树市联某化工有限公司在韶关市租用的停车场内。等待时机运输至化工公司。

（2）事故经过和救援情况

1）事故发生经过。1月24日，在蒋某辉、郭某的组织安排下，吴某、熊某珍驾驶危险化学品运输车辆，从韶关市租用的停车场出发，途中混入来自福建省龙岩市上杭县的两车105%硫酸车队中，冒充105%硫酸运送到化工公司，卸入105%硫酸1、2号储罐。

第一辆槽车于17时48分进入厂门，19时08分卸酸完毕，化工公司随机对其进行了抽样。第二辆槽车（废稀硫酸槽车）于17时50分进入厂门，19时50分卸酸完毕。第三辆槽车于17时52分进入厂门，20时40分许，当快要卸完时，装卸工钟某林闻到了刺激性气味，到硫酸罐区围堰查看，未发现有泄漏情况，同时报告公司总值班范某龙。

20时43分许，总值班范某龙至硫酸罐区附近巡岗，也闻到刺激性气味，并发现硫酸储罐顶部有烟气冒出，随即分别电话报告执行部经理陶某华、安全部经理罗某。约 5 分钟后陶某华、罗某到达现场，此时储罐冒出的烟气增多，且向办公楼和宿舍方向飘散。罗某立即安排 R22、氢氟酸 2 个车间紧急停车，同时将现场情况电话报告公司总经理邓某伟和公司副总经理、安全总监曾某平，并与钟某林查看尾气吸收系统运行情况。

邓某伟、曾某平接到报告后，立即启动公司应急预案、指挥抢险，并按要求向有关部门报告。兴国县开发区管委会、安监、环保、消防等部门接报告后立即赶赴现场参与处置。安全部安全员黄某远负责通知公司应急队员到公司集中待命，罗某及公司值班电工钟某通知员工疏散。

21 时 40 分许，公司宿舍员工及车间人员全部疏散到公司北侧围墙外三叉路口。21 时 54 分许，所有应急队员 24 人全部到位。21 时 58 分，钟某林穿戴好防护装备后，陶某华、李某生、谢某、张某继、叶某 5 人携带 4 床被子，从厂区到 105% 硫酸储罐顶部封堵烟雾，其他应急队员随罗某在硫酸储槽围堰外处置。经过四五分钟的处置，烟雾得到有效控制，封堵人员撤下，应急队员也全部撤至公司办公楼门口，险情基本控制。

22 时 20 分，化工公司董事长于某远到达现场，并立即安排召回运送硫酸车辆。郭某猜测化工公司可能会对召回的槽车进行抽样检测，为隐瞒事实真相，其在南康区唐江镇将危险化学品运输车辆槽罐进行了调换，并在赣县江口镇将 105% 硫酸倒入至调换好的车罐内。25 日 2 时 40 分至 8 时 05 分，3 部车先后陆续返回化工公司。

25 日 0 时 30 分左右，化工公司救援人员未感觉到身体不适，陆续回住所休息。前来指导参与救援的县领导及消防、公安、安监、环保及开发区管委会、埠头乡政府等各有关部门、乡镇区人员也陆续撤离。县安监部门、环保部门、开发区管委会留下人员现场值班监测。

25 日 1 时 40 分许，现场指挥及处置人员开始陆续出现头晕、呕吐、胸闷、咳嗽等症状，化工公司立即组织所有参加救援人员到医院检查。

25 日 6 时许，兴国县政府接到报告，县医院陆续收治化工公司参与应急处置身体不适员工。闻讯后，兴国县相关人员立即召开紧急调度会，启动应急预案，成立应急处置领导小组，迅速开展相关工作。同时，第一时间向省、市报告事件情况。

26 日上午，事故调查组组织相关技术人员对召回的 3 辆槽车、硫酸地下槽、硫酸水洗液 1 号、硫酸水洗液 2 号、硫酸储罐气相进行取样。化工公司将其中一组样品迅速送往浙江省化工产品质量检验站进行测试分析。27 日凌晨，初步分析显示，样品中存在光气、二氯甲烷、四氯乙烯、四氯化碳等成分。28 日晚，经郭某交代，事故调查组在南康区唐江镇将隐藏的挂槽车找到。

2）医疗救治情况。事故发生后，赣州市人民医院、赣南医学院第一附属医院、兴国县人民医院、兴国县中医院、兴国县第二医院以硫酸吸入性中毒开展救治。

25 日 17 时，化工公司总经理邓某伟经抢救无效死亡。26 日 13 时 44 分，化工公司副总经理曾某平经抢救无效死亡。1 月 27 日 8 时，化工公司董事长于某远将送检样品中存在光气的情况电话报告市事故抢救组领导。市事故抢救组组织各相关救治医院进行专家会诊，全部采用光气中毒治疗方案实施治疗，病情得到有效控制并陆续出现好转。2 月 25 日，全部入院治疗人员治愈出院。

（3）事故原因分析

1）直接原因。新干县恒某化工有限公司实际控制人郑某指使他人蓄意从电化厂购买运输生产使用过的，且不符合合同约定的“硫酸”，故意冒充105%硫酸销售并卸入化工公司105%硫酸1、2号储罐。因“硫酸”浓度不够（仅有78.5%），在卸入105%硫酸储罐中产生放热反应。又因“硫酸”中含有氯代烷烃、氯代烯烃等杂质，其中的四氯化碳与105%硫酸储罐中的游离三氧化硫在一定的温度条件下发生化学反应产生光气，光气与放热反应产生的酸雾（三氧化硫、水蒸气）一并外泄扩散，造成人员中毒。

2）间接原因如下：

①郭某在南康区唐江镇将危险化学品运输车辆进行调换隐藏，至1月28日晚才交代承认，延误医院救治方案的确定和事故救援、伤员抢救的最佳时机。

②化工公司对供应商变更的风险评估、风险控制不足，安全管理制度存在漏洞。

③电化厂以销售盐酸的名义销售含有氯代烷烃、氯代烯烃等杂质的稀硫酸。

（4）事故教训和整改措施

经事故调查组认定，这是一起生产安全责任事故。

1）要切实加强危险化学品生产企业原材料供应商的变更管理和原材料供应环节质量管控。要根据《国家安全监管总局关于加强化工过程安全管理的指导意见》（安监总管三〔2013〕88号），建立和完善变更管理制度，进一步强化对工艺技术、设备设施、供应商、承包商、人员等的变更过程管理，深入辨识变更可能带来的安全风险，并采取有效措施加以防控。要强化对原材料采购和入厂环节的质量管控，严格对供应商资质、业绩、信誉、管理水平的评估，深刻吸取事故教训，制定完善入厂质量检验程序，严把检验检测关，做到批批必检、车车必检、样样必检，从源头上管控好风险，强化风险控制。

2）强化风险意识，科学有序开展应急处置。在应急处置过程中，要牢固树立底线思维和风险意识，在情况不明时要按照最高防护等级对应急人员进行防护，尽量减少事故现场应急救援人数，最大限度地避免和减少应急处置中的人员伤亡；要提高对发烟硫酸和卤代烃等物质危险特性的认识，不断完善危险化学品事故应急预案，提高应急预案的针对性和可操作性。

3）切实强化危险化学品运输安全管理。有关监管部门要进一步强化危险品运输源头管理、风险管控、跟踪监督，建立危险品运输安全生产长效机制。要严格企业准入管理，严格危险品运输资质许可，认真审核申请企业的安全生产和经营条件，加强危险品运输作业过程监督管理，严格危险货物车辆联网联控系统的接入管理。加强危险品运输督查检查，严厉查处违法违规从事危险品运输的企业、车船和从业人员。

（5）相关知识与管理借鉴

这起事故的发生有 2 个方面的原因：一个是新干县恒某化工有限公司实际控制人郑某指使他人蓄意从电化厂购买运输生产使用过的，且不符合合同约定的“硫酸”，以次充好，从而获利。另一个是化工公司对供应商审查不严，风险评估、风险控制不足，安全管理制度存在漏洞。

正是由于安全管理制度存在漏洞，才导致事故的发生，使大量人员受到光气的危害。

光气是窒息性毒剂的一种，学名二氯化碳酰，又称碳酰氯，是一种毒性很强的气体。常温下为无色气体，有烂干草或烂苹果气味，但浓度较高时气味辛辣。光气的沸点为 7.6℃，凝固点为-128℃，易挥发，稍溶于水，易溶于有机溶剂。研究证明：当生产环境中光气的质量浓度为 30～50 毫克/米^{3}时，可引发人群急性中毒；在 100～300 毫克/米^{3}时，人接触 15～30 分钟，即可引起严重中毒，甚至死亡。

光气易水解，产物无毒。光气在工业上主要用于塑料、制革、制药等。据专家介绍，光气遇水会分解成为一氧化碳和盐酸。因为人的肺部湿润，吸入光气后相当于遇水分解。一氧化碳能使人窒息，而盐酸会腐蚀人的肺部。因此，光气中毒主要伤害呼吸器官。人吸入光气后，一般有2~24小时的潜伏期。吸入量越多，则潜伏期越短，病情越严重。人吸入浓度较低的光气时，局部刺激症状可不明显，但经过一段潜伏期后，则可直接损害毛细血管内膜，出现肺水肿。当吸入较高浓度光气时，中毒者可发生支气管痉挛，有些中毒者可在肺水肿出现之前即出现窒息症状。

这起事故就是稀硫酸卸入发烟硫酸内，产生溶解放热现象，罐内温度升高，废硫酸中的四氯化碳与发烟硫酸中游离的三氧化硫反应产生的光气与三氧化硫、水蒸气一起扩散，造成人员中毒。事故之后，新干县恒某化工有限公司和新干县联某运输有限公司实际控制人郑某和业务员郭某、车队队长蒋某辉，因涉嫌重大责任事故罪，被公安机关刑事拘留并立案侦查，追究刑事责任，并承担相应的民事赔偿。

41. 某化工公司清釜班班长擅自入釜违章作业中毒事故

2010年12月12日，辽宁省某化工集团公司（以下简称化工公司）聚氯乙烯车间1名班长擅自进入聚合釜违章作业，发生氯乙烯中毒，从高处坠落，致颅脑严重挫伤死亡。

（1）企业基本情况

化工公司是以氯碱化工、石油深加工和化工新材料为主业的国有控股上市公司。公司主要产品有烧碱、聚氯乙烯（PVC）糊树脂、丙烯酸及酯、聚乙烯树脂、环氧丙烷、聚醚多元醇等，产品广泛应用于化工、冶金、轻工、纺织、医疗、汽车、电子工业等多个领域。

（2）事故经过

2010年12月12日9时，公司聚氯乙烯车间聚合工段段长向清釜班班长布置检查3号聚合釜的工作任务。该班长带领2名班员拆卸安全阀后，发现安全阀与釜连接的短管被塑化物堵塞，该班长叫班员用铁锤锤打塑化物，叫另一名班员下楼制作垫片。约11时5分，班员告诉班长塑化物已打松动。班长叫班员暂停锤打，拿来入釜短梯和过滤式防毒面具自行进入釜内，用手托接塑化物，并在釜内叫班员再锤打塑化物。

约12时，班员打掉塑化物，并听到塑化物掉到釜底的声音，班员马上到人孔处察看，发现班长正抱住搅拌轴（班长站在第一层搅拌桨上，距釜底4.4米），右手试图扶着梯子出来，突然坠落釜底。班员立即呼救，聚合岗位的当班工人闻讯立即赶到现场抢救，于12时20分将班长救出釜外。班长因伤势过重，经抢救无效死亡。

（3）事故原因分析

1）直接原因。该班长违反规定，在没办任何手续、没请示任何人和没有进行防护的情况下，擅自入釜，违章作业是事故的主要原因。

事故当天的14时15分，经环保监测站测定，釜内氯乙烯平均质量浓度为24 181毫克/米^3，这个含量比事故时低，因为救人时已对釜内进行了吹风。事故前，釜内未经清洗置换、分析，未与其他设备隔绝。

2）间接原因如下：

①聚氯乙烯车间建立有入釜作业许可证专项制度和票证，但没有执行。

②该班长使用过滤式防毒面具是违反规定的，该岗位的事故柜内备有数套合适的防毒面具，且处于备用状态，厂里也有完整的管理

制度。

③工段长在布置任务时没有强调安全措施，班长违章时班员没有及时制止，并参与违章。

④用铁锤锤打塑化物也是违章的。厂里给聚氯乙烯车间专门配备了一套防爆工具。

（4）事故教训和整改措施

1）严格执行各项安全规章制度，尤其要抓好“进入容器、设备的8个必须”制度的落实。

2）加强对职工遵章守纪的监督检查，强化职工的安全意识。

3）加强对施工、检修现场的管理监护。做到指定现场负责人，落实安全措施，方准施工、检修。

（5）相关知识与管理借鉴

在这起事故中，清釜班班长违反规定，在没办任何手续、没请示任何人和进行防护的情况下，擅自入釜。进入釜内时，也不应该使用过滤式防毒面具。

在总结事故教训和整改措施中，要求企业严格执行各项安全规章制度，尤其要抓好“进入容器、设备的8个必须”制度的落实。

“进入容器、设备的8个必须”内容如下：

1）必须申请、办证，并得到批准。

2）必须进行安全隔绝。

3）必须切断动力电，并使用安全灯具。

4）必须进行置换、通风。

5）必须按时间要求进行安全分析。

6）必须佩戴符合规定的防护用具。

7）必须有人在器外监护，并坚守岗位。

8）必须有抢救后备措施。

这“8 个必须”虽然简单，但却是预防此类事故的有效办法。

对企业员工来讲，在入塔进罐检修作业时，必须严格执行作业安全规程，严格清洗、置换、分析、办证、监护等制度，严格落实安全措施。这不仅是为了自己的安全，同时也是避免引发应急救援二次伤害的措施。对企业来讲，要加强检修现场的安全监督检查，对违反安全规程和安全制度、冒险蛮干的行为要坚决制止。

42. 某化工公司固定盲板六角螺栓断裂人员中毒窒息事故

2015 年 11 月 28 日 19 时 56 分，河北省邯郸市某化工有限公司（以下简称化工公司）2 号液氨储罐备用液氨进料口由于盲板螺栓断裂，发生液氨泄漏事故，造成 3 人死亡、8 人受伤，直接经济损失约 390 万元。

（1）企业基本情况

1）企业相关情况。化工公司于 1998 年 12 月 1 日在邱县工商行政管理局注册登记，有员工 317 人，法定代表人杨某志，注册资本 1 030 万元，公司类型为有限责任公司，经营范围为生产、销售碳酸氢铵、塑料制品、氯乙酸、液氨、甲醇、甲醛，许可范围为危险化学品生产，生产许可证有效期为 2015 年 7 月 6 日至 2018 年 7 月 5 日。

2）主要生产装置情况。化工公司有氨醇联产生产装置和甲醛生产装置 2 条生产线。氨醇联产生产能力为 8 万吨/年，其中液氨 6 万吨/年、甲醇 2 万吨/年；甲醛生产能力为 5 万吨/年（已停产 1 年）。

3）液氨储罐相关情况。化工公司在该公司厂区南侧中部建设有液氨储罐区，液氨储罐区共有 5 台储罐，其中 1 号、2 号罐（容积均为 100 立方米的液氨储罐）在用，其他 3 台为停用储罐。2 号液氨储罐于 2009 年 9 月由企业自行安装，同年 10 月投入使用，2012 年 8 月委托河北某化工设计有限公司进行了施工图设计。邯郸市特种设备监督检验所于2012年8月6日对化工公司液氨储罐进行了检测检验，邯郸市质量技术监督局于2012年11月1日为其颁发了河北省特种设备使用登记证。事故发生地点位于2号液氨储罐。2014年6月15日，该企业组织年度大修时，将2号液氨储罐备用进料口用于固定盲板的8条碳钢螺栓全部更换为不锈钢螺栓，由化二车间维修组负责更换。

（2）事故经过和救援情况

1）事故发生经过。2015年11月28日17时，化工公司化二车间乙班合成操作工董某东、吕某波等3人接班后开始工作（乙班工作时间为28日17时至29日1时），董某东负责放氨及装车，李某波负责操作合成塔炉温。董某东接班后首先对液氨储罐区进行了安全巡检，在确认系统正向2号液氨储罐放氨后，回到液氨储罐区电脑监控室值班，值班过程中电脑监控显示2号液氨罐的压力和液位均在正常范围内。当时有2台液氨槽车（东西方向停放）在装车处等待装车。

19时56分左右，董某东在电脑监控室值班突然听到外面“咚”的一声响，立即跑出查看，发现2号液氨储罐南半部上端液氨发生泄漏，急忙用对讲机通知合成塔操作工吕某波，告诉他2号罐液氨泄漏了，让他赶紧把1号液氨储罐进氨阀打开，关闭2号液氨罐进氨阀，然后跑至调度室，向值班调度陈某生报告事故情况。陈某生听到响声正出来查看情况，接到报告后立即启动应急预案，在电话通知甲醇岗位人员撤离的同时，分别向化二车间主任李某云、生产副总经理张某民、董事长杨某志及安全科长于某强等人通报事故情况。

2）应急救援情况。公司领导杨某志、张某民等接到报告后，立即电话通知值班调度陈某生组织人员打开液氨储罐水喷淋，用消防栓向液氨储罐喷水以吸收泄漏的液氨。20时6分左右，杨某志、张某民等来到现场后，立即组织人员抢险救援，拨打“120”“119”电话求助，并向县安监部门及县委、县政府报告事故情况。县委、县政府迅速启动应急预案，全力组织救援。20 时 15 分左右，邱县消防大队到达现场，迅速协同企业抢险人员实施喷水、吸收泄漏液氨和堵漏作业，并在液氨罐区周围搜救事故伤亡人员。21 时 15 分左右，现场施救人员将泄漏点（备用液氨进料口法兰盲板）重新固定好，2 号液氨储罐泄漏消除。

经搜救排查，本次事故共造成 3 人死亡、8 人受伤。

（3）事故原因分析

1）直接原因。2 号液氨储罐备用液氨接口固定盲板所用不锈钢六角螺栓不符合设计要求，且其中 2 条螺栓陈旧性断裂，因此造成事故发生。

2）间接原因如下：

①施工（维修）管理不严。企业有关人员在进行液氨储罐安装施工、大修和日常检查中，未严格按照设计要求进行安装施工、配件更换和事故隐患排查，造成所用不符合设计要求的螺栓隐患长期存在，直至事故发生。

②应急措施不到位。甲醇控制室、精醇操作室没有配备防氨气泄漏的劳动防护用品，致使发生大量氨气泄漏时，甲醇控制室、精醇操作室人员未佩戴防护器材或采取其他有效措施安全撤离。企业对外来人员以及厂内从业人员应急培训针对性、实用性不强，组织应急演练覆盖面窄，岗位风险辨识不全，未全面考虑有毒有害气体的影响范围和后果。

③入厂车辆管理制度未落实。相关人员未严格执行不作业车辆不得在现场停留的规定，致使危险化物运输车辆在液氨储罐区等待装车。

④特种设备管理制度执行不严。特种设备检修没有严格落实经常

性维护保养和定期自行检查等有关规定，相应制度落实不到位，存在管理盲点。

（4）事故教训和整改措施

经调查认定，本次事故是一起因紧固件安装操作不当、选型不符合设计要求，设备现场管理和应急管理不到位造成的生产安全责任事故。

1）加强企业安全管理。企业要认真贯彻落实《安全生产法》，切实做到安全生产“五落实、五到位”。认真开展事故隐患排查治理，严格按标准规范设计、安装、维护和使用生产设施。建立健全企业各项安全生产责任制和安全操作规程，修订完善设备设施、检维修、劳动防护、装卸车等管理制度并严格执行。

2）切实加强特种设备安全管理。建立健全设备安全管理体系，明确车间、科室、主管领导的管理责任，建立健全有关管理制度，严格依照设计图纸或设计文件制定技改、检修方案，检修方案必须经企业技术负责人员组织企业有关人员审查后方可实施。加强设备管理和维修人员培训，提高相关人员素质和维护保养水平。对照施工图全面检查所有压力管道配套的法兰紧固件，对不满足设计要求的全部进行更换，在投入使用前应进行严格的试压、试漏、气密性试验。

3）高度重视应急管理工作。进一步完善应急预案，增强针对性和可操作性。加强从业人员和外单位进厂人员对危险化学品性质、防护和应急处置等安全教育培训，确保事故情况下具备自救互救能力。甲醇控制室、精醇操作室等作业场所按规定配备防氨泄漏的应急救援器材、设备设施，定期进行演练。加强机动车辆进厂管理，严禁运输危险化学品车辆在罐区等危险区域等待装卸车。

4）加强物资采购管理。完善物资采购管理的质量控制，申报采购计划必须按照设计图纸提出质量要求，采购物料的质量合格证明要存档检查。

5）加强部门（行业）安全监管。各有关部门要切实加强特种设备和危险化学品企业安全监督管理，督促企业认真执行有关法律法规、标准规范和工作要求，针对企业设备管理、人员培训、应急救援等方面存在的薄弱环节，加强监督检查，严格执法，认真落实好部门监管责任。

（5）相关知识与管理借鉴

事故之后，调查组通过对事故现场勘查和分析，发现以下情况：

1）经现场勘查，发生事故的2号液氨储罐备用液氨进口法兰盲板用8条不锈钢六角螺栓紧固，有3条相邻的螺栓螺杆断裂，造成盲板松动，液氨泄漏。2014年，2号液氨储罐大修更换8条不锈钢螺栓后，在投入使用前进行了防腐刷漆。断裂的3条螺栓中，断面漆痕显示有2条螺栓属于陈旧性断裂，由于受力不均，引起第三条螺栓断裂。设计要求液氨进口法兰盲板连接件需用等长双头螺柱，螺柱和螺母材料均有相应标准。

2）视频监控、自动控制记录显示，事故发生前液氨生产系统压力、温度、冷交液位处于正常生产状态，未发生较大波动。自动控制记录显示，事故发生前，2号液氨储罐液位处于正常持续升高状态，未发现较大的波动（从17时至事故发生前2号液氨储罐液位曲线平滑上升，未出现波动）。冷交液位、压力显示，2号液氨储罐的压力处于正常指标内，未出现压力突然升高的情况（冷交液位处于1/3～2/3的正常范围，冷交排氨压力小于1.7兆帕，推定液氨储罐压力小于1.5兆帕）。

3）经调阅自动控制记录，并经现场校核，事故共泄漏液氨约10吨。抢险形成的废氨水全部收入围堰并放入事故池内，未发生外溢，未造成次生灾害。

这起事故提示企业，要依据有关标准、规范，组织工程技术和管理人员或委托具有相应资质的设计、评价等中介机构对可能存在的泄漏风险进行辨识与评估，结合企业实际设备失效数据或历史泄漏数据分析，对风险分析结果、设备失效数据或历史泄漏数据进行分析，辨识出可能发生泄漏的部位，结合设备类型、物料危险性、泄漏量对泄漏部位进行分级管理，提出具体防范措施。当工艺系统发生变更时，要及时分析变更可能导致的泄漏风险并采取相应措施。

企业要根据逸散性泄漏检测的有关标准、规范，定期对易发生逸散性泄漏的部位（如管道、设备、机泵等密封点）进行泄漏检测，排查出发生泄漏的设备要及时维修或更换。企业要实施泄漏检测及维修全过程管理，对维修后的密封性进行验证，达到减少或消除泄漏的目的。

43. 某化工公司氨气液混合物喷出扩散氨中毒事故

2014 年 9 月 7 日 15 时 45 分左右，宁夏某化工有限公司（位于宁东能源化工基地煤化工园区 B 区，以下简称化工公司）东南角火炬装置区域，氨气液混合物从主火炬筒顶部喷出并扩散，造成火炬装置周边约 200 米范围内 41 人急性氨中毒。

（1）企业基本情况

1）企业相关情况。化工公司成立于 2002 年 9 月 24 日，法人代表宁某培，注册资本 12.6 亿元，注册经济类型为有限责任公司（国有控股），经营范围为合成氨、尿素、甲醇、煤化工及后续产品的生产和销售。

2）建设项目情况。化工公司以煤为原料 40 万吨/年合成氨、70 万吨/年尿素和 20 万吨/年甲醇建设项目分别于 2003 年 8 月 31 日和

2008年4月15日经自治区经委同意立项，一期项目总投资45.13亿元；2008年11月6日，该项目安全评价报告通过了自治区安全监管部门组织的评审；2009年12月8日，项目安全设施设计专篇通过了自治区安全监管部门组织的审查；2014年4月2日向自治区安全监管部门进行了试生产备案。事发时该企业处于试生产阶段。

2011年8月9日，化工公司与陕西某石化工程有限公司签订火炬系统EPC（项目总承包）项目合同。

（2）事故经过和救援情况

1）事故发生经过。2014年9月3日，化工公司因氨压缩机高压缸干气密封泄漏量大，停氨压缩机进行抢修。9月5日，氨压缩机置换合格，交付钳工检修。化工公司按抢修计划，同时将01E0507、01E0508安全阀进行拆装检测调校。9月6日16时，氨压缩机高压缸干气密封检修完毕，氨压缩机建立干气密封系统、油循环。9月7日4时30分，01E0507、01E0508安全阀调校合格回装完毕。8时25分，氨压缩机建立正常的水系统、真空系统。9时35分，氨压缩机开始引氨置换。暖管合格后，14时40分启动开车程序，氨压缩机开始按规程开车启冲转、升速。15时40分，氨压缩机伸缩过程中一段氨冷气压力最高涨至0.92兆帕后安全阀起跳。15时45分，主控人员刘某从监控摄像头发现，位于厂东南角氨火炬顶部有大量气液夹带物喷出，并有液体随着火炬管壁下落、扩散，造成火炬周边空气中氨浓度骤升。

2）应急救援情况。事故发生后，化工公司立即启动了应急救援预案，成立了预防处理组、急救处理组、协调组及信息发布组4个小组进行应急处置。一是对生产装置进行紧急停车，联系医院救治中毒人员；二是采取喷水方式对洒漏的氨水进行稀释，在厂区内上下风向对空气中的氨气浓度进行监测，对事故现场进行了封锁，疏散了无关人员；三是向宁东基地管委会和有关部门汇报事故情况。

宁东基地管委会 9 月 7 日 17 时接事故报告后，立即启动事故应急响应，快速组织医疗救援队伍，开辟绿色通道对伤员进行救治。宁东环保局连续对事故周边区域有毒气体进行监测，截至 22 时，最后一次监测未检出氨气等有毒气体，周边环境空气质量已达标并恢复正常。

事故造成 65 人先后到医院治诊，在医院接受治疗的 55 人中，被诊断为急性氨中毒 41 人（重度中毒者 4 人，中度中毒者 19 人，轻度中毒者 18 人），氨刺激反应者 14 人。经全力救治，截至 9 月 28 日，中毒人员已全部康复出院。事故还造成大约 1 000 株树木、2 000 平方米植被受损枯黄。

（3）事故原因分析

1）直接原因。中国成某工程有限公司设置在壳侧设备出口管线上（保护二手设备）的 01E0507 和 01E0508 安全阀均为气液两相安全阀，在氨蒸发器 01E0507 安全阀起跳后，液氨直接进入氨事故火炬管线，加之氨事故火炬未按相关标准要求在氨事故放空管网系统上设计、安装气液分离罐，致使液氨从事故火炬口喷出，气化后迅速扩散。

2）间接原因如下：

①氨事故火炬系统是重要的安全设施，中国成某工程有限公司编制的化工公司建设项目安全设施设计专篇中未分析氨事故火炬系统存在的风险并提出相应的预防措施，也未明确氨事故火炬系统的设备选型和设备一览表，存在严重的设计缺陷。且在化工公司项目的总体设计和火炬系统设计审查中存在着交代不清、责任不清和设计缺陷。

②化工公司安全生产主体责任不落实。安全生产责任制不健全，缺少公司董事长、分管安全生产工作的公司领导等关键岗位的安全生

产责任制。

③化工公司对火炬系统 EPC 总承包商的设计资质审查把关不严，陕西某石化工程公司仅具有二级压力容器设计资质，存在超越其设计资质等级许可范围承揽工程设计的违法行为。监理单位没有严格依照法律、法规以及有关技术标准、设计文件和建设工程承包合同对火炬系统工程质量实施监理，未及时发现工程设计不符合建筑工程质量标准或者合同约定的质量要求。

④装置在开车前组织的“三查四定”（查设计漏项、查施工质量、查未完工项目，定流程、定方案措施、定操作人员、定时间）工作不严谨，没有发现设计及施工漏项；系统检修后开车，没有按相关规定要求进行开车安全条件逐项确认。

⑤化工公司对劳务外（分）包单位统一管理和协调不到位，对劳务派遣工安全培训特别是应急知识培训教育不到位，职工缺乏自救、互救知识。装置生产运行管理服务单位生产装置开停车组织系统不健全，事发当日关键岗位的管理人员不在岗，现场安全管理不到位，且开车前检查工作没有作记录。

⑥企业应急处置不及时，事发后，没有及时对厂外过路车辆及群众进行疏散，导致企业职工和厂外（公路）过路人员急性氨中毒。

（4）事故教训和整改措施

综合上述原因分析，调查组认定，这起氨泄漏中毒事故是一起较大安全生产责任事故。该起事故给国家和人民生命财产安全造成了较大损失，影响严重，教训深刻。为防止类似事故再次发生，事故调查组建议：

1）化工公司要认真吸取事故教训，严格落实安全生产主体责任，要针对此次事故暴露出的问题，举一反三，全面开展事故隐患排查和风险辨识工作，认真查找存在的事故隐患，防止类似事故的再次发生。要修订完善安全生产各项规章制度、安全操作规程，进一步明确各级管理人员、从业人员的职责，将安全责任层层分解落实到每个岗位，切实强化企业安全生产基础管理，努力实现安全生产精细化管理。要消除工程质量缺陷。项目设计单位应依据相关规定，进一步补充完善该项目的安全与职业卫生设施设计及相应的安全防护措施，并尽快对工程质量存在的缺陷进行修复完善。

2）组织开展化工企业排放和火炬系统对标检查。重点对照相关标准规范，查设计缺陷、设备缺陷，查安全仪表、阀门完好可靠情况，查自动控制系统的运行状态，并对重点部位、关键装置进行安全风险评估。进一步加大公共安全事故隐患的排查力度，对化工生产、经营、储存、运输环节存在的可能危及公共安全的问题，逐一制定应急处置措施和应急预案；细化工作计划和安全措施，严格检维修安全管理。

3）切实加强安全教育培训工作。进一步加强从业人员安全教育培训，尤其加强危险化学品从业单位、作业人员和救援人员（含劳务派遣人员）应急知识的培训，使其了解中毒、窒息等事故的特点、危害性，掌握自救互救知识，防止盲目施救。要加强对从事维修作业的临时工、农民工、外包单位人员的安全生产和应急知识培训，提高安全意识和应急处置能力。各类生产经营单位，尤其是从事危险作业的单位，要严格执行领导和工程技术人员值班值守制度，严格动火、进入受限空间等安全作业许可，加强试生产、开停车安全管理和泄漏安全管理，加强现场巡检和重要参数监控。

4）切实加强事故应急工作。各级政府和有关部门要针对本行政区域内危险化学品企业特点，制定有针对性的应急预案特别是急性工业中毒应急预案，定期组织开展应急演练，不断健全和完善应急预案，并做到企业应急预案与地方政府应急预案相衔接。建立危险化学品应急专家队伍，加大应急投入，完善应急物资和应急装备储备，提高危险化学品事故应急处置能力。企业应结合自身特点，有针对性地组织开展应急演练，使作业人员掌握逃生、自救、互救方法，熟悉相关应急预案内容，提高企业和从业人员的应急处置能力。

(5) 相关知识与管理借鉴

这起事故是存在严重的设计缺陷引发的，事故发生之前很难发现，不像人员违章作业引发的事故那样清楚明显。

对此类事故的预防，企业需要注意以下事项：

1) 加强化工装置源设备泄漏管理，提升泄漏防护等级。企业要根据物料危险性和泄漏量对源设备泄漏进行分级管理、记录统计。对于发生的源设备泄漏事件，要及时采取消除、收集、限制范围等措施。对于可能发生严重泄漏的设备，要采取第一时间能切断泄漏源的技术手段和防护性措施。企业要实施源设备泄漏事件处置的全过程管理，加强对生产现场的泄漏检查，努力降低各类泄漏事件的发生率。

2) 规范工艺操作行为，降低泄漏概率。操作人员要严格按操作规程进行操作，避免工艺参数发生大的波动。装置开车过程中，对高温设备要严格按升温曲线要求控制温升速度，按操作规程要求对法兰、封头等部件的螺栓进行逐级热紧；对低温设备要严格按降温曲线要求控制降温速度，按操作规程要求对法兰、封头等部件的螺栓进行逐级冷紧。要加强开停车和设备检修过程中泄漏检测监控工作。

3) 加强泄漏管理培训。企业要开展涵盖全员的泄漏管理培训，不断增强员工的泄漏管理意识，掌握泄漏辨识和预防处置方法。新员工要接受泄漏管理培训后方能上岗。当工艺、设备发生变更时，要对相关人员及时培训。对负责设备泄漏检测和设备维修的员工进行泄漏管理专项培训。

4) 完善自动化控制系统。涉及重点监管的危险化工工艺和危险化学品的生产装置，要按安全控制要求设置自动化控制系统、安全联锁或紧急停车系统和可燃及有毒气体泄漏检测报警系统。紧急停车系统、安全联锁保护系统要符合功能安全等级要求。危险化学品储存装置要采取相应的安全技术措施，如高、低液位报警和高高、低低液位联锁以及紧急切断装置等。

44. 某化工公司违章检修作业硫化氢气体中毒事故

2015 年 5 月 16 日 6 时 27 分许，山西省晋城市阳城县某化工有限公司（以下简称化工公司）在对二车间南炉组 3 号冷却池内 9 号冷凝管进行检修作业时，检修人员吸入泄漏的硫化氢致 1 人中毒死亡，盲目施救又造成 7 人中毒死亡，事故共造成 8 人死亡、6 人受伤，直接经济损失 538 万元。

（1）企业基本情况

1）企业相关情况。化工公司成立于 2006 年 5 月，注册资金 380 万元，占地 2.1 万平方米，有职工 157 名，公司设置有生产科、安环科、供销科、财务综合科 4 个职能科室。企业法定代表人、总经理马某容，分管生产技术副总经理张某会，分管安全副总经理宋某松。

该公司建有 2 个生产车间，共有 47 组反应炉及配套生产设施，年产二硫化碳 1.2 万吨，由 7 位股东投资建设。其中，一车间（一期工程，7 000 吨/年二硫化碳）由马某容、宁某虎投资，分为 2 个炉组，共 28 组炉，于 2007 年建成投产；二车间（二期工程，5 000 吨/年二硫化碳）由张某会、元某社、元某阳、宋某松、宋某党 5 人投资，分为南、中、北 3 个炉组，共 19 组炉，于 2009 年建成投产。本次事故发生在二车间南炉组，炉组投资人为张某会。

该公司在二期工程建设中，吸收张某会等 5 名投资人，并分别与张某会等 5 人签订了协议书，由投资人自主经营、独立核算、自负盈亏。公司管理机构统一设置，并对各投资人的原材料采购、产品销售，通过公司财务账目，统一管理。

2）生产工艺装置情况。该公司采用兰炭和硫黄为原料，外烧炉甄法二硫化碳生产工艺，包括原料预处理（烘炭和熔硫）、合成、脱硫、冷凝、蒸馏提纯、克劳斯尾气处理 6 道工序。具体流程为兰炭和硫黄在反应炉中反应生成混合气体（主要成分有二硫化碳、硫化氢、二氧化硫等），混合气体通过大管、脱硫器、二道管进入冷却池中的冷凝管，分离得到其中的大部分二硫化碳液体，经粗品槽进入精馏装置得到成品二硫化碳，再进入成品罐；气体部分经列管式冷凝器再次冷却，剩余尾气经尾气回收管、总冷凝器、溶剂回收器，进入克劳斯炉回收硫黄后排入烟囱。

该公司对二硫化碳成品储罐和克劳斯炉采用自动化控制，对烘炭炉、熔硫槽、反应炉、精馏装置等工艺装置采用手动操作。

公司共设置了二硫化碳、硫化氢气体浓度检测探头 23 个，报警监控器设在公司办公楼值班室，24 小时实时监控。公司还设置有工业监控视频系统。

3）事故车间炉组基本情况。发生事故的二车间南炉组共包括 6 组反应炉（12 孔）及配套设施。二车间南炉组从业人员 20 名，其中管理人员（班组长）1 名，保管 1 名，填料工 10 名，大火工 5 名，兰炭工、克劳斯炉工各 1 名。

该炉组正常生产每个周期为 24 小时。反应炉每天 6 时左右加一次兰炭，7 时 30 分以后开始加硫黄，直至第二天凌晨 3 时左右停止。加兰炭后、加硫黄前的气体主要成分为硫化氢、二氧化硫、二氧化碳、一氧化碳等；加硫黄后气体主要成分为二硫化碳、硫化氢、二氧化硫等。

2013年1月，该组在更换反应炉时，将冷凝管从原设计的每孔反应炉对应3根108毫米×4毫米的冷凝管更换为新买的1根325毫米×6毫米的冷凝管，并在冷凝管内增加了直径为76毫米的中心冷却管。

经现场勘查，发生事故的3号冷却池内壁长7 680毫米、宽3 840毫米、高2 000毫米，池内有3根直径为325毫米的冷凝管，冷凝管内各设有一根直径为76毫米的中心冷却管。3根冷凝管分别对应第7、8、9孔反应炉，从冷却池东侧穿入、西侧穿出，冷凝管东端距池底0.95米，距池顶0.8米；西端管道距池底0.85米，距池顶0.9米。9号冷凝管距南侧池壁30厘米。在9号冷凝管下部距西侧池壁1.4米至2.4米，分布有7个不规则的漏孔。

冷却池西侧有冷凝器，冷凝器出口的尾气排空口距离池顶高度约1.66米，4号和5号冷凝器临近3号冷却池，最近的4号冷凝器距离池内壁0.5米。2号、5号、6号冷凝器出口的尾气排空口分别用塑料膜和编织袋封堵，1号、3号、4号冷凝器出口的尾气排空口塞有木塞，4号冷凝器的尾气排空口下存在腐蚀漏孔。尾气总冷凝器下部尾气进气段内存有25厘米高的二硫化碳液体，二硫化碳排液管（进1号计量槽）管口堵塞，总冷凝器出口后的尾气回收管堵塞。

（2）事故经过和救援情况

1）事故发生经过。2015年5月12日，该公司气体检测报警系统发生故障。5月14日，马某容在安全例会上安排了维修更换事宜。5月15日，宋某松与厂家联系，签订了合同并预付了2万元维修款，事故发生前未修复。

5月12日、13日、14日，二车间南炉组班组长郭某旦连续3天回收产品时发现5号计量罐的水封液位明显上涨，怀疑冷凝管漏水。14日，郭某旦向张某会汇报了该情况，张某会安排郭某旦对3号冷却池内9号冷凝管的中心冷却管进行断水检查，经检查漏水不是中心冷却管引起的。

5月15日，二车间南炉组正常生产。按照张某会的安排，早9时20分，郭某旦对经排水后露出水面的9号冷凝管进行手摸检查，发现管道底部有一小拇指大小的孔洞，然后用高效水泥、铁丝、铁板、塑料膜等材料对孔洞进行了封堵，堵漏后又放水把冷凝管全部淹没至要求位置。

5月15日14时30分左右，田某会给已下班回家的郭某旦打电话，告知9号冷凝管泄漏孔洞更大了，郭某旦让田某会向张某会汇报情况。

5月16日5时58分开始，二车间南炉组接班的填料工崔某龙、崔某斌从南至北依次给各孔反应炉加兰炭，6时03分给9号反应炉（与发生泄漏的9号冷凝管对应）加了兰炭。6时14分，张某会从反应炉炉顶下来后上到3号冷却池上，查看9号冷凝管的泄漏情况，当时3号冷却池内3根冷凝管管体经凌晨排水后均露在水面上。

6时15分，田某会上到3号冷却池上，手拿塑料膜和其他堵漏材料准备处理泄漏的冷凝管。6时21分，在张某会的指挥和配合下，田某会检修泄漏的9号冷凝管。检修过程中，田某会在池内中毒昏倒。6时27分，张某会呼救并对田某会施救，随即也昏倒在池内。二车间中炉组准备收产品的吴某昭（二车间中炉组保管）听到张某会的呼救声后，边喊边跑，上到二车间南炉组炉顶叫崔某斌和崔某龙停止加炭，赶快下去救人。

6时29分以后，在吴某昭的呼救下，二车间北炉组的张某社、路某仓，南炉组的张某虎、王某社、崔某龙、崔某斌，中炉组的马某容、李某虎、酒某锋、杨某红等人未佩戴防毒面具，先后上到3号冷却池施救。在此过程中，崔某斌跌入南侧相邻的4号冷却池中，后被他人救出。崔某龙拿塑料膜和编织袋塞住了冷却池西侧 2 号、5 号、6 号冷凝器出口的尾气排空口（尾气排空口仅在清理管道堵塞时打开，生产时密闭），张某社、张某虎、王某社、李某虎 4 人相继在冷却池内中毒昏倒。

6 时 35 分至 48 分，一车间的崔某会、王某平、吉某富、马某东、刘某军、邢某兵等人闻讯分别赶赴事故现场施救，施救中救援人员均未佩戴防毒面具（部分人员戴口罩、捂毛巾），此过程中将张某社救出池外，崔某会中毒掉落池外受伤，马某东在池内中毒后被他人救出池外，王某平、马某容在池内中毒倒下，后被他人救出池外。

6 时 58 分至 7 时 50 分，二车间元某阳和元某社、一车间王某阳、石臼村支部书记崔某虎和支委崔某命等十几人，对冷却池内中毒人员进行施救，最终将冷却池内中毒昏倒的张某虎、李某虎、王某社、张某会、田某会等人全部救出池外。

2）应急救援情况。现场人员在开展自救互救的同时拨打“120”求助。7 时 36 分，马某容安排 2 辆车将王某社、张某虎、李某虎、王某平、马某东 5 人送往济源市人民医院，其中 4 人经抢救无效死亡，马某东经抢救逐渐苏醒。2 辆“120”救护车先后到达事故现场后开展抢救，救护人员现场确认马某容、张某社、张某会、田某会死亡。

7 时 40 分，公司派车将崔某会送往阳城县第二人民医院救治，后转至阳城县人民医院治疗。9 时 47 分，蟒河镇医院救护车将崔某斌、杨某红、路某仓送往阳城县人民医院救治。16 时，崔某龙感觉不适，被送往阳城县人民医院救治。

这起人员中毒事故共造成 8 人死亡、6 人受伤，直接经济损失 538 万元。

（3）事故原因分析

1）直接原因。公司分管生产的副总经理张某会未按规定办理受限空间安全作业证，违章指挥并亲自带领作业人员冒险进入泄漏有硫化氢的3号冷却池违章检修作业，吸入硫化氢气体中毒。救援人员未佩戴劳动防护用品，盲目进入池内施救，造成伤亡人员扩大，是该起事故的直接原因。

2）间接原因如下：

①化工公司安全生产主体责任不落实，管理模式不合理，安全培训、应急救援演练及设备管理不到位。公司法定代表人未有效履行安全生产第一责任人责任，对公司各投资人缺乏管理。分散管理的安全管理模式，造成公司安全监管机构不能有效履行安全监管职责。

②受限空间作业管理等各项管理制度未落实；安全培训教育管理、应急救援管理不到位，职工安全意识差，缺乏自救互救知识和能力。

③安全投入不足，对设备的管理维修不及时、不到位，隐患治理不到位，导致生产设备和管道长期带病运行。

（4）事故教训和整改措施

经调查认定，这起硫化氢多人中毒事故是一起安全生产责任事故。

1）要深刻吸取事故教训，进一步落实企业安全生产主体责任，着力提高安全生产规章制度的执行力。要严格执行《化学品生产单位特殊作业安全规范》（GB 30871—2014），切实加强受限空间作业等特殊作业的安全管理，杜绝“三违”现象。要结合实际，认真辨识和确定存在安全风险的受限空间作业范围，将可能泄漏和聚集有毒有害气体的水池等纳入受限空间进行管理。

2）要严格执行化工企业安全生产培训教育和事故应急管理的规

定。结合实际，增强培训教育和应急演练的针对性，使从业人员能够熟悉安全生产知识和安全管理规章制度，熟练掌握岗位操作技能，熟知岗位存在的危险有害因素及防范措施，提高安全意识和应急救援能力。

3）要加强设备管理、泄漏管理、安全设施的维护保养管理，加大事故隐患排查治理力度，严禁设备带病运行。要加强环保设施管理，严禁擅自停用废气处理设施和随意排放含有有毒有害气体的尾气。

4）要按照国家有关规定，尽快对二硫化碳生产企业进行全面排查，确定淘汰落后产能企业名单和实施方案，依法淘汰间歇焦炭法二硫化碳落后生产工艺。同时，建立健全化工行业淘汰落后生产工艺的长效机制。

（5）相关知识与管理借鉴

事故之后，调查组对3号冷却池内硫化氢气体的来源进行了分析。

事故发生时，该炉组正处于加兰炭后、加硫黄前的工艺阶段，产生的气体主要是硫化氢、二氧化硫、二氧化碳、一氧化碳等。经调查，3号冷却池中集聚的硫化氢气体来源主要是池内发生泄漏的9号冷凝管，其次是冷却池西侧处于开口状态的冷凝器尾气排空口（正常生产状态，冷凝器尾气排空口应该关闭）。3号冷却池内9号冷凝管因腐蚀，下部出现7个泄漏孔，检修前经排水后，冷凝管已经全部露出水面，冷凝管中微正压的混合气体可直接泄漏到池内。由于二氧化硫易溶于水，会形成亚硫酸，冷却池中积聚的有毒气体主要为硫化氢。该炉组尾气回收管因长期不进行清理，已致管道堵塞和总冷凝器下部排液管管口堵塞并形成液封，尾气无法正常通过尾气总冷凝器排入尾气回收系统，致使事故发生时冷却池西侧本应处于关闭状态的2

号、5号、6号冷凝器尾气排空口处于开口状态，排空口排出的气体中的部分重气体在当时气象条件（风速0.2米/秒，气温12℃）下可扩散到侧下方的冷却池内，增大了池内的硫化氢浓度。

在这起事故中，分管生产技术的副总经理张某会相关知识欠缺、技术水平不高，不知道疏通尾气回收管，反而安全意识淡薄，违章指挥、违章作业，在明知反应炉加炭后检修区域内会存在较高浓度硫化氢的情况下，未采取停止加炭、对3号冷却池空间进行气体检测分析、对3号冷却池内冷凝管与脱硫器和冷凝器连通的管道采取有效的隔离措施，未采取佩戴空气呼吸器或隔离式防护面具等安全措施，违章指挥田某会进入受限空间冒险违章进行检修作业。

在这起事故中，员工缺乏安全施救知识，盲目施救。在检修作业人员田某会在池内中毒昏倒后，张某会盲目施救也中毒昏倒，其他人员在听到呼救声后，由于缺乏对该场所危险有害因素的了解和认知，在没有佩戴空气呼吸器或隔离式防护面具（少部分人错误地采用毛巾或口罩防毒）的情况下，盲目进行施救，又导致施救人员中6人急性中毒死亡、6人中毒受伤，教训极为深刻。

45. 某化工公司反应釜加料盖密封不严氟化氢中毒事故

2016年1月9日20时左右，山东省潍坊某化工有限公司（以下简称化工公司）四氟对苯二甲醇车间发生氟化氢泄漏中毒事故，造成3人死亡、1人受伤，直接经济损失约270万元。

（1）企业基本情况

1）企业相关情况。化工公司位于山东省寿光市侯镇大地化工工业园大九路西侧，占地1.17万平方米，于2006年5月23日经寿光市工商局登记注册，法定代表人冯某祯，注册资本100万元，职工

24人，业务范围涉及三氮唑、四氟对苯二甲醇的生产和销售等。其中三氮唑300吨/年车间位于厂区东侧，四氟对苯二甲醇200吨/年车间位于厂区西侧，东西车间相距约25米。

2）事故发生项目承租单位情况。寿光市申某化学工业有限公司（以下简称申某公司），位于寿光市晨鸣工业园公园北街西首，于2004年2月3日经寿光市工商局登记注册，法定代表人王某玲，实际控制人赵某明，两人系夫妻关系，注册资本1 000万元，主要经营范围为销售有机肥、复混肥、叶面肥、生物肥、化工产品（不含危险化学品）、纯碱、石料、建筑建材、钢材。

3）事故发生项目租赁情况。化工公司四氟对苯二甲醇项目于2012年4月建成，同年5月开始试生产，12月通过安全设施竣工验收，立项、土地、规划、消防、安全手续齐全，但因产品质量达不到客户要求，一直处于停产状态。2013年12月10日，申某公司与化工公司签订租赁四氟对苯二甲醇生产装置协议，年租金40万元，承包期一年；2014年12月10日到期后续签至2017年12月9日，年租金60万元。

2014年9月，申某公司实际控制人赵某明聘请陈某强全面负责四氟对苯二甲醇项目生产、技术、安全管理等工作。化工公司不参与四氟对苯二甲醇项目车间的实际管理，陈某强负责的四氟对苯二甲醇项目和车间独立运行，但在办理有关手续和各监管部门对其监管检查时，均以化工公司的名义开展工作。陈某强先后雇用了李某杰、李某海、李某山、宋某仑4名工人从事生产作业。

（2）事故经过和救援情况

2016年1月9日17时左右，四氟对苯二甲醇车间白班操作工按照陈某强手写的原料配方对4号、3号反应釜进行配投料，随后进行搅拌升温。19时30分交接班前，4号反应釜温度升至25℃，3号反应釜温度升至 50℃。19 时 30 分夜班接班后，陈某强独自对 4 号反应釜和 3 号反应釜进行操作，4 号反应釜进行氟化和酸化反应。操作工宋某仑、李某山按照陈某强手写的原料配方对车间东侧 9 号反应釜（还原反应釜）进行备投料。

20 时 10 分，宋某仑、李某山看到陈某强在车间西侧第二层平台向他们打手势，并呼喊说设施发生泄漏，要求他们马上离开现场。在撤离的过程中，李某山看见 4 号反应釜的加料口冒出了白色烟雾。他们 3 人一起撤离到车间南大门外，站了一会儿后感觉很呛，就一起回到宿舍休息。

21 时左右，陈某强 3 人又一起回到现场，陈某强叫宋某仑、李某山去车间开窗通风，车间气味较大，陈某强未采取任何防护措施，独自去车间内开二层北侧窗户，宋某仑戴面罩从车间外绕到车间北侧开一层窗户通风后同李某山回宿舍。

之后，东侧相邻三氮唑车间肖某才、李某华和导热炉房刘某珍感到身体不适，返回员工宿舍。21 时 6 分，陈某强外出购得罗红霉素，21 时 46 分陈某强回厂后 4 人一同服下。随后陈某强等 4 人身体不适症状加重，化工公司负责人冯某祯、葛某设组织有关人员将陈某强等 4 人一起送往就近医院治疗。1 月 10 日 1 时 55 分，陈某强经抢救无效死亡，7 时 10 分刘某珍、肖某才经抢救无效先后死亡，李某华经抢救脱离生命危险。

（3）事故原因分析

1）直接原因。四氟对苯二甲醇车间作业人员擅自变更生产工艺，违规操作，4 号反应釜加料盖密封不严，导致氟化氢泄漏并扩散，造成现场和相邻车间作业人员中毒。

2）间接原因如下：

①申某公司在不具备安全生产条件的情况下组织生产。申某公司

实际人员只有赵某明和王某玲夫妻 2 人，注册业务范围不包含四氟对苯二甲醇生产，无生产四氟对苯二甲醇技术人员和技术力量。申某公司承租化工公司四氟对苯二甲醇生产装置车间后，无安全管理机构，无安全生产责任制和各项管理制度；违规对原有四氟对苯二甲醇生产装置进行改造，违规拆除自动化控制系统，有毒有害作业场所未安装有毒有害气体检测报警仪，没有根据工艺安全要求设置强制通风设施，未配备必要的救援器材；未给从业人员配备必要的劳动防护用品。

②四氟对苯二甲醇生产现场安全管理缺失。陈某强全面负责四氟对苯二甲醇的生产工作，未建立健全安全、工艺、设备等方面的操作规程，手写物料单指派员工到仓库取原料，并随时更改原料配比和工艺指示，生产现场原辅材料采用代号标识；擅自更改生产工艺，未落实变更管理制度；先后聘请的 4 名操作人员文化程度较低，安全生产教育培训流于形式；对氟化氢的危害性认识不足，安全意识淡漠，安全素质较低，自我防范意识差，不能全面掌握工艺技术，遇到异常工况不能及时正确处置，发现有毒气体泄漏后违章处置，在没有进行有毒有害气体检测、未佩戴专业防护用具的情况下再次进入有毒有害气体泄漏场所。

③化工公司违法出租生产装置和设备，未认真落实安全生产主体责任。化工公司将四氟对苯二甲醇车间装置出租给不具备安全生产条件的申某公司；对出租后的四氟对苯二甲醇车间装置安全生产工作未做到统一协调、管理，未对其定期进行安全检查，安全责任制形同虚设，安全管理失控；对申某公司改造四氟对苯二甲醇车间装置后的情况不掌握，未落实变更管理制度；事故发生后，应急救援处置不当，未及时上报事故。

（4）事故教训和整改措施

经调查认定，这起氟化氢中毒事故是一起生产安全责任事故。针对这起事故暴露出的问题，为深刻吸取事故教训，进一步加强化工企业安全生产工作，有效防范类似事故重复发生，提出如下整改措施：

1）加强监督检查，严惩违法违规行为。集中排查治理有毒有害作业场所安全事故隐患，重点攻坚，铁腕整治。对不按规定配备专职安全管理人员，未制定和落实变更管理制度，未针对工艺操作中的风险制定安全措施及应急处置措施，未按规定对操作规程进行编制审核和培训，开展安全教育培训不到位，安全设施和安全附件不完善，违法将生产经营项目、场所、设备发包或出租给不具备安全生产条件或相应资质的单位和个人等行为，严格按照“五个一律”的要求，依法实施处罚，严肃追究责任。

2）加强安全培训，提升本质安全水平。各有关化工企业要建立针对有毒有害作业场所的安全管理制度和安全操作规程，完善全体从业人员安全教育培训体系，加强从业人员的安全教育培训，使从业人员了解毒害气体可能存在的场所及危险特性，熟练掌握应急处置知识，提高安全防范意识和自救互救能力。要制定完善泄漏中毒事故应急预案，定期开展有针对性的救援演练，切实提高泄漏中毒事故应急救援能力。

3）突出重点环节，加强危险工艺安全管理。各有关化工企业要深刻吸取事故教训，举一反三，对照本企业采用的危险化工工艺及其特点，确定重点监控的工艺参数，装备和完善自动控制系统，设置温度、压力、流量、液位及可燃、有毒气体浓度等工艺指标的超限报警，生产装置的安全联锁停车；涉及硝化、氧化、磺化、氯化、氟化、重氮化、加氢反应等危险工艺的化工生产装置，要在实现自动化控制的基础上装备紧急停车系统（ESD）或安全仪表系统（SIS），完善应急救援设施和安全措施，防止同类事故的再次发生。

（5）相关知识与管理借鉴

在事故发生后，调查组通过调查发现以下问题：

1）作业人员擅自变更生产工艺违规操作。四氟对苯二甲醇设计工艺为氟化、酸化水解、酯化、还原4道工序，分别在4个反应釜内进行。事故发生时，作业人员违规操作，将氟化、酸化水解工序在4号反应釜内进行。

2）设备装置存在不安全状态。4号反应釜的加料盖正常情况下使用双向对称4个夹扣进行封闭，但是事故现场加料盖只使用了2个夹扣，紧固螺栓全部松动，加料口附近有固体氟化钾散料。作业人员还违规拆除自动化控制系统。

3）气象条件助推氟化氢扩散。根据气象部门出具的1月9日2时至20时时间段的气象资料，事故发生时，风向为西风、西南风，风速约为2米/秒，氟化氢泄漏后飘向东侧车间造成车间人员中毒。

4）作业人员无防护处于氟化氢扩散范围内。事故发生时，4号反应釜氟化氢泄漏量约为15千克，其体积浓度为1.276×10^{-3}的影响范围约为64米。事故发生时氟化氢扩散，东西车间的作业人员均未采取安全生产防护，导致多人中毒。

这起事故的发生实在过于“低级”，加料盖应该使用4个夹扣，但实际只使用了2个夹扣，而且紧固螺栓全部松动，作业人员还违规拆除自动化控制系统。

人们时常讲的安全技术本领，是指安全生产技术或者安全生产能力。安全生产技术，也可以说成是安全生产手艺，有其不可忽视的价值，其重要作用已成为人们的共识。

46. 某化工公司污水处理站好氧池中毒窒息事故

2015 年 4 月 9 日 9 时 40 分左右，山东省潍坊某化工有限公司（以下简称化工公司）污水处理站好氧池发生一起中毒窒息事故，造成 3 人死亡、2 人受伤，直接经济损失约 330 万元。

（1）企业基本情况

1）企业相关情况。化工公司于 2011 年 6 月经市工商局登记注册，法定代表人熊某虎，经营范围为生产、销售化工产品。公司占地面积 6.67 万平方米，注册资本 165 万元，员工 41 人。公司设置有专门的安全生产管理机构安环部，并配备 1 名专职安全管理人员。事故发生时，化工公司有一套 1 000 吨/年新铃兰醛和 2 500 吨/年丙烯醛生产装置。

2011 年 5 月 4 日，公司取得了《关于潍坊某化工有限公司年产 4 000 吨戊二醛、1 000 吨新铃兰醛、1 000 吨女贞醛项目环境影响报告书的批复》，2013 年 3 月 12 日，市环保局滨海区分局批准其试生产，试生产期 3 个月。

2）污水处理站基本情况。事故发生地污水处理站为江苏某环保有限公司设计，占地面积约 1 150 平方米，总容水量约 3 700 立方米，主要设施有收集池、反应池、pH 调节池、絮凝池、初沉池、厌氧池、好氧池、二沉池、清水收集池等。其中，好氧池长 25 米，宽 16 米，由 4 个氧化池组成，池深 2.7 米，在距池上部 0.4 米处设置格栅。

污水主要是丙烯醛车间生产过程中产生的工业废水，含有少量的丙烯醛、丙烯酸、甲醛和聚丙烯醛等有机物。该工业废水主要采用物化和生化工艺进行处理：物化处理主要采用 pH 调节、絮凝、竖流沉降及微电解催化氧化工艺；生化处理主要是利用微生物的生命活动，把废水中的有机物转化为简单的无机物形式，生化处理过程中可能产生硫化氢、甲烷、二氧化碳等混合气体，在密闭空间中积聚。事故发生后，事故调查组委托潍坊市疾病预防控制中心，于 2015 年 4 月 10 日对好氧池大棚内有毒气体进行检测，检测结果证明，好氧池大棚内产生并存在硫化氢。

3）污水处理站好氧池改造情况。2014 年 4 月，为减少异味扩散和提高生化反应效率，特别是为确保污水处理站在冬季正常运行，企业经多方咨询有关专家后，决定并安排人员在好氧池和厌氧池上部加盖了塑料棚，形成了受限空间。好氧池池间未安装防护栏、通风设施，未设置安全警示标识。

经调查，好氧池加盖塑料棚，从环境保护角度来讲，有利于保证好氧池在低温条件下正常运行，对环境保护不会产生不利影响，不属于《中华人民共和国环境影响评价法》规定的重大变动，未违反环保方面的法律法规。根据山东省《危险化学品建设项目安全监督管理办法》实施细则的规定，好氧池加盖塑料棚不属于建设项目的新建、改建、扩建项目，但需要根据有关规定进行变更风险分析辨识和执行变更申请、审批、实施、验收等变更管理程序，而企业未按规定进行变更风险分析辨识和执行变更管理程序。

（2）事故经过和救援情况

2015 年 3 月 26 日开始，好氧池排水不达标，且 4 月 2 日至 8 日好氧生化处理效率大幅下降，表明好氧生化系统出现故障，企业于 4 月 8 日停产。4 月 9 日 8 时上班后，各车间按惯例组织人员进行检修，分管安全环保的副经理赵某林和环保运行组组长杨某进入好氧池检查空气管道和喷头故障时，中毒落入氧化池中窒息。

9 时 40 分左右，副经理曾某国路经好氧池东侧时，发现杨某在 4 号氧化池中，立即上前将其拖到池边，施救过程中感觉自己呼吸困难，立即跑到池外呼吸新鲜空气并大声呼救。紧接着公司职工王某忠、王某洪、张某成、袁某文等人先后赶到施救。施救过程中，王某洪、张某成因中毒先后倒入4号氧化池，王某忠、袁某文感到不适立即退出，在采取破坏塑料布通风、送氧气等措施之后，王某忠等人再次进入好氧池棚内把张某成、王某洪、杨某、赵某林救出。急救车将受伤人员送至滨海人民医院进行抢救。赵某林、杨某、张某成3人经抢救无效先后死亡，王某洪、袁某文2人轻伤。

这起人员中毒事故造成3人死亡、2人受伤，直接经济损失约330万元。

(3) 事故原因分析

1) 直接原因。好氧池大棚形成受限空间，废水在生化处理过程中产生硫化氢等有毒有害气体并集聚；作业人员严重违反受限空间作业规程，未佩戴过滤式防毒面具或氧气呼吸器、空气呼吸器等防护装备，违规进入好氧池大棚内，吸入硫化氢中毒晕倒，跌落至好氧池污水中窒息导致死亡；施救人员也未佩戴任何防护装备，进入好氧池大棚内盲目施救，造成人员伤亡和事故扩大。

2) 间接原因如下：

①化工公司污水处理设施变更管理不到位。企业在好氧池上部加盖塑料棚，形成了受限空间，未进行变更风险分析辨识和严格执行变更管理程序；未及时更新污水处理操作规程，只是在责任制绩效考核细则中规定了进入污水处理站好氧池和厌氧池的审批、安全防护等程序和要求。

②化工公司受限空间作业管理不落实。化工公司在未对作业的受限空间有毒有害气体进行检测、未办理受限空间安全作业证、未采取通风措施、未安排人员进行监护的情况下，作业人员未佩戴过滤式防毒面具或氧气呼吸器、空气呼吸器等防护装备，违规进入好氧池受限空间内进行作业。

③企业安全教育培训不到位。员工安全意识差，自我保护意识差，缺乏基本的安全防护知识；对相关作业危险有害因素认识不足，违章作业；应急救援能力差，遇到紧急情况，盲目施救，导致事故伤亡扩大。

④企业安全事故隐患排查治理不到位。企业对好氧池内改造后形成受限空间可能产生的安全事故隐患不重视，没有识别因设施改造可能产生安全事故隐患导致事故发生的危险；未对好氧池内的有毒有害气体进行检测；安全事故隐患排查治理不全面、不彻底。

（4）事故教训和整改措施

经调查认定，这起污水处理站人员中毒窒息事故是一起较大生产安全责任事故。针对这起事故暴露出的突出问题，为深刻吸取事故教训，进一步强化安全生产工作，有效防范类似事故重复发生，提出如下整改措施：

1）严格落实企业安全生产主体责任。各生产经营单位要认真贯彻执行安全生产、环境保护等方面的法律法规，依法依规组织生产经营建设活动。要建立健全岗位责任制、操作规程、安全生产等各项规章制度；要加强环保设施作业的安全教育培训，对环保设施运行中可能产生的有毒有害气体或其他危害因素的安全防护和紧急避险，要做到应知应会；要加强污染防治设施及其附属设施的安全管理，包括设置必要的护栏、隔断、盖板、挡板等，对设施运行过程中产生的安全隐患要及时整改到位，避免事故发生。

2）切实加强受限空间作业安全管理。化工和危险化学品企业要高度重视受限空间作业存在的安全风险，加强受限空间作业安全管理。要严格按照相关法规和标准的要求，建立健全受限空间作业管理规章制度。要将受限空间作业许可作为安全管理的红线，坚决杜绝未经审批进入受限空间作业、审批过程走过场等现象，确保制度得到不折不扣的执行，确保受限空间作业安全。

3）开展安全事故隐患大排查、大整治。各级环保部门要建立环境保护与安全生产监管信息互通机制，对涉及危险化学品企业环保设施的新建、改建、扩建项目，把好审批关，确保各种环保设施的安全运行。各级职能部门要督促化工企业，对在建和运行的环保设施、设备、好氧池、厌氧池等进行一次全面细致的事故隐患排查，坚决杜绝此类事故的再次发生。

（5）相关知识与管理借鉴

在这起事故中，原来露天的好氧池，由于建造了大棚形成受限空间，废水在生化处理过程中产生硫化氢等有毒有害气体并集聚。在这个时候，管理人员和作业人员还沿袭过去的做法，没有把已经封闭的好氧池作为受限空间来对待，由此导致中毒事故的发生。

在安全管理方面，可以借鉴山东某科技公司（以下简称山东科技公司）打造平安文化的做法。

山东科技公司是新加坡独资企业，主要生产工业导爆索、起爆具等产品，产品畅销全国，并出口美洲、欧洲和中国周边地区。公司长期以来，把夯实安全基础，提升企业本质安全作为促进安全生产的第一保障，加大安全投入、强化细节管理，在严肃、细致、苛刻的安全氛围中不断地营造亲情化、和谐向上的企业安全文化，推动山东科技公司安全生产的长治久安和全面和谐进步。30 多年来，公司没有发生人员重大伤亡的安全生产事故。

山东科技公司打造平安文化的做法主要有以下几个方面：

1）完善全员参与的安全责任与绩效考核体系。民爆产品的特性决定了安全生产责任的重要性，杜绝事故，必须要调动全员参与安全生产的自觉性。公司借助工资杠杆作用，建立以安全绩效为主的“ABC”安全考核办法，将员工的安全技能、日常安全行为、事故隐患查处整改等列入考核内容，调动全体员工参与安全生产的积极性，形成了“千斤重担万人挑、人人肩上有指标”的安全生产责任体系和以安全为主要分配要素、引导员工时刻关注安全的监督考核体系。同时，公司还完善了优秀员工、安全标兵、安全生产突出贡献奖等多层次的年终综合评比体系，形成以安全为荣，尊重生命、尊重安全的良好氛围。

2）筑造“安全巡视卡、交叉检查”等安全隐患检查机制。按照安全生产“全员、全过程、全方位、全天候”“安全隐患零容忍”管理的要求，积极推行重点危险岗位巡查卡制度，规范了各级管理人员、操作人员对本车间、工位巡回检查的频次、范围和重点，对不常用的设备、易被忽略或易造成检查盲区并有可能造成危险的部位和作业点设立“巡视点”，加强安全监管，层层设防、时时监控，杜绝了安全检查中的“盲点”与“死角”。同时，公司全面加强检查力度，从不同厂级、不同车间、不同班组、不同工序、不同岗位的角度出发，组织安全部门开展多层面、综合性的交叉检查，充分识别各项活动的危险源。

3）以安全“上路、上墙、上报”改进视觉效果。公司运用多种载体强化视觉识别，生产厂区地面设有黄色标线，道路两旁立有标准路牌，公房墙壁印有醒目的安全标语，营造出人人关注安全、时刻注意安全的氛围。

4）以安全“入耳、入心”冲击听觉感官。一是充分利用上下班途中的时间以安全广播的形式对员工进行安全熏陶。公司把《生命第一——员工安全意识手册》收录到公司班车广播中，以音频广播的形式在上下班途中分章节宣讲，不但充分利用了时间，广播形式更能适合所有年龄层和知识层的员工，收到良好的效果。二是在各分厂均设置一名优秀的安全宣讲员，利用班前班后会的时间，以安全讲堂的形式，为员工讲解安全常识，学习安全法律法规等安全知识，分析安全事故，掌握安全操作注意事项。

5）厂区标准化。在严格执行行业安全规范的基础上，公司在建设标准化厂区上做进一步严细要求。厂区内划定行车道和人行道，设立路口指示标识、斑马线等标识，厂区内员工一律靠右行走，两人成排三人成行，培养员工良好的行路习惯。对于重点岗位和重要设备悬挂安全标识牌、安全提示牌，重要路段设立警示牌，在潜移默化中提升员工的安全意识，行安全路、干标准岗、交标准班已成为全体员工的自觉行动。

6）氛围温馨化。公司以“亲和力、人性化”的理念创建企业安全文化氛围，在车间工房走廊内处处设有安全管理温馨角。“把安全带上岗，把幸福带回家”“坚持五步法，安全你我他”等温馨提示，使员工不知不觉树立安全生产的观念，使车间走廊变成了文化长廊、温馨长廊，让全体员工接受了公司的安全文化教育，避免了“以罚代管”现象，营造“关注安全、人人参与安全、人人管理安全”的浓厚氛围，增强了自身安全责任感和使命感。

四、其他事故

化工生产危险性较大，除了容易发生火灾爆炸、人员中毒窒息事故之外，由于生产装置、储存设施高大，还容易发生高处坠落、物体打击事故及其他各种事故。预防事故是化工企业安全管理的重要内容，如果因为出现问题才抓一阵，检查一阵，消极被动，事故就可能防不胜防，堵不胜堵。做好事故预防工作，要有强烈的忧患意识和责任感，需要居安思危，积极探索事故规律，努力掌握预防工作的主动权。尽管不同企业事故预防工作有不同的侧重点，但任何事故都有一个发生、发展、消亡的过程，都有其一般的共同性规律。要掌握预防工作的内在规律，注重预防工作的整体性，着眼于企业安全生产的长效机制，提高整体水平，把预防工作建立在全体员工高度的安全意识、严格的遵章守纪、熟练的业务技能和严谨科学的态度上，才能把安全管理工作做好。

47. 某化工公司盲板加装不当动火爆燃高处坠落事故

2014年4月25日11时10分，河北昌黎县辖区秦皇岛某化工有限公司（以下简称化工公司）一期沥青高位槽发生高处坠落事故，造成 1 人死亡、2 人受伤，直接经济损失 150 万元。

（1）企业基本情况

化工公司成立于 2005 年 6 月 27 日，注册资金 4 700 万元，法定代表人郭某华，有职工 195 人，设有安检处，处长 2 人，安全管理人员 3 人，经营范围为蒽、轻油、洗油、萘、煤焦沥青杂酚的生产和销售等。总经理强某均，负责该公司全面工作，主要负责人、安全管理人员等相关资格证齐全有效。

（2）事故经过和救援情况

1）事故发生经过。2014 年 4 月 25 日 8 时，化工公司维修部副部长罗某柱召开班前会议，安排万某一、罗某祥、白某臣等 7 名机修人员对公司沥青高位槽烟气回收管道进行维修。

会后，7 名维修人员先对与烟气回收管道连接的法兰进行拆解，并对作业部位烟气管道用蒸汽进行了吹扫。11 时左右，吊车就位后对沥青成型机烟气回收管道完成吊装准备工作。维修人员万某一、罗某祥（上述 2 人为焊工，有特种作业证）、白某臣（机修工）在沥青高位槽（距地面 8 米）顶部，对沥青成型机烟气回收管道与主工艺管道连接部位进行气割拆离。万某一动火切割，罗某祥用蒸汽管道吹扫切割口防止管道壁燃烧，白某臣协助吊车挂好吊钩后在一边观看。

11 时 10 分，作业点下方的 3 号高位槽内突然爆燃，将 3 号槽罐顶铁板扯裂，并沿烟气回收管道引燃 150 米外的闪蒸油罐。白某臣被抛起距罐顶 3 米后落回地面沥青冷却池边，万某一和罗某祥被罐顶的护栏拦住，先后顺沥青成型机烟气回收管道逃离现场。

2）应急救援情况。事故发生后，化工公司安监部副部长闫某武经请示公司领导及时宣布启动事故处置应急救援预案，并立即带领公司内部消防队员赶到引燃的闪蒸油罐将火扑灭，控制事故的进一步蔓延，并将3号沥青高位槽的火扑灭。

维修部副部长罗某柱带领作业人员李某坤、王某宇等人将伤员及气割设备抬至安全地带并联系公司车辆，在搀扶伤员过程中，王某宇被高位槽燃烧烟雾呛伤了喉咙，罗某柱拨打了“120”急救中心电话求援，而后化工公司用面包车将伤员送往县人民医院途中与“120”急救车相遇后，将伤员转至急救车上后送往医院救治。白某臣经抢救无效于4月25日13时死亡，罗某祥重伤，王某宇轻伤。

（3）事故原因分析

1）直接原因。沥青烟气管道盲板加装位置不恰当，导致动火作业点相关的3号高位槽未与焦油工段切断。当对烟气管道进行气割作业时，有火花飞溅到有爆炸性混合气体的3号高位槽内，引发爆燃。

2）间接原因如下：

①动火作业人员未严格落实《化学品生产单位高处作业安全规范》（AQ 3025—2008）、《化学品生产单位动火作业安全规范》（AQ 3022—2008），未办理与此次作业相关的作业证。

②企业安全培训教育工作落实不到位，职工安全意识淡薄，对作业现场存在的危险性认识不足，未严格遵守操作规程，存在习惯性违章违规行为。

③动火证审批把关不严格。对动火作业证中规定的安全措施未落实到位，未对作业现场进行认真检查核实。

④现场指挥人员、技术人员作业现场安全管理工作不到位，企业对维修作业现场的安全管理检查不到位，作业中存在的安全事故隐患没有被及时发现。

（4）事故教训和整改措施

事故调查组通过调查分析，认定本次事故为违规进行动火作业引发的生产安全责任事故。

1）企业应认真吸取本次事故教训，严格执行《化学品生产单位动火作业安全规范》（AQ 3022—2008），严格一点一证制度，动火过程中作业点改动必须及时补开作业证，严禁私自增加和改动作业点。

2）严格落实企业安全培训教育工作，尤其是班组的日常安全教育培训、对作业现场的危险因素辨识和作业中的遵章守纪教育。在进行危险作业前，单位主管安全技术的领导应组织所有参加危险作业的人员，进行作业风险分析和评估。

3）按照《化学品生产单位动火作业安全规范》（AQ 3022—2008）的要求，单位主管安全的部门在开具动火证前应对作业现场所采取的技术措施、安全防范措施、劳动防护用品的佩戴及应急救援措施进行严格把关。

4）在作业过程中，企业现场指挥人员、技术人员应在现场监督工作，随时观测动态作业现场的安全因素变化，随时采取有效的安全防范措施。

（5）相关知识与管理借鉴

这起事故的表现形式是气割作业人员因爆燃导致高处坠落，而背后的原因则是沥青烟气管道盲板加装位置不恰当，导致动火作业点相关的3号高位槽未与焦油工段切断。当对烟气管道进行气割作业时，有火花飞溅到有爆炸性混合气体的3号高位槽内，引发爆燃。

在化工企业检修作业中，经常需要进行盲板抽堵作业，作业质量是否可靠，直接关系到检修作业人员的安全，必须要加以重视。

盲板抽堵作业是指在设备抢修或检修过程中，设备、管道内存有物料（气、液、固态）及一定温度、压力情况时的盲板抽堵，或设备、管道内物料经吹扫、置换、清洗后的盲板抽堵。

进行盲板抽堵作业的安全要求主要有以下几点：

1）盲板抽堵作业实施作业证管理，作业前应办理盲板抽堵安全作业证。

2）盲板抽堵作业人员应经过安全教育和专门的安全培训，并经考核合格。

3）生产车间（分厂）应预先绘制盲板位置图，对盲板进行统一编号，并设专人负责。盲板抽堵作业单位应按图作业。

4）作业人员应对现场作业环境进行有害因素辨识并制定相应的安全措施。

5）盲板抽堵作业应设专人监护，监护人不得离开作业现场。

6）在作业复杂、危险性大的场所进行盲板抽堵作业，应制定应急预案。

7）在有毒介质的管道、设备上进行盲板抽堵作业时，系统压力应降到尽可能低的程度，作业人员应穿戴适合的防护用具。

8）在易燃易爆场所进行盲板抽堵作业时，作业人员应穿防静电工作服、工作鞋；距作业地点 30 米内不得有动火作业；工作照明应使用防爆灯具；作业时应使用防爆工具，禁止用铁器敲打管线、法兰等。

9）在强腐蚀性介质的管道、设备上进行抽堵盲板作业时，作业人员应采取防止酸碱灼伤的措施。

10）在介质温度较高、可能对作业人员造成烫伤的情况下，作业人员应采取防烫措施。

11）高处盲板抽堵作业应按照高处作业安全规范的规定要求进行。

12）不得在同一管道上同时进行 2 处及 2 处以上的盲板抽堵作业。

13）抽堵盲板时，应按盲板位置图及盲板编号，由生产车间

(分厂)设专人统一指挥作业，逐一确认并做好记录。

14)每个盲板应设标牌进行标识，标牌编号应与盲板位置图上的盲板编号一致。

15)作业结束，由盲板抽堵作业单位、生产车间(分厂)专人共同确认。

48. 某化工公司顶部平台安全设施缺失高空坠落事故

2013 年 6 月 13 日 15 时 20 分左右，河北省邯郸某化工股份有限公司(以下简称化工公司)在检修铜洗塔平台时发生一起高空坠落事故，造成 1 人死亡。

(1) 企业基本情况

化工公司 1993 年动工建设，1997 年 1 月投产，原为国有独资公司，2005 年 8 月改制为股份有限公司，法定代表人皇甫某堂，注册资本 7 328 万元，主要生产和销售合成氨、尿素及制造化工机械。公司有员工 590 人，其中工程技术人员 85 人，专职安全管理人员 8 人。公司占地面积 7 万平方米，建筑面积 1.41 万平方米。

(2) 事故经过

2013 年 4 月 27 日，化工公司因市场原因全厂停车，单位大部分人员放假，放假期间放假人员停发工资，单位留用生产骨干 120 人。

2013 年 6 月 13 日 14 时 20 分，化工公司分管合成车间的经理张某民进行点名，其间，张某民安排翟某锋(铜洗工段段长)带领翟某洋(合成车间甲班带班长)、李某彬(脱碳工段操作班长)检修铜洗塔顶部平台、检修支架，口头提出了安全要求，并办理高空作业证。点名后 3 人更换工作服到铜洗塔检修。

14 时 30 分吊车到位，在割除检修用三角支架时，翟某锋负责气割，李某彬负责挂吊钩，翟某洋负责指挥吊车。约15时吊钩挂好准备吊装，翟某洋在寻找安全位置时，不慎从平台缺口处坠落。事故发生后现场人员立即进行抢救，翟某洋经医院抢救无效死亡。这起事故造成直接经济损失60万元。

（3）事故原因分析

1）直接原因。铜塔顶部平台安全设施缺失且未采取相应的防护措施，翟某洋在作业中没有注意平台缺口，造成高空坠落。

2）间接原因如下：

①检修没有检修任务单，没有制定书面检修安全措施。

②单位人员安全培训不到位，造成检修人员安全意识差。

③作业现场监护人未尽到监护义务。

（4）事故教训和整改措施

经综合分析认定，这起事故是一起因企业安全管理不到位造成的安全责任事故。此次事故的后果是严重的，教训是惨痛的，为切实吸取事故教训，举一反三，杜绝此类事故的再次发生，化工公司及主管部门应采取以下措施：

1）举一反三，加强安全投入，落实安全生产责任制。对本厂内的操作平台、安全设施进行全面排查整改。加强人员培训，提高人员的安全意识和技能。要认真总结和吸取事故教训，依据有关法律、法规和标准立即组织开展一次全面的安全生产检查，及时消除事故隐患。

2）化工公司要认真履行安全生产的主体责任，进一步完善和落实安全生产责任制、安全生产规章制度和操作规程，进一步加强对检修现场的安全管理。

3）化工公司要认真组织从业人员对《安全生产法》《河北省安全生产条例》和《生产经营单位安全培训规定》等有关安全生产法

律、法规的学习，加强安全教育与培训，提高从业人员的安全意识，坚决杜绝“三违”现象的发生。

4）化工公司要按照《特种作业人员安全技术培训考核管理规定》，保证特种作业人员持证上岗。

（5）相关知识与管理借鉴

在这起事故中，3 个人作业，一人负责气割、一人负责挂吊钩、一人负责指挥吊车，当吊钩挂好准备吊装的时候，指挥吊车的员工不慎从平台缺口处坠落。对此，不能简单地责怪作业人员安全意识薄弱，不注意安全，而需要从发现和消除事故隐患的角度，寻找安全管理上存在的问题与缺陷，及时做好事故隐患治理工作。

对化工企业来讲，为实现作业安全，需要消除事故隐患，生产现场或作业现场应具备安全、舒适、秩序井然的基本条件。企业安全生产基本条件应包括以下内容：

1）生产现场具备正常的生产秩序。生产现场无论是从平面还是从立体空间角度来说，都应该尽可能地划定各种物体的正确安全位置，使之处于理想状态，并保证取用方便。无用的东西和废料应及时从作业环境中清理出去。

2）设备、管道布局合理，按规定要求着色；设备注明名称、位号；工艺管道物料流动有方向；活门开关有旋转方向；人员操作有安全警示。

3）现场采光充足，照明的照度能满足安全操作的要求。温度、湿度要符合标准，换气次数满足要求，做到现场空气新鲜。

4）现场安全设施齐全、牢固可靠。生产现场的安全梯、安全门，根据生产性质需要，一般情况下不少于 2 个。设备的安全罩、防护栏杆齐全可靠，电气设备的接地线、厂房的防雷装置、设备管道的防静电装置按规定设置，符合安全要求。设备的吊装孔、平台、走梯上的围栏要完整紧固。地沟、窨井、池、洞等处应有盖板，篦子板铺设要牢固，通风排风装置以及事故状态下的事故排风装置要完善，随时可用。生产厂房的屋顶结构和泄压面积视生产性质而定，但不可小于规定的安全值。

49. 某精细化工公司平台铁板腐蚀严重高处坠落事故

2016 年 7 月 16 日 9 时 10 分左右，河北省承德某精细化工股份有限公司（以下简称化工公司）硫酸车间原料工段在多年闲置的原焙烧炉二层平台清理杂物过程中发生一起高处坠落事故，造成 2 人死亡，直接经济损失 154. 45 万元。

（1）企业基本情况

1）企业相关情况。化工公司成立于 2015 年 12 月，是以生产氟化氢产品为主的化工企业，占地面积 20 万平方米，法定代表人林某果。该公司证照齐全，注册资金为 2. 53 亿元，经营范围：氟化氢、氢氟酸、氟硅酸、硫酸、氟化铝的制造和销售，硫酸钙、含铁矿渣销售等。公司年产无水氟化氢 1 万吨，氟石膏 12 万吨，氟硅酸 0. 5 万吨，硫酸 6 万吨，铁粉 4 万吨，氟化铝 3 万吨。

公司设立安全科、机电部、办公室、综合管理调度中心 4 个职能科室和氟化铝、硫酸、氟酸、氟盐、分装 5 个生产车间。公司有职工 320 名，各类专业技术人员 80 人，专职安全管理人员 7 人，均取得安全资格证。

2）硫酸车间生产工艺与设备情况。硫酸车间采用硫铁矿制备硫酸，主要生产工艺包括原料破碎、焙烧、净化、转化和干吸等工序。车间设备主要有焙烧炉、余热锅炉、旋风除尘器、电除尘器、洗涤塔、干燥塔、转化塔、吸收塔、成品硫酸储罐。

事故发生在硫酸车间闲置焙烧炉二层北侧平台，该焙烧炉及二层平台始建于2000年5月，炉床段直径2.5米，高15.5米，属于立式圆柱设备，二层平台长、宽各7米，由65毫米宽角钢制作长1.2米、宽0.8米的钢骨架，上铺铁板。硫酸车间原料楼三楼与焙烧炉二层平台相连，焙烧炉及二层平台建成后一直未使用。

（2）事故经过和救援情况

1）事故发生经过。2016年7月13日，化工公司组织安全科、综合调度中心、机电部人员对各生产车间的安全生产、清洁文明、机电设备进行联合检查，在检查硫酸车间焙烧工段过程中，发现硫酸车间原料楼三楼室内废弃料仓杂物较多的问题。联合检查结束后，安全科对联合检查出的安全生产问题下达整改通知，机电部对联合检查出的设备问题下达整改通知，责令存在问题的车间限期进行整改。

7月14日至16日，综合调度中心下达每日工作安排，针对7月13日发现硫酸车间原料楼三楼室内废弃料仓杂物较多的问题，要求机电部安排人员对此废弃料仓进行拆除作业，并将拆除料仓后留下的楼层空洞用铁板封上。7月14日和15日，机电部安排机修工对此料仓进行了拆除，因原料楼紧邻闲置焙烧炉，机修工就将拆除过程中产生的废料丢在焙烧炉二层平台上，同时原料楼三楼还存有一定的杂物。7月16日，机电部机修工在拆除后的楼层空洞上铺设了铁板。

7月16日8时，硫酸车间副主任左某航组织当班人员召开班前会，部署当班工作，对清理闲置焙烧炉二层平台和原料楼三楼杂物也进行了安排，但没有具体安排谁来清理，同时强调了工作中的安全注意事项。

8时10分左右，班前会结束，硫酸车间当班人员都去各自岗位接班上岗工作。9时左右，左某航到车间原料岗位叫王某明、王某刚、孙某君、乔某华4人去车间闲置焙烧炉和原料楼三楼清理杂物。

在去往焙烧炉路上，左某航安排孙某君、乔某华在地面进行监护，孙某君负责焙烧炉北侧，乔某华负责焙烧炉南侧，监护过往人员不要靠近焙烧炉南侧和北侧；安排王某明、王某刚去焙烧炉和原料楼三楼清理杂物，要在焙烧炉二层平台南侧用大绳把杂物放下去，不能在北侧放。到了焙烧炉现场，孙某君留在焙烧炉北侧，乔某华留在焙烧炉南侧，左某航和王某明、王某刚上到原料楼三楼，3 人站在三楼拆除废料斗的东侧，左某航再次强调，在清理焙烧炉二层平台和原料楼三楼杂物时，整齐的东西用绳子系到地面，细碎东西装袋系到地面。安排完工作，左某航下到原料楼二楼主控室例行巡查。

9 时 10 分左右，在焙烧炉北侧进行看护作业的孙某君看见王某明、王某刚 2 人从焙烧炉二层北侧平台由西向东走，王某明走在前面，王某刚走在后面。孙某君大声喊，让王某明、王某刚 2 人别过来，喊完之后，王某明和王某刚还继续往前走，没有反应。这时，孙某君发现二层平台铁板有一处鼓包，紧接着王某明就从鼓包的地方掉了下来，随后王某刚也掉了下来，砸在王某明身上，前后 1 秒多钟，这时王某明趴在地上，王某刚趴在王某明身上。

2）应急救援情况。王某明、王某刚坠落后，焙烧炉北侧监护人员孙某君就大声喊："出事了，王某明他俩掉下来了！"边喊边跑向车间办公室，其间碰到班长杨某明，告诉他王某明和王某刚 2 人从平台上掉下来了，告诉完继续跑向车间办公室，报告李某东主任事故情况。随后，李某东主任和孙某君跑回事故现场。这时在焙烧炉南侧监护的乔某华和在原料楼二楼主控室巡查的左某航已经到达事故现场，左某航拨打了"120"急救电话，同时让孙某君去泵房道口接"120"救护车。李某东将事故情况立即报告公司调度室，调度室副主任石某国打电话通知总经理林某果、安全副经理丁某鹤。事故发生 5 分钟左右，总经理林某果、安全副经理丁某鹤、安全科科长杨某茹等公司领导相继赶到现场。

9时30分左右，孙某君和“120”救护车一同到达现场，医护人员和公司员工将王某明、王某刚抬上救护车送往县医院进行救治。12时5分，王某明经抢救无效死亡；王某刚经县医院初步检查，发现伤情比较严重，于12时30分转往承德市附属医院继续进行抢救，14时30分经抢救无效死亡。

（3）事故原因分析

1）直接原因。工人王某明、王某刚进入焙烧炉二层北侧平台清理杂物，焙烧炉闲置多年，平台铁板腐蚀严重，钢板锈腐分层，多处穿孔，不能支撑2人重量，导致发生高处坠落。

2）间接原因如下：

①企业设备维护保养制度未落实，对闲置焙烧炉二层平台维护不到位，导致平台铁板腐蚀严重。企业事故隐患排查不到位，未发现闲置焙烧炉平台铁板腐蚀严重、多处穿孔的问题。

②硫酸车间安全责任落实不到位。对于安排清理杂物的闲置焙烧炉二层平台没有进行全面的安全检查，对存在的安全风险辨识不足，安全检查不到位，事故隐患排查有死角。

③作业人员安全意识差。作业人员对临时作业场所存在的安全事故隐患辨识不清，未对作业场所安全条件进行确认。

（4）事故教训和整改措施

这是一起因职工进入焙烧炉腐蚀严重的二层北侧钢架平台临时作业，平台铁板未能支撑2人重量，导致高处坠落，造成2人死亡的生产安全事故。

1）化工公司要开展安全生产警示教育，进一步增强员工自我保护意识。

2）化工公司要进行全面的风险辨识，积极开展事故隐患排查，尤其是闲置、停用的设备、设施，重点检查厂区内平台、走台、楼梯、防护围栏等安全设施，加强对各类安全设备、设施的维护和保养。

3）化工公司要进一步完善安全生产三项制度，特别是设备管理、事故隐患排查等制度，并严格执行。

（5）相关知识与管理借鉴

在这起事故中，导致事故的原因，一方面是作业人员安全意识差，对临时作业场所存在的安全事故隐患辨识不清，未对作业场所安全条件进行确认；另一方面则是企业设备维护保养制度未落实，对闲置焙烧炉二层平台维护不到位，导致平台铁板腐蚀严重。企业事故隐患排查不到位，未发现闲置焙烧炉平台铁板腐蚀严重、多处穿孔的问题。

生产现场的安全设施主要有防护罩、防护套、防护围栏、屏蔽、盖板、篦子板、平台、走梯、安全梯、安全门、避雷针、静电消除装置、漏油保护装置、通排风装置、安全网、安全联锁以及警告牌和声光信号、指示灯等。

对生产现场设施的安全要求主要包括以下几点：

1）生产使用的各种转动、传动设备的轮，突出机体外的轴、皮带轮等，都应装设牢固的安全罩、安全套、防护围栏。

2）生产现场的各种地沟、窨井、池、孔、洞、坑、地下工程等，都应铺盖牢固的盖板或加设围栏。

3）各种吊装孔、走梯、平台等，都必须按规定安装栏杆，其高度不小于 1.2 米，并安设高度不小于 100 毫米的挡脚板。上管架的爬梯应加设防护围栏。

4）电气设备的周围，按规定距离装设防护围栏、障碍和警告牌。

5）生产厂房，视生产性质应设有 2 个以上的安全门和安全梯。厂房和高大设备应按规定安设避雷装置，每年要检查一次，对地电阻不大于 10 欧姆。

6）盛装易燃易爆介质的设备和管道，按规定装设静电接地装置，对地电阻不大于 100 欧姆。设备、管道的法兰连接处、容器与顶盖之间、法兰之间、装卸可燃液体的鹤管与槽车及管道法兰之间都应加装跨接导体，其接触电阻不大于 0.03 欧姆。

7）酸碱岗位以及有强腐蚀介质的操作岗位，应设有事故处理水源、冲洗眼睛的洗涤器、急救药品，其他生产岗位也应备有急救药品。

8）有危险的地段、设备、建（构）筑物、地下设施和要害部位，容易忽视或易发生误操作的阀门、开关、控制点，临时安装的电气设备等，均应采取防范措施，如加设围栏、挂醒目的警告牌。

9）作业人员经常改变动作，并与开停车频繁的转动设备接触，极易发生伤害事故，此种设备应安装安全联锁，当作业人员动作错误，可能危害人身安全时，设备应停止运行或立即停车。

10）生产岗位应准备各种防毒面具和足够数量的消防器材。

11）厂房的自然通风要合理、效果好。有可燃易爆气体和有毒有害气体逸出的生产岗位应装有完善的通风排风装置，开车概率在 95%以上。此外，还应装设事故排风装置，开关设置地点要安全方便。

50. 某化工公司维修作业钢管反弹物体打击事故

2014 年 6 月 30 日 10 时 05 分左右，河北某化工有限公司（以下简称化工公司）聚氯乙烯分厂破碎工段破碎机故障处置现场，发生一起物体打击事故，造成1人死亡，直接经济损失80万元。

（1）企业基本情况

化工公司成立于2000年5月，注册资本4.6亿元，经营地址位于张家口市宣化县大仓盖镇，占地2.13平方千米，有员工1 306人，各类专业技术人员406人，拥有高级职称人员11人，法定代表人刘某强。公司设生产运行、质量环保、安全生产等14个处（室）和6个分厂，主要产品有聚氯乙烯树脂、烧碱、液氯、盐酸等，主导产品聚氯乙烯树脂和烧碱产能为双20万吨/年。发生事故的聚氯乙烯分厂下设乙炔、氯乙烯、聚合、干燥、包装5个工段。化工公司搬迁项目（一期工程）于2014年1月通过省安监部门验收，并取得安全生产许可证。

（2）事故经过和救援情况

2014年6月29日夜班，聚氯乙烯分厂破碎工段第一破碎工序A线电石破碎机被矽铁块卡住不能正常运行，分厂即决定次日白班进行故障处置。

6月30日8时左右，分厂副厂长秦某琦安排乙炔工段段长孙某瑞带人处理破碎机故障。8时30分左右，孙某瑞带领维修工王某、任某和电石破碎工冀某菲到故障现场，他们先下到地下二层用顶丝顶破碎机力度板，准备将力度板取出以增大颚板的间隙后将矽铁块取出，但未成功。孙某瑞因故离开现场，王某和冀某菲试着用一根钢管（长约200厘米，直径约10厘米）反向撬动破碎机的皮带轮，冀某菲托住管子的前端，王某手握管子的末端用劲向下撬。破碎机皮带轮突然反弹，反弹回来的管子头打到了王某的下颌、颈部，使其受伤并摔倒在地。

见王某摔倒在地，任某赶紧上前将其抱在怀里，并让冀某菲通知段长孙某瑞。此时的王某口鼻出血，目光呆滞，不能说话。孙某瑞接通知后立即电话报告给分厂副厂长秦某琦，同时电话通知附近作业人员前来救援。

10 时 05 分左右，分厂副厂长秦某琦和附近作业人员赶到事故现场，大家一起将王某抬到地面，将其小心放到维修工郝某胜的车上送往 251 医院进行抢救。王某经抢救无效，于当日 13 时 50 分左右死亡。

（3）事故原因分析

1）直接原因。在进行维修作业时，王某、冀某菲用钢管反向撬动破碎机皮带轮时，皮带轮突然反弹，由于躲闪不及，反弹回来的管子头打在王某的下颌、颈部，致其死亡。

2）间接原因如下：

①原材料进厂验收把关不严。电石管理组员工没有认真履行职责，在电石进厂卸车验收时，没有及时发现和处置矽铁杂质，给电石破碎留下隐患。

②外包铲车司机及一破岗位工责任心不强，在电石进入第一道破碎工序前，没有及时发现和分拣出矽铁杂质。

③维修工安全意识淡薄，对排除故障作业存在的危险辨识不足，没有采取有效的安全措施。

④设备设计不够严密。没有从工程技术方面采取切实可行措施，保障破碎机进料符合工艺（粒度不大于 300 毫米×300 毫米）的要求，致使大块矽铁进入下料口，发生卡机故障。

⑤操作规程不完备。对原材料进厂验收、铲车首破、严把破碎机进料关、破碎机卡机故障处置等环节没有制定专门的操作规程，员工都是凭直觉、经验进行处置。

（4）事故教训和整改措施

根据事故原因分析，调查组认为这是一起由于操作不当、管理不到位引起的生产安全责任事故。

1）化工公司要认真吸取本起事故教训，举一反三，在全公司开展一次彻底的安全生产大检查，保障安全生产责任制、规章制度、操作规程和安全措施切实落到实处，消除事故隐患，杜绝类似事故，防止其他事故，确保安全生产。

2）化工公司要加强设备设施安全管理，强化对工艺、设备的安全检查，对存在的不合理问题予以整改和完善。

3）化工公司要进一步加强安全教育与培训，增强目的性、针对性、实效性，牢固树立“安全第一”的理念，增强广大员工的安全意识和危险辨别意识。

4）化工公司要进一步完善“三项制度”，制定和完善原材料进厂验收、铲车首破、破碎机进料、破碎机卡料故障处置等环节的安全操作规程，强化标准化作业，使各项作业规范化、标准化、程序化。

5）化工公司要进一步加强对外包作业单位、人员的管理，及时签订安全协议，明确安全职责，监督其严格落实。

（5）相关知识与管理借鉴

这起事故发生在设备检修作业中。设备检修是指为了保持和恢复设备、设施规定的性能而采取的技术措施，包括检测和修理。

对于化工企业来讲，检修作业属于非生产作业，存在着较大的危险性，必须予以重视，严防事故的发生。

检修前的安全要求主要有以下几点：

1）外来检修施工单位应具有国家规定的相应资质，并在其等级许可范围内开展检修施工业务。

2）在签订设备检修合同时，应同时签订安全管理协议。

3）根据设备检修项目的要求，检修施工单位应制定设备检修方案，检修方案应经设备使用单位审核。检修方案中应有安全技术措施，并明确检修项目安全负责人。检修施工单位应指定专人负责整个检修作业过程的具体安全工作。

4）检修前，设备使用单位应对参加检修作业的人员进行安全教育，安全教育主要包括以下内容：有关检修作业的安全规章制度；检修作业现场和检修过程中存在的危险因素和可能出现的问题及相应对策；检修作业过程中所使用的劳动防护用品的使用方法及使用注意事项；相关事故案例和经验、教训。

5）检修现场应根据相关规定设立明显的安全标识。

6）检修项目负责人应组织检修作业人员到现场进行检修方案交底。

7）检修前施工单位要做到检修组织落实、检修人员落实和检修安全措施落实。

8）当设备检修涉及高处、动火、动土、断路、吊装、抽堵盲板、受限空间等作业时，须按相关作业安全规范的规定执行。

9）临时用电应办理用电手续，并按规定安装和架设。

10）设备使用单位负责设备的隔绝、清洗、置换，合格后交出。

11）检修项目负责人应与设备使用单位负责人共同检查，确认设备、工艺处理等满足检修安全要求。

12）应对检修作业使用的脚手架、起重机械、电气焊用具、手持电动工具等各种工器具进行检查；手持式、移动式电气工器具应配有漏电保护装置。凡不符合作业安全要求的工器具不得使用。

13）对检修设备上的电器电源，应采取可靠的断电措施，确认无电后在电源开关处设置安全警示标牌或加锁。

14）对检修作业使用的气体防护器材、消防器材、通信设备、照明设备等应安排专人检查，并保证完好。

15）对检修现场的梯子、栏杆、平台、篦子板、盖板等进行检查，确保安全。

16）对有腐蚀性介质的检修场所应备有人员应急用冲洗水源和相应的劳动防护用品。

17）对检修现场存在的可能危及安全的坑、井、沟、孔洞等应采取有效的防护措施，设置警告标识，夜间应设警示红灯。

18）应将检修现场影响检修安全的物品清理干净。

19）应检查、清理检修现场的消防通道、行车通道，保证畅通。

20）需夜间检修的作业场所，应设满足要求的照明装置。

21）检修场所涉及的放射源，应事先采取相应的处置措施，使其处于安全状态。

51. 某橡胶制品公司罐盖被蒸汽顶起掉落物体打击事故

2016 年 12 月 18 日 22 时 30 分左右，山东省平度市明村镇前楼工业园的青岛某橡胶制品有限公司（以下简称橡胶公司）发生一起物体打击事故，造成 1 人死亡、1 人受伤。

（1）企业基本情况

1）企业相关情况。橡胶公司于 2008 年 11 月 5 日成立，位于青岛平度市明村镇工业园，法定代表人为梁某。公司主要从事轮胎、内胎、垫带制造与销售，橡胶制品制造与销售，货物进出口等经营。公司有职工 200 余名，设置了安全生产管理机构，法人及安全管理人员共 3 人已按规定参加了安全教育培训并已持证。公司配备了特种设备管理人员，并已持证上岗。公司建立了较为完善的安全责任制、规章制度和设备操作规程，建立了特种设备检查维修等记录档案。

2）硫化罐情况及生产工艺。事发硫化罐是一台嵌套式快开门压力容器，该设备具有产品合格证、压力容器产品安全质量监督检验证书等资料，位于该公司硫化车间南侧，南跨门偏西位置，公司内编号为R-06（以下称为6号硫化罐）。该硫化罐重约1.8吨，厚度约10毫米，罐体直径约2.8米，硫化罐盖高约1.1米，硫化罐离屋梁约5米。为确保硫化罐安全运行，该公司《硫化罐安全操作规程》第二条规定，罐帽扣紧后，必须拉紧到位，并插上安全定位卡铁（安全定位卡铁是为防止罐盖与罐体卡紧后产生位置变化造成松脱而设计的）。硫化车间按要求开展了安全教育培训、事故隐患排查治理、设备保养维修等工作，并建立了特种设备安全管理档案。

事发硫化罐呈圆柱形，由罐盖、罐体组成，内部可放置4个轮胎模具，蒸汽从罐体外通入，罐盖上有安全阀和压力表，罐盖和罐体内有螺纹（用于拧紧罐盖）。罐盖放到位后，1名工人用工具利用杠杆原理拧紧罐盖，转到底后（预定卡紧位置），将安全定位卡铁插上（只有拧紧到位后，才能插上安全定位卡铁），用于将罐盖和罐体锁死、固定，再通入蒸汽进行硫化，罐内压力从零逐渐升高，最高不超过0.5兆帕。超过0.5兆帕时，安全阀就会开启卸压。正常工作时，罐内压力不是恒定的，为0.4兆帕至0.5兆帕。硫化的具体工艺流程：半成品轮胎胚拉入硫化车间—用定型机简单定型—装入模具—用起重机将模具吊入硫化罐—工人将罐盖扣好、放置安全定位卡铁—通入蒸汽进行硫化—3小时后取出成品轮胎。

（2）事故经过和救援情况

1）事故发生经过。2016年12月18日晚事发前，公司车间主任赵某及孙某、王某、唐某等8名工人在硫化车间工作。根据工作分工，赵某在车间办公室值班，孙某负责巡查车间，2名工人在车间西北侧负责轮胎定型工作，2名工人负责向模具装轮胎胚，唐某负责装模具、出模具工作，吊装人员王某负责吊扣罐盖、用工具将罐盖和罐体拧紧锁死、插放安全定位卡铁后通入蒸汽等工作。

22 时左右，王某将 6 号硫化罐的罐盖盖好，用工具将罐盖和罐体拧上后开始通入蒸汽进行硫化。22 时 30 分左右，6 号硫化罐的罐盖突然被蒸汽顶起，被顶起的罐盖将车间顶的一根混凝土梁砸塌，使 6 号罐上方的一部分混凝土建筑物从 6.5 米处的屋顶落下，散落在地上。

2）应急救援情况。事故发生后，车间主任赵某和工人立即撤至安全区域并电话告知公司总经理梁某，同时立即清点人数组织救援，几分钟后，梁某赶到现场指挥救援。

现场工人首先在事发 6 号硫化罐以北约 5 米处发现唐某腿部受伤躺在地上，工人将唐某抬出并拨打了“120”急救电话，公司安排车辆将唐某送至平度市人民医院进行救治。现场因电路被破坏及冒出的蒸汽和灰尘将车间笼罩，硫化车间南部视线模糊，约 5 分钟后工人在距 6 号硫化罐以北约 10 多米处发现王某躺在地上，当时王某裤子破了，膝盖下面的腿部受伤，工人救他时感觉他胸部有点塌陷，嘴部有点血迹，其他部位看不出外伤，叫他有痛苦的回应。现场人员将王某抬出后，公司立即安排另一辆车将他送往平度市人民医院进行救治。唐某被送往人民医院后因身体部分被蒸汽烫伤，在医生的建议下当晚转往潍坊市八九医院进行治疗。王某因被物体击中胸部致受内伤过重，救治无效于 19 日凌晨死亡。

此次事故造成 1 人受伤死亡、1 人受伤，直接经济损失 95 余万元。

（3）事故原因分析

1）直接原因。通过调查询问、现场勘验和综合分析，王某违反硫化罐操作规程，在对 6 号硫化罐进行扣盖过程中，罐盖与罐体未相互嵌套充分并未完全处于预定卡紧位置，定位卡铁未放入卡槽，罐盖在不恒定蒸汽压力的作用下缓慢位移旋转，最终导致罐盖被蒸汽顶起，砸塌上方的一根混凝土梁，掉落物将唐某腿部砸伤，将王某砸伤致死。

2）间接原因如下：

①橡胶公司对车间的安全教育培训不到位，致使王某安全意识淡薄，违反硫化罐操作规程，在对6号硫化罐进行扣盖过程中没有将罐盖拧紧到位，没有将定位卡铁放入卡槽。

②橡胶公司对硫化车间生产现场的管理不到位，巡查员没有及时发现并制止王某的违章行为，没有及时发现硫化罐工作中产生的异常现象，导致事故的发生。

（4）事故教训和整改措施

经事故调查组对事故原因的分析，认定这起物体打击事故是一起生产安全事故。为吸取此次事故的教训，防止类似事故的再次发生，针对事故所暴露出来的问题，提出以下整改措施：

1）公司要深刻吸取事故教训，认真查找在生产安全管理、职工教育培训、事故隐患排查治理等方面存在的问题，要加大对职工的教育培训力度，不断提高职工的安全意识和风险识别能力。

2）要加强对硫化罐等特种设备的使用、检查、维修工作的管理，开展各类特种设备隐患的自查自纠，及时消除事故隐患，要加大对特种设备的更新换代、生产工艺改进力度，切实将企业主体责任落实到各个岗位。

3）相关部门及属地政府要认真吸取事故教训，进一步强化安全生产执法检查工作，重点加大对企业特种设备的检验、维护保养等方面的监督检查，督促企业加大对职工及特种设备从业人员的教育培训力度，加大事故隐患自查自纠力度，切实督促企业将主体责任落实到位，防范类似事故发生。

（5）相关知识与管理借鉴

事故之后，调查组通过现场勘验和对现场工人的调查询问分析得知，罐盖飞脱后未见焊缝开裂，硫化罐罐体各部分均未见明显变形和破坏，罐盖与罐体的连接卡口完好，说明罐盖的飞脱并非因受压部件的强度不足引起。事故后检查罐上的安全定位卡铁及丝口，均未损坏，说明事发时罐盖与罐体未相互嵌套充分并完全处于预定卡紧位置，定位卡铁未放入卡槽。罐盖丝口未上紧，因罐内工作时压力不恒定，罐盖在不稳定压力的作用下缓慢位移产生旋转，罐盖逐渐脱离丝口，最后罐盖在0.4兆帕至0.5兆帕压力的作用下被顶起，导致事故发生。按照操作规程的要求，硫化作业时，罐盖与罐体必须相互嵌套充分并完全处于预定卡紧位置，并将定位卡铁放入定位槽内。

综合分析判定，事故并非由设备本身的安全质量原因造成，是工人违章作业引起。若按照操作规程将定位卡铁完全放入卡槽内，罐盖与罐体将不会因外力作用发生相互移动，罐盖便不会飞脱造成事故。

事故企业应该吸取教训，加强对作业人员的安全教育培训。要组织生产班组学习有关安全生产规章制度、事故案例，学习有关安全技术、操作规程等；开展岗位练兵、技术问答和组织安全技术操作比赛等，提高作业人员的安全意识和安全操作水平，纠正马马虎虎、不负责任的工作态度。生产班组还要有计划地对员工进行自我保护意识的教育，坚持每天利用班前、班后会时间，学习安全知识，指出不安全因素，提出安全生产要求和总结本班安全情况等。

52. 某精细化工公司蒸馏釜盖飞出物体打击事故

2015年11月24日11时10分许，位于山东省胶州市胶北街道办事处的某精细化工有限公司（以下简称精细化工公司）内发生一起物体打击事故，造成1人死亡，直接经济损失约100万元。

（1）企业基本情况

1）企业相关情况。精细化工公司成立于1999年7月26日，注册资本400万元，经营范围：有机颜料、有机中间体制造，出口本厂制造的染料中间体、农药中间体、医药中间体等，颜料、染料、中间体的研制和开发。

公司有从业人员25名，总经理王某，下设办公室、销售部、财务部、研发部、生产四车间5个部门，其中生产四车间共有7人，车间主任邱某。生产四车间有2个班组，通常分为白班和夜班。该公司建立了安全生产责任制和部分安全生产规章制度，但不够完善，安全生产责任制和各项制度落实不到位。该公司主要负责人王某参加了安全生产教育培训并考试合格。

2）事故涉及工艺及原料情况。2015年7月18日前，精细化工公司利用蒸馏釜作为反应釜，将异丙醇、含氮量9%的工业氨水、质量浓度35%的盐酸和间硝基苯乙炔在常压下进行反应，生产出含量为96%~98%的间氨基苯乙炔（间氨基苯乙炔又称3-氨基苯乙炔，简称APA，不属于危险化学品，该物质通常作为抗肿瘤药物中间体）共600千克，装入3个塑料桶内。7月18日，因办理环境评价手续，该公司暂时停产，11月13日复工。

间氨基苯乙炔蒸馏提纯工作流程：将300千克原料抽到蒸馏釜内，利用导热油（电加热）加热蒸馏釜；到达85~90℃时，间氨基苯乙炔开始蒸出，到达100℃开始大量蒸出，最高温度控制在110℃以下；间氨基苯乙炔蒸出后，蒸汽上升通过冷凝器，冷凝器内分布大量直径为2厘米的冷凝管，管间使用相对密度为1.04~1.06的盐水（盐水放置在室外水箱内，自然冷却）冷却，此密度的盐水凝固结冰温度为-10℃；间氨基苯乙炔蒸气通过冷凝器时降温冷凝成为液体流入接收罐中。蒸馏过程约10小时，最终纯度达到99.5%。

蒸馏釜内通常情况为常压或负压，未安装压力表和液位表，仅有釜内温度计。

（2）事故经过

2015年11月24日7时30分，精细化工公司蒸馏房内，生产四车间从业人员张某、尚某、高某开始上班，准备将300千克间氨基苯乙炔原料进行蒸馏提纯。高某负责将装有间氨基苯乙炔的塑料桶拉到车间内，尚某用塑料管把间氨基苯乙炔抽到蒸馏釜内（釜内有负压装置）。抽完后，尚某开始加热导热油，并将油注入蒸馏釜内油管对蒸馏釜升温。2个小时后，釜内温度达到100~110℃，间氨基苯乙炔开始大量挥发，通过用盐水冷却的冷凝器后，气体冷却成液体流入接收罐。10时许，车间主任邱某例行巡查时，发现出料很慢而且有固体，判断是冷凝器堵塞，就给公司技术员宋某打电话，宋某赶到现场后2人讨论认为可能是天气变冷、盐水温度过低，导致间氨基苯乙炔通过冷凝器时发生凝固将其堵塞，应该换成水冷却，但正准备采取措施时发现出料恢复正常，宋某与邱某就离开了车间。

10时30分许，尚某发现蒸馏釜内温度持续升高，达到约140℃，于是停止加热，将热油控回并将冷油注入，约15分钟后温度无明显下降，尚某就将冷凝器内的盐水抽回，打算用塑料管接通车间东面的井水降温。

11时10分许，张某去领手套和工具，尚某在水井处查看水压，此时蒸馏釜内压力逐步增大，最终超出其耐受极限，发生物理性爆炸，顶盖飞出砸伤在车间门口的高某头部，致其当场死亡。

本次事故共造成高某1人死亡，直接经济损失100万元。

（3）事故原因分析

1）直接原因。精细化工公司未针对间氨基苯乙炔的蒸馏提纯工作制定专门的工艺流程和安全操作规程，未进行危险因素分析，未制定应急处置方案，在温度低于0℃（当日有强冷空气来袭，阴有阵雪，伴有五六级大风）的情况下仍然使用盐水冷却，导致冷凝器温度过低，间氨基苯乙炔蒸气通过冷凝器时凝结成液体后又继续凝固堵塞了管道。公司车间主任邱某、技术员宋某虽然分析出冷凝器堵塞原因，但未果断采取措施，随后也未再过问，导致蒸馏釜内温度过高、压力持续增大，最终导致事故发生。

2）间接原因。精细化工公司安全生产责任制和安全生产规章制度不完善、落实不到位，未对从业人员进行安全生产教育培训和安全技术交底，未按规定组织安全检查和事故隐患排查治理，未制定生产安全事故应急救援预案。

（4）事故教训和整改措施

本次事故是一起因企业未制定工艺流程和安全操作规程、应急处置不当导致的生产安全责任事故。

1）精细化工公司要切实把安全生产放在首位，落实安全生产主体责任，全面查找公司在安全管理方面存在的问题和不足，全面排查治理事故隐患，总结事故的教训，落实整改措施，确保安全生产。

2）精细化工公司要认真建立并落实安全生产责任制、安全管理制度，制定完善各类生产、试验工艺的安全操作规程，教育督促从业人员认真学习并遵守；进行新工艺或新材料的生产试验前，必须进行相应的危险因素分析，制定相应的应急处置措施，从业人员必须了解并严格遵守。

3）制定并完善生产安全事故应急救援预案，定期组织演练；加强对从业人员的安全生产教育培训和安全技术交底，提升从业人员的安全意识和操作水平。

（5）相关知识与管理借鉴

这起事故的发生，与天气发生变化有直接的关系。但事故的发生和发展是一个不断变化的过程，任何事故的发生都存在以下 3 个阶段：

1）前兆阶段。导致灾害和事故爆发的因素逐渐积累的阶段就是前兆阶段。任何伤亡事故都有前兆，只是在显露程度上有所区别。安全管理工作的重要任务之一，就是尽早发现和识别事故的前兆，因为处于前兆阶段的事故最容易控制甚至被消灭，企业要开展经常性的安全检查，以期发现事故隐患，采取针对措施，从而达到防止事故发生的目的。

2）爆发阶段。这一阶段只有一瞬间，事故往往以极快的速度和极高的强度发生。事故所造成的损失大多集中在这一阶段。这一阶段也最具有意外性和紧急性的特点。

3）持续阶段。即灾害和事故所造成的后果仍然存在的阶段，往往需要持续较长的时间。持续阶段越长，所造成的危害越大，要消除后果往往要花费很大的力量。例如，伤亡事故的抢救、善后处理、事故现场清理以及恢复生产等都属于持续阶段。

事故发生后，人们的目光通常容易集中于操作者身上，并且容易把事故责任集中于操作错误。其实，虽然绝大多数事故发生在操作者身上，但事故是由多种因素构成的：有导致事故的直接原因，也有多层次的间接原因，尤其是安全管理上的原因。这起事故的发生也是如此，如果发现天气变化影响设备运行后，能够及早采取措施，那么这起事故就有可能得以避免。

53. 某煤焦化工公司工人横穿运动的后挡板框架机械伤害事故

2016 年 4 月 18 日 15 时 09 分，河北省玉田县某煤焦化工有限公司（以下简称化工公司）炼焦车间发生一起机械伤害事故，造成 1

人死亡，直接经济损失60万元。

（1）企业基本情况

1）企业相关情况。化工公司位于玉田县后湖工业聚集区。公司类型为有限责任公司，法定代表人齐某国，总经理王某东，主要生产焦炭和甲醇，其中焦炭年生产能力90万吨，甲醇年生产能力10万吨。公司设有洗备煤车间、炼焦车间、化产车间、甲醇车间、机修车间和安全部（部长职位空缺）等部（室）。公司有员工近750人，其中专职安全管理人员19人。

2）事故区域基本情况。该起事故发生在化工公司炼焦车间生产区域，其基本情况如下：

①化工公司炼焦车间位于厂区南部，长350米，宽125米。主体为相连一体的2座焦炉，东半部是1号焦炉，西半部是2号焦炉，各有65个炭化室，两炉中间是40米长的炉组中间台。焦炉北侧是装煤车轨道，轨道东侧是东端台，上面设有装煤车的检修平台。4月18日15时09分，所发生的机械伤害事故就在装煤车的检修平台。

②装煤车是焦炉车间向炭化室装入煤饼的设备，机车总长25米，宽13米，高12米，主要结构部分是车架，即一层平台。其上除布置有行走系统、液压系统外，还有二、三层平台。装煤装置和司机室布置在二层平台上，煤箱顶部周围布置有三层平台。装煤装置主要由煤箱（长16米，宽0.5米，高5.5米）、前挡板、托煤底板、后挡板（后面与长4.2米、宽0.42米的钢制框架连接成一体，装煤时与托煤底板一起动作）和驱动装置、链条传动装置等部分组成。主要工作流程是煤由煤塔落入装煤车煤箱内，捣固机将煤捣固成40吨的煤饼，装煤车在炭化室前定位后，用托煤底板将煤饼送入炭化室内。装煤工序由前进密封罩、打开左右侧臂、打开煤箱前挡板、推出托煤底板（即装煤）等动作完成。托煤底板行程为18米，运行速度为0.027~

0.27 米/秒。车间在生产计划内安排装煤车的检修时间，承担检修工作的是由工段长贾某军负责的机修班。

（2）事故经过和救援情况

1）事故发生经过。2016 年 4 月 18 日 10 时左右，化工公司炼焦车间一号焦炉推焦作业完成后，副主任朱某明按照生产计划组织机修班对装煤车进行检修，检修作业内容是更换装煤车密封罩。1 号焦炉班班长刘某安排了协助工作的人员：司机马某国负责驾驶装煤车，配合机修人员对装煤车进行检测；清扫工孙某仲等 3 人负责清扫装煤车（即装煤车二层平台），主要任务是清扫煤箱侧壁和两侧平台的附煤及粉尘，劳动工具有笤帚、扫帚、铁锨、墩布等。

13 时 10 分，检修人员完成了密封罩的更换工作。14 时 40 分，检修人员在中间台完成了对密封罩密封性能的测试后，班长刘某按检修人员要求，指挥司机马某国将装煤车开到东端的检修平台上，检测装煤车的后挡板与密封罩之间是否有刮蹭现象。准备工作就绪后，班长刘某指挥司机马某国按检测要求依次做动作（前进密封罩、打开左右侧臂、打开前挡板、推出托煤底板等），检修人员在装煤车前面观察机车运行情况。15 时 09 分，煤箱西侧平台的孙某仲需经二层平台的北侧绕到东侧取笤帚和铁锨对平台进行清扫，当看到后挡板缓缓移动到自己面前时，欲穿过后挡板的框架到对面的平台取劳动工具，进入框架后，被运动的框架与煤箱侧壁挤伤。

2）应急救援情况。后挡板的框架移动出煤箱后，现场工作人员发现了受伤的孙某仲，立即将其救出并拨打了“120”急救电话。10 分钟后，“120”急救车到达现场，将孙某仲送至玉田县医院进行抢救。15 时 45 分，孙某仲经抢救无效死亡。

（3）事故原因分析

1）直接原因。孙某仲违反公司相关的安全规定和劳动纪律，私自横穿运动的后挡板框架，被挤伤致死，是事故发生的直接原因。

2）间接原因如下：

①安全教育培训不到位。公司对职工的安全教育培训不到位，职工安全意识淡薄，自我防范意识差，对作业现场存在的危险因素认识不足，清扫工孙某仲对相关的安全规定和劳动纪律未能认真遵守。

②安全管理不到位。当班管理人员未尽到安全管理职责，安全检查不及时，对清扫工孙某仲的违规违纪现象未能及时发现和制止；清扫平台及相关部位缺少应有的安全警示标识。

（4）事故教训和整改措施

经调查认定，这是一起因安全教育培训不到位、安全管理不到位、违规违纪作业而引发的生产安全责任事故。

1）化工公司要举一反三，认真吸取事故教训，立即开展一次全面彻底的安全生产大检查，全面排查和消除各类事故隐患，杜绝各类事故的发生。

2）化工公司要进一步加强和改进企业安全生产工作，强化职工教育培训，特别是加强对职工严格遵守操作规程和厂规厂纪方面的教育，确保职工具有对本岗位各类安全事故隐患和风险的判断识别能力，从本质上提升作业人员的安全意识，杜绝“三违”现象，有效防范各类事故的发生。

3）化工公司要加强对作业现场特别是检维修作业现场的安全管理；要加强危险区域的安全管理，增加安全防护设施和警示标识，对重点部位要指派专人进行安全监护，并确保监护可靠、有效，做到全覆盖、无盲区。

（5）相关知识与管理借鉴

在这起事故中，清扫工违反公司相关的安全规定和劳动纪律，安全意识淡薄，自我防范意识差，对作业现场存在的危险因素认识不足，私自横穿运动的后挡板框架，被挤伤致死。

这起事故虽然与设备的安全可靠性关系不大，但同样需要引起警觉，注意对设备可动的零部件，采取相应的预防措施，具体如下：

1）不得让可动零件直接接触操作人员，可采取封闭或安全防护装置的方法解决。

2）对生产设备或零部件有超限或坠落、逆转可能的，要分别配置限位装置和限速、防逆转装置。

3）对特别危险的防护装置，还应有联锁保护装置。

4）对设备的防护应做到“六有”“六必”，即有轮必有罩、有轴必有套、有台必有栏、有洞必有盖、有轧点必有挡板、有特危必有联锁。

5）对设备运行中有飞出物可能的，应采取防松脱措施，配置防护罩或防护网等安全防护装置。

6）生产设备的一些零部件，由于运行过程中会产生过冷或过热现象，还有些生产设备加工灼热件，当操作人员靠近时就可能造成轻伤或灼伤，以致发生意外事故，因此要求对生产设备以上部位配置防接触屏蔽。

7）对生产、使用、储存或运输中存在易燃易爆物质的设备，如锅炉、压力容器等工作中长期载压设备，使用可燃气、可燃液、可燃固体的燃烧设备，都应采取防火与防爆措施。

8）生产设备的控制系统应能及时获得在运行过程中产生危险有害因素的信息，达到自动监控，建立能保证操作者安全和设备紧急、意外情况停车的监控系统。

9）生产设备产生尘、毒、噪声和辐射等有害因素，应符合有害因素的安全标准要求。

10）生产设备应按照《安全色》（GB 2893—2008）使用安全色。

生产设备易发生危险的部位，必须有安全标识。

11）生产现场安全通道是保证员工在通道上安全行走、运送材料和工件而设置的，如果安全通道过窄或堵塞，容易造成伤亡，因此安全通道必须按标准设置，保证畅通无阻。

12）生产现场的门窗启闭装置应灵活，特别是重点易燃的厂房，如锅炉房、制氧站、煤气站等处门窗的开向要有特定的要求，即门窗向外开启，而厂房内值班室、休息室、办公室的门窗向里开启。因为一旦厂房发生火灾或其他事故时，产生的气浪会把门窗自动冲开，减少厂房的危险，也便于撤离；而厂房内的房间门窗向门房里开，气浪会把门窗封闭，对保证人身安全有一定的作用。

13）生产现场或工作场所的照度和照明质量要符合国家标准要求。在明亮的环境里作业人员易集中精力、情绪饱满，在阴暗的环境里作业会导致人员精力分散、情绪低落，容易发生事故。

54. 某化工公司违章清理洗渣槽被搅拌机挤压致死事故

2015 年 7 月 18 日 6 时 10 分左右，山东省青岛某化工股份有限公司（以下简称化工公司）硫酸镁车间压滤岗位发生一起机械伤害事故，造成 1 人死亡。

(1) 企业基本情况

1）企业相关情况。化工公司成立于 2010 年 4 月，法定代表人为王某军，经营范围为氰酸钠、2，4-二氨基苯磺酸钠、磺化对位酯、间氨基乙酰苯胺、1-氨基萘-4-磺酸钠、七水硫酸镁、脱水物、2-氨基-3，6，8-萘三磺酸、轻质氧化镁、氢氧化镁（以上范围不含危险化学品）的生产销售。公司于 2011 年 1 月开工建设，2012 年 12 月通过了安全设施竣工验收审查，同月通过了安全生产标准化三级企业评审。

该公司建立了较为完善的安全生产责任制体系、安全生产规章制度和设备操作规程，但安全生产责任制的部分内容在车间班组落实不到位；建有专门的安全管理机构并配备了3名专职安全生产管理人员，公司总经理（安全生产主要负责人）王某港（该公司实行总经理负责制）和3名安全生产专职管理人员参加了安全生产培训并取得了安全资格证书；对公司员工进行了“三级”安全教育培训，教育培训档案较为健全，但培训内容缺乏连续性和针对性；安全生产劳动防护用品配备、发放到位，登记台账记录较为完整。

2）事故车间和岗位情况。该公司共有生产车间3个，发生事故的为硫酸镁生产车间压滤岗位。

硫酸镁生产车间分为中和、压滤、降温结晶、离心和烘干包装4个生产岗位。中和岗位将硫酸镁母液、45%左右硫酸、氧化镁、甲醛、活性炭投入中和锅，进行中和反应，反应完成后将合格的中和液用压滤泵压送至压滤岗位。压滤岗位用一级压滤机对中和液进行压滤，分离为滤液和滤饼，再分为2个步骤进行加工处理。一是分离出的滤液输送至降温结晶岗位的风冷塔对滤液进行降温，温度降至规定值后进入离心岗位，利用离心机完成对硫酸镁和母液的分离，分离后的母液进入母液槽供中和用，硫酸镁潮品进入烘干包装岗位，用烘干机将产品烘干，然后进行称重包装转化为硫酸镁成品。二是分离出的滤饼则输送至洗渣槽，向槽内注入70℃左右的水后利用槽底的4部搅拌机对滤饼进行打浆洗涤，洗涤完成后用渣浆泵将浆液打至二级压滤机再次进行压滤，二次分离出的滤液进入洗涤母液槽供中和用，滤渣进入废渣储存棚。

（2）事故经过和救援情况

2015年7月18日6时03分左右，在硫酸镁车间压滤岗位，当班压滤机主操作工苗某德跟副操作工王某杰说他下去到一层操作台观察液位表情况。苗某德从三层操作台到达一层后六七分钟，突然听到三层操作台蒸汽管道有漏气声音，他回头向上看到三层操作台压滤机旁边的蒸汽管道爆裂并喷出大量蒸汽，苗某德当时就觉得很奇怪，觉得王某杰就在三层操作台，蒸汽管道爆裂了为什么不关闭蒸汽阀门。他随即跑向三层操作台将蒸汽阀门关闭。从一层跑到三层工作台期间，苗某德一直没有看到王某杰，就怀疑王某杰去了洗渣槽。苗某德随即从三层操作台跑到一层关闭洗渣槽搅拌机后，又跑回二层工作台，打开洗渣槽西侧推拉门，看到王某杰挂在槽底最东边的搅拌机上。

苗某德随即跑到车间一层向当班班长孙某雷报告，孙某雷当即召集了车间七八名工人赶到二层洗渣槽进行救援，同时用电话向车间主任曹某涛进行了汇报。6 时 50 分左右，王某杰被现场人员从二层洗渣槽内捞出并抬至车间一层，经“120”急救人员现场确认王某杰已经死亡。

此次事故造成 1 人死亡，直接经济损失 100 余万元。

（3）事故原因分析

1）直接原因。副操作工王某杰走捷径、图省事，擅自在未停止搅拌机、未断电、未系安全带、未向主操作工报告的情况下，独自一人进入洗渣槽对积料进行清理，伸入洗渣槽冲洗积料的蒸汽胶管被正在运转的 4 号搅拌机缠绕，并将其拽入洗渣槽后将其挤压致死。人员的违章作业是导致事故发生的直接原因。

2）间接原因如下：

①化工公司安全生产主体责任未落实到位，未依法履行安全生产管理职责，生产现场安全管理不到位，未及时发现并制止违章作业。

②化工公司虽然建立了相关安全操作规程并进行了教育培训，但未能严格教育、监督从业人员严格执行本单位的安全规章制度和安全

操作规程，作业人员的安全意识淡薄，导致事故发生。

（4）事故教训和整改措施

事故之后经过现场勘查、调查取证和对事故原因的分析，事故调查组认定，这起机械伤害事故是一起因职工违章操作引起的生产安全事故。为吸取此次事故的教训，防止类似事故的再次发生，针对这次事故所反映出的问题，提出以下整改措施：

1）此次事故的发生，反映出化工公司安全管理工作不到位，员工安全意识差，应认真按照事故调查“四不放过”的原则，吸取事故教训，认真查找在管理、教育培训等方面存在的问题，加大安全生产教育、培训力度，不断提高职工的安全防护、自我保护意识，坚决杜绝违章作业、违反劳动纪律现象。

2）严格落实各项防范措施。进一步健全和落实安全生产责任制、规章制度、操作规程，明确责任人及其职责，加强作业现场管理，真正将企业主体责任落实到车间班组及各个生产岗位，及时消除安全事故隐患，警钟长鸣，常抓不懈，做好各项安全工作。

3）负有安全监管职责的部门及化工公司所在地区基地管委会要认真吸取教训，举一反三，进一步强化安全生产执法检查工作，立即开展安全生产大检查活动，全面排查生产安全事故隐患和存在的生产安全问题，督促企业严格落实各项规章制度、操作规程，确保企业主体责任落实到位。对存在问题的企业要责令立即整改，逾期不整改的，要依法严肃处罚，决不姑息，坚决杜绝类似事故的再次发生。防范和整改措施落实情况报市安监部门备案。

（5）相关知识与管理借鉴

事故之后，调查组现场勘察，发生事故的洗渣槽槽体位于硫酸镁车间压滤岗位第一层操作平台，槽口位于第二层操作平台，长 6 米、宽 2.4 米、深 2.5 米。槽口部分沿二层操作平台底部平面采用钢架结构进行了封闭，东西两侧各有一个推拉门（平时处于关闭状态）。槽底平均排列了 4 台主轴长 2 380 毫米、直径 127. 3 毫米的搅拌机，每台搅拌机均加装了 4 组长 470 毫米、厚度为 40 毫米的耙齿，位于洗渣槽底部最东边的搅拌机上缠绕有大约 12. 95 米的蒸汽胶管。

经调查询问，该公司对车间各岗位操作人员的工作范围、职责均进行了明确分工：压滤岗位由两人负责操作，主操作工主要负责三层操作台压滤机及水压泵、压滤泵的操作和管理；副操作工的工作职责是配合压滤岗位主操作工的工作，具体负责二层洗渣槽设在一层操作台所属的设备操作和管理。

公司对洗渣槽积料进行清理有严格的安全操作规程。洗渣槽出现积料属生产过程异常情况，自投入运行以来仅在 2014 年的 12 月 28 日进行过一次清理。王某杰于 2015 年 3 月 3 日进入公司工作后，参加了“三级”安全培训并进行了考试，在 3 月 27 日培训后的考试试卷问答题的第 6 题就是：“洗渣时，设备里面积料结料应如何处理？”王某杰正确地回答了问题。由此可见，事故的发生，主要还是人员的安全意识淡薄，在明知公司制定的洗渣槽设备积料操作规程中关于“洗渣槽积料，清理前需将搅拌机停止并通知当班电工将电源切断，确认无误后方可进行作业；用蒸汽或热水冲洗积料使之溶解，操作时需两人配合并使用安全带，安全带要拴在牢固处”的要求情况下，自己一个人清理洗渣槽积料，未按操作规程要求作业，结果手中所持的蒸汽胶管被正在运转的搅拌机缠绕后将其拽入洗渣槽中，导致其被搅拌机卷住挤压致死。

对这起事故，企业应吸取教训，积极开展安全文化建设。企业安全文化具有导向、约束、凝聚和激励等功能，有助于改进和加强安全管理。安全文化建设的激励功能，是指能够激励员工认清“安全来自长期警惕，事故源于瞬间麻痹”，懂得“宁绕百丈远，不冒一步险”，真正懂得发生事故对个人、家庭、单位和国家的伤害，大力培育“珍惜生命，心系安全”的理念，从而使安全管理的层次得到提升，增强员工的安全责任和安全意识，使员工实现从“要我安全”到“我要安全”的转变，由此而杜绝类似违章作业事故的发生。